DOCUMENTS ILLUSTRATING THE
BRITISH CONQUEST OF
MANILA
1762–1763

DA 20 .R913 1971 v.8

Documents illustrating the British
conquest of Manila, 1762-1763

DOCUMENTS ILLUSTRATING THE BRITISH CONQUEST OF MANILA
1762–1763

edited for the Royal Historical Society
by
NICHOLAS P. CUSHNER
Ph.D., F.R.Hist.S.

CAMDEN FOURTH SERIES
VOLUME 8

LONDON
OFFICES OF THE ROYAL HISTORICAL SOCIETY
UNIVERSITY COLLEGE LONDON, GOWER STREET, W.C.1
1971

© Royal Historical Society

Printed in Great Britain by
Butler & Tanner Ltd, Frome and London

CONTENTS

PREFACE		vii
ABBREVIATIONS		ix
INTRODUCTION		1
PART I	PREPARATIONS	9
PART II	THE SIEGE AND CAPTURE	43
PART III	AFTERMATH OF CONQUEST	129
PART IV	EPILOGUE	191
LIST OF DOCUMENTS		213
INDEX		217

PREFACE

THE collection of these documents owes much to the generous assistance of the archivists and librarians of the India Office Records and Library, the British Museum and the Public Record Office. I wish to record a special word of gratitude to Fr. Francisco Solá, S.J., the keeper of the Jesuit Archives in San Cugat, Barcelona, who both assisted me in the difficult task of rummaging through the province records and graciously granted his permission to publish the material on the British conquest. The Faura Research Fund of the Ateneo de Manila University bore the cost of preparing the final draft of the manuscript.

N. P. Cushner
Ateneo de Manila University

ABBREVIATIONS

A.G.I.	Archivo General de Indias (Seville)
A.P.T.	Archivum Provinciae Tarraconensis Societatis Iesu (San Cugat, Barcelona)
B.R.	Blair, Emma and J. A. Robertson, *The Philippine Islands*, 55 vols. (Cleveland, 1903–1909)
Brit. Mus.	British Museum (London)
C.O.	Colonial Office, in P.R.O.
H.M.	Home Miscellaneous, in I.O.R.
I.O.R.	India Office Records (London)
P.R.O.	Public Record Office (London)
W.O.	War Office, in P.R.O.

INTRODUCTION

DOCUMENTS relating to the British conquest of Manila in 1762 are principally found in English and Spanish archives. The British Museum, Public Record Office and the India Office Records in London contain sizeable collections dealing with the event, which is considered a relatively minor episode in the Seven Years War.[1] In Spain the Archive of the Indies, Seville, also contains a large collection of documents dealing with the subject, while the Archive of Simancas, Valladolid, has scattered references to the conquest and material dealing with the lengthy English attempt to obtain the ransom promised for the city of Manila.[2] A number of documents

---

[1] The British Museum holds copies of correspondence and papers relating to the British occupation of the Philippines, 1763-4, Brit. Mus., Francis Papers, IV, Add. MSS., 40,759; and correspondence relating to the army of occupation, Add. MSS., 40,344. The Public Record Office contains a considerable amount of material on the naval aspects of the conquest. Admiralty correspondence with Admiral Cornish is in Admiralty, 1/162 and 2/1332. Logs of the different vessels are here, e.g. for the flagship *Norfolk*, Admiralty, 51/643. Correspondence of Draper on the conquest is in CO. 77/20, as well as the secret instructions of George III. The Home Miscellaneous series of the India Office Library contains the largest single collection of documents on the conquest. H.M. 76, 77, 97, 98, 101, 102 (4), 455, contain a great deal on the civil administration of Manila under the East India Company. And the Orme Collection, 19, 22, 27, describe affairs in the city after the conquest. The Madras Military Consultations, Vol. 48, are also of interest. The University Library, Cambridge, Conway Collection, Add. MSS., 7277 (7), (8), (9), (10), (12), contains several interesting typescripts from the Archivo General de la Nación, Mexico, Inquisición, 1036, of reconciliation proceedings with the Roman Catholic Church, of British sailors who deserted during the occupation of Manila. A good bibliography of the English conquest, including archival sources, is in Elisa Atayde Julian, *British Projects and Activities in the Philippines, 1759-1805*, Ph.D. Thesis, University of London, 1963.

[2] The Archivo General de Indias, Seville, has six bundles dealing exclusively with the conquest of Manila; A.G.I., Filipinas, 717-22. Bundles 717 and 718 deal with the English attempt to obtain the ransom promised for the city. Bundles 719-22 are for the most part copies of the Jesuit material in San Cugat. The Gracia and Justicia section of Simancas contains Jesuit letters which describe the siege and conquest, and in the Estado section I remember seeing documents dealing with the attempt to secure from the Spanish government the ransom promised for the city of Manila. However, I cannot remember the exact reference. The Newberry Library, Chicago, has a number of original Spanish documents dealing with the conquest as well as a number of transcripts of A.G.I. material. These are noted in Paul S. Lietz, *Calendar of Philippine Documents in the Ayer Collection of the Newberry Library* (Chicago, 1956), nos. 93-153.

2   THE BRITISH CONQUEST OF MANILA

from these archives have been published,[3] and many have been used in accounts of the British conquest of Manila.[4]

However, there is one Spanish collection which thus far has not been utilized and for the most part remains unpublished. It is found in the Jesuit Archives of the Tarragona Province.[5] This archive, housed in the Faculty of Theology and Philosophy in San Cugat del Vallés, outside Barcelona, contains the old Philippine Mission Archives which were transferred from Manila to Spain in the early part of this century.[6] Almost all of this material deals with the activity of the Jesuits in the Philippines and Asia.[7] How-

[3] P. Eduardo Navarro, *Documentos indispensables para la verdadera historia de Filipinas*, 2 vols. (Madrid, 1908), contains the Spanish translations of Draper's correspondence with Rojo and other documents from A.G.I. Volume II deals almost exclusively with the guerrilla activity of Simón de Anda. *Records of Fort St. George. Manilha Consultations (1762)-[1764]*, 8 vols. (Madras, 1941-2), thoroughly covers the civil administration of Manila by the East India Company. (This collection, scarce but not rare, can be found in I.O.R., W/2152.) B.R., Vol. 49 (1762-5) contains English translations of A.G.I. documents on the conquest of Manila; and Joseph Redington, *Calendar of Home Office Papers of the Reign of George III* (London, 1878), abstracts a considerable number of State Papers Domestic documents in P.R.O. dealing with various aspects of the Manila conquest.

[4] José Montero y Vidal, *Historia general de Filipinas*, 3 vols. (Madrid, 1887-1895), apparently used the material now in A.G.I. when treating the conquest in Vol. II, 7-75; as did the Marqués de Ayerbe, *Sitio y conquista de Manila por los ingleses* (Zaragoza, 1897), although he does not cite sources. Serafin Quiason, *English 'Country Trade' with the Philippines, 1664-1765* (Quezon City, 1966), utilized the I.O.R. documents, while Karl C. Leebrick, 'Troubles of an English Governor of the Philippine Islands', in H. Morse Stephens and Herbert E. Bolton, *The Pacific Ocean in History* (New York, 1917), pp. 192-213, uses transcripts of material from the Record Office at Madras, which seem to be similar to I.O.R. documentation dealing with the civil administration of Manila.

[5] Horacio de la Costa, 'The Siege and Capture of Manila by the British, September-October 1762', *Philippine Studies*, X (October, 1962), 607-53, published twenty documents with translation and commentary from File 1 of the San Cugat material. This, however, has been the only attempt made to utilize the Jesuit material on the conquest.

[6] Documents from the Manila Archives were gradually transferred to Spain, and frequently at the specific request of Fr. Pablo Pastells, who was working at the time in Barcelona and Seville on various aspects of Jesuit mission history. Horacio de la Costa, *The Jesuits in the Philippines, 1581-1768* (Cambridge, Mass., 1961), cites the San Cugat material as *Aragón*. This is because the present Jesuit province of Tarragona incorporated the old province of Aragón which at one time had charge of the Philippine mission. The documents were originally part of the province of Aragón archives after they were transferred from the Philippines.

[7] Unfortunately, the archive has not been carefully catalogued. However, the most important holdings were microfilmed by Ernest Burrus, S.J., and films are on deposit in the Pius II Library of St. Louis University, U.S.A., and in the microfilm collection of the Ateneo de Manila University Library, Manila.

ever, there is some exclusively non-Jesuit material and in this can be included what we might call the Manila-Conquest documents. This is a collection of seventeen parchment covered volumes or files of varied length, containing the original letters sent by the English commanders of the siege to the Spanish officials at Manila, and exact copies of communications sent from the latter to the former, as well as original documents dealing with various aspects of the siege and conquest. The importance of the San Cugat material lies in the fact that the documents are originals, while either copies or translations are to be found in Seville. The documents vary in size but for the most part they measure 22 × 33 cm. Each file has two titles, one found on the outside front cover, the other on the first folio page. Continuous pagination was inserted by a later hand and the first page of each file is stamped with the seal of the Jesuit Archives of Manila, *Ex Archivio Missionis Societatis Jesu, Manillae*. The titles and general contents of the files are as follows. The bracketed title is that found on the cover.

File 1. (*Año de 1762. Asalto de Manila por los Ingleses*). *Contiene las cartas originales de el enemigo y copia de lo que se le respondió a ellas desde el ingreso del cerco hasta la cessión a que obligó de las provincias y fuertes*, 58 fos. This file contains the original letters of General Draper and Admiral Cornish as well as copies of Archbishop Rojo's replies; terms of surrender are also included.

File 2. (*Año de 1762. La guerra de Manila con los ingleses*). *Contiene la entrada de su armamento en la Baya desta ciudad, su bombardeo y haverla rendido por asalto martes cinco de octubre de dicho año de 1762*, 154 fos. This file contains a day by day account of the conquest of the city using documents contained in File 1. It was probably formed by Juan de Monrroy, the private secretary of Archbishop Rojo.[8]

File 3. (*Año de 1762. Saqueo que executó la tropa británica*). *Contiene recaudo del assumpto los de la colectación de la contribución que pidió y saqueo que executaron sus tropas*, 161 fos. This file contains documents pertaining to contributions made by individuals and corporations towards the ransom of the city, as well as sworn statements concerning individual cases of looting by British troops.

File 4. (*Año de 1762, Orden General para restablecer el culto de los templos*). *Contiene el orden general del Illustrísimo Señor Arzobispo Gobernador para restablecer el culto de los templos ordenando a el*

[8] de la Costa, 'The Siege and Capture of Manila', 608, note 4.

clero y sagradas religiones estuviessen en sus iglesias y conventos para consuelo de los fieles. Y por acomulación el expediente formado en la curia ecclesiástica sobre lo operado en quanto a dicha orden. Y el que se formó para reducir a esta capital a todos los españoles dispersos para el día 25 de octubre del año passado de 1762, 33 fos. This file contains letters to and from religious congregations and clerics on the opening of churches and the orders for the return of those who had fled from Manila at the time of the siege.

File 5. [bound with File 4] *De el expediente sobre la toma de esta plaza de Manila por las armas anglicanas. Contiene el plano de su corta tropa y estado que tenía a el tiempo del sitio, su fortificación y artillería, armas y peltrechos en sus almazenes, Y el que tenía el Puerto de Cavite, su arsenal y almazenes, 28 fos.* This file contains lists of Spanish troops, artillery units, arms and supplies available at the time of the British attack.

File 6. (*Año de 1762. Expediente sobre escándalos, robos muertes e insultos que executaron los indios sublevados contra la nación española). El expediente informativo sobre los escándalos robos, muertes e insultos que executaron los indios sublevados contra la nación española. Y principio de que han provenido estas fatales resultas por quien los mantiene armados con pretexto de defención de las provincias prohiviendo con pena de muerte los abastos de esta afligida ciudad de Manila, 74 fos.* This file deals with Simón de Anda, a Judge of the Audiencia of Manila, who declared himself governor of the Philippines after Rojo surrendered the city. Many original letters are here describing the conduct of Anda's guerrilla troops.

File 7. (*Año de 1762. Sumaria sobre desemparo de algunos oficiales de sus puestos). Sumaria averiguación fecha en virtud de superior decreto sobre haver desamparado algunos oficiales sus puestos el día que asaltaron esta plaza los enemigos británicos,* 116 *fos.* This file concerns the charges brought against Spanish military officers for abandoning their posts during the siege.

File 8. (*Año de 1763. Averiguación de la Arrivada del navío la Santíssima Trinidad que apresaron dos navíos ingleses). Expediente formado en virtud de Superior Decreto para la averiguación de la arrivada del navío la Santíssima Trinidad que este año iba a Nueba España y apresaron dos navíos ingleses en la altura del embocadero de San Bernardino viniendo de arribada,* 15 fos. This file concerns the capture of the galleon *Santíssima Trinidad.*

File 9. [bound with File 8] *Expediente en punto de la carta respuesta que dirigió a su señoría Illustríssima el señor arzobispo, gober-*

INTRODUCTION 5

nador y capitán general de estas Islas Philipinas el señor oidor vizitador de sus provincias doctor don Simón de Anda y Salasar, con fecha de 12 abril passado de este año, la que recibió su señor Illustríssimo abierta por mano del señor gobernador británico, 176 fos. In this file are papers concerning attempts to persuade Anda to surrender.

File 10. (*Año de 1763. Varias copias de cartas de distintos sugetos*), 27 fos. Letters from different individuals on various subjects.

File 11. (*Año de 1763. Sello Real*), 16 fos. This file contains the disposition made of the Royal Seal of Government.

File 12. [bound with File 10] *Expediente en punto de la suspención de armas deliberadas para preliminar de la paz entre su magestad cathólica y su magestad christianíssima con su magestad británica,* 40 fos. Original proclamation declaring the armistice agreed upon by the kings of Spain, France and England.

File 13. (*Año de 1763. Copia de una carta que contiene puntos denigrativos*). *Expediente formado en virtud de superior decreto sobre averiguar de donde provino una copia de carta escrita por el señor fiscal de su magestad al illustríssimo señor gobernador arzobispo, que tiene puntos denigrativos contra su dignidad y decoro,* 91 fos. This file contains letters and broadsides written by Francisco Leandro de Viana and critical of Rojo.

File 14. [bound with File 13] *Expediente en punto de que se aprompte bagel para la Nueva España para dar quenta a su magestad cathólica (Dios le guarde) de el estado de estas islas por la Irrupción Británica,* 25 fos. This file contains documents concerning the chartering of a ship to bring news of the capture of Manila to New Spain and the king.

File 15. *Año de 1763. Superior Decreto para que el escrivano mayor como originario que fue y ante cuia fee pasó el tratado del sultan de Joló y su hijo de no permitir a los ingleses en su reino y establecimientos de los españoles en el y cesión de algunos lugares lo certifique,* 3 fos. Certified copy of a treaty between the Sultan of Jolo and his son prohibiting the English from entering the island of Jolo.

File 16. [bound with File 15] *Año de 1763. Diario de lo occurrido en el ataque y defensa de esta plaza el día 22 de septiembre hasta el 5 de octubre de 1762; en que fue tomada por asalto por el Brigadier Willermo Draper Comandante en Gefe de las tropas británicas de la*

India Oriental, 17 fos. This is a diary of events during the attack on Manila, probably Archbishop Rojo's.

File 17. [bound with Files 15 and 16] (*Año de 1763. Sobre la cessión de las provincias y sus fuertes*). *Cartas en punto de la cesión de las provincias y sus fuertes. Que se quedaron sin efecto por no haverse remitido a sus títulos a ecepción de la de p. 6 a 7 de los prelados regulares que por estar en esta corte se les remitió y la debolbieron vista*, 40 fos. Correspondence between Spanish officials and religious superiors concerning the surrender of various provinces and forts to the British.

There are also two unnumbered files. One is titled (*Año de 1762. Sobre el desembarco de la plata en parages seguros*). *Junta Celebrada en que se resolvió desembarcar la plata en parages seguros en virtud de superior orden reforzando con artillería del navío la fuerza que tiene en Palapag*, 3 fos. It contains an account of the meeting held by the officers of the galleon *Philipino* to decide what to do with the silver the vessel was carrying in view of the British conquest of Manila. The second unnumbered file, titled (*Año de 1762. Sobre la conducción de la plata que trajó el patache Filipino*). *Expediente formado en virtud de superior providencia fecha en Calumpit para que busquen y apronten las embarcaciones más cómodas a fin de conducir la plata del real situado y permiso del Com* [?] *que trajó el patache Filipino que se hallaba en el puerto de Palapag de la Provincia de Albay a cargo de su comandante general don Juan Blanco y Sotomayor*, 225 fos., also deals with the disposition of the silver from the *Philipino*. In addition to these unnumbered files there is a '*Diario de la Invasión Inglesa*', 93 fos.[9]

The provenance of this material is unknown, apart from the fact that at one time the documents formed part of the old Philippine Mission archives. Most probably they were acquired in Manila by the Jesuit historian, Pablo Pastells, whose large collection of transcripts of documents on the Philippines forms part of the Jesuit collection in San Cugat.[10] How, and if, he acquired them is thus far not known.

[9] See Document 48, page 88, for a description of this diary.

[10] Pablo Pastells, S.P., was superior of the Jesuits in the Philippines from 1888 to 1893. When he returned to Spain he began a period of research into Jesuit activity in the Philippines. His work on the Philippines includes editions of Francisco Colín, *Labor evangélica*, 3 vols. (Barcelona, 1900–2), (1663), and with W. Retana, *Historia de Mindanao, Jolo y sus adyacentes* (Madrid, 1897), (1667), by Francisco Combés. He also wrote a 'Historia general de Filipinas', in Pedro Torres y Lanzas, *Catálogo de los documentos relativos a las Islas Filipinas en el Archivo de Indias de Sevilla*, 9 vols. (Barcelona, 1925–36), and *Misión de la Compañía de Jesús de Filipinas en el siglo XIX*, 3 vols. (Barcelona, 1916–17).

INTRODUCTION

One of the impressions that emerges from the Spanish documents is the complete surprise occasioned by the English announcement of war in Europe and an attack on Manila. This same element of surprise had been a major factor in the successful assaults by Drake and Vernon on Spanish possessions in America. Draper and Cornish likewise preferred direct frontal attacks and in Manila they landed unopposed a little over a mile from the city walls. Another impression is the relatively poor organization shown by the defenders of the city. It is apparent that they were simply not prepared for war. In spite of a potentially overwhelming numerical superiority, the Spanish and Filipino troops could not overrun the British positions. Realizing that Spanish reinforcements would soon be moving towards Manila, Draper forced an entrance into the city after Cornish had laid down a heavy protective barrage from the fleet anchored in the bay. Thus, it seems that this was one of the earliest combined naval-military operations. However, it was one of the few examples of cooperation manifested by the British during the preparations, the siege and the subsequent occupation of Manila. The squabble between the East India Company and the armed forces over division of booty was simply the beginning of a stormy relationship which continued right up to the departure of the British. It was Captain Thomas Backhouse who revealed that when the British were about to depart, the English governor, Dawson Drake, representing the East India Company, took all the furnishings from the Spanish governor's palace and chapel and packed them in crates which he neatly marked, 'Rice for Governor Drake'. Backhouse informed the Spanish, but it seems that Drake left the Philippines with his private hoard of booty.[11]

The documents published in this volume are taken from various sources. However, preference has been given to the material from the Jesuit collection in San Cugat, since it might be less accessible to scholars. In the editing of the texts the original orthography has been preserved except in those cases where ambiguity might result. Contractions have been completed, except when the word intended is obvious.

[11] See the letter of Captain Thomas Backhouse, 1765, in Redington, *Calendar of Home Office Papers of the Reign of George III*, 589, no. 1865.

PART I

PREPARATIONS

1. *Meeting of the Directors of the East India Company, 30 December 1761. I.O.R., B/77, Court Minutes (1761–1762), p. 251.*

At a Court of Directors held on Wednesday the 30th December 1761, present Laurence Sulivan Esq., Chairman, Thomas Rous, Esq., Deputy. . . .[1]

The Chairman informed the Court that he had yesterday a conference with Lord Anson,[2] when His Lordship was pleased to say that the government had an intention to order an attack to be made upon Manilha and desired to know what assistance the Company could give therein, when the Chairman assured His Lordship that this affair should be laid before the Court of Directors, the same being now debated, and the advantages and disadvantages that may result therefrom being duly considered, it was on the question

RESOLVED That it is the opinion of this Court that it will be proper to give all possible assistance on the part of the Company towards the attempt intended against Manilha or any other settlements within the Company's limits, consistently with the interest of the Company, that it be referr'd to the Committee of Secrecy[3] to form a plan for that purpose and to carry it into execution accordingly, and that it be an instruction to the said Committee to take particular care of the following points, viz.

[1] Sulivan was an influential and outstanding member of the Court of Directors. For his career in the East India Company see Lucy S. Sutherland, *The East India Company in Eighteenth-Century Politics* (Oxford, 1952), pp. 59–80.

[2] At this time Anson was the First Lord of the Admiralty. He had made a reputation for himself by his circumnavigation of the world in 1740–4, during which he captured a Spanish galleon, the *Covadonga*, off the Philippines. See Glyndwr Williams, *Documents Relating to Anson's Voyage Round the World, 1740–1744* (London, 1967), pp. 181–225. He seems to have been greatly interested in British expansion into the Pacific. See Vincent T. Harlow, *The Founding of the Second British Empire, 1763–1793* (London, 1952), I, 62–7, for British interest in South-east Asia. It is interesting to note that England had not yet declared war on Spain when Anson met with the East India Company officials to discuss the conquest of Manila, but Spain's refusal to clarify their relationship with France was taken as a declaration of war. See Holles Newcastle to Earl of Albemarle, New House, 27 Dec. 1761, Brit. Mus., Add. MSS., 32,932, fos. 371–2. Also J. Steven Watson, *The Reign of George III, 1760–1815* (Oxford, 1960), pp. 75–6.

[3] The company had an elaborate system of committees. Most of the important matters passed through the committees for discussion before going on to the full Court.

That a sufficient sea and land force be left at the Company's settlements for their protection.

That none of the Company's ships shall be employed on the expedition without their consent or that of their agents abroad.

That in case Manilha or other settlements as beforementioned be taken, they shall be deliver'd to the Company.

And that proper measures be taken for the division of booty to prevent differences between the King's and Company's officers. . . .

2. *Rough Sketch of an Expedition to M[anil]a, mentioned to Lord A[nson] on the 8th, 11th, and 12th Inst. January 1762. Rhodes House Library, Oxford, North Papers, Brit. Emp., S.1, fos. 157–158.*

It is proposed that an attempt be immediately made to dispossess the Spaniards from their settlement of M[anil]a on the Island of Lucania[1] in the E. Indies.[2]

Mindanao. And this done that a British settlement be made in some one of the neighboring Philippine Islands.

If these scheme succeeds all trade or intercourse betwixt the E. Indies and the Spanish American provinces in the South Seas will be efectually cut off during the war, at least. As the Spaniards even with the utmost assistance which France can afford them, will not be in a capacity during the war of either resettling M[anil]a or of insulting with effect the British settlement proposed to be made.

It is likewise imagined that from such proposed settlement the Spanish provinces in the South Seas, both of South and North America may with great success be insulted and plundered on the part of Great Britain. And that by the means of this settlement such a course of trade during the war may be established from that island with China, Batavia, the coast of Cormandel, Surat etc. by the East India Company or free merchants trading under its protection, as may be greatly beneficial to Great Britain and which may be secured and improved after the conclusion of the peace, without such jealosy from the Spaniards or even our good friends the Dutch as might

---

[1] More often called Luconia.

[2] Early in January 1762 the Secret Committee of the East India Company and Lord Anson settled on a war plan against Spain. Anson's project of attacking Havana was approved and Egremont, the Secretary of State, introduced William Draper's plan for taking Manila. This also was agreed to. Julian S. Corbett, *England in the Seven Years' War. A Study in Combined Strategy* (London, 1907), II, 247–8.

naturally be expected if such an attempt was to be made under any other circumstances than that of an existing war with Spain.[3]

If such disadvantages may be expected to result to our enemies and such advantages to this country by the success of this attempt, it remains to enquire whether it can be carried into execution with any probability of success and what means are necessary for this purpose.

It is with this view proposed but submitted to better judgment, that a squadron of 5 ships of the Line, with one or two frigates, two sloops and some smallcraft, having on board a body of land forces not exceeding 2000 men and a moderate train of artillery provided with able officers to command both at sea and by land, and a skillful ingineer, would be a force fully sufficient both to dispossess the Spaniards and to establish the proposed settlement. And to this end the animosity known to subsist between the inhabitants of some of the Philippine Islands and the Spaniards at Manila, might be made greatly subservient and to this purpose the frigates, small craft etc. are particularly destined.

The force above required might under the present circumstances, it is apprehended, be applyd with great facility on the part of Great Britain with a very small degree of expense and without affecting materially any other service, either in respect to men or ships, while the whole attempt might be carried into full execution with the utmost celerity (a circumstance of the utmost importance) and it is imagined within the compass of 7 or 8 months at most from its commencement, and consequently without danger of disapointment from the enemy.

For this purpose it is more particularly proposed that a body of land forces, not exceeding 7 or 800 men, be immediately embarked on board the East India ships now ready to sail. That one ship of the line with a frigate etc. to appear as a reasonable convoy for the East India ships, and on board of which the sea officer to command during the whole of the expedition be directed to embark, to proceed directly to the coast of Cormandel and be ordered to take there under his command 4 ships of the squadron now serving there.

That on board of this squadron which will thus consist of 5 ships of the line etc., there be embarked 700 men of His Majesty's troops, now serving there, which together with the 7 or 800 carried from Europe on board the Company's ships, after they have been refreshed at

[3] Apparently the writer intended that the British establish permanent bases of operations at Manila and on another island. This idea was accepted in a modified form since later instructions from the king speak of a permanent base, not in Manila, but in Mindanao. It was foreseen that Manila, if captured, would eventually have to be returned. See Document 5, Number 6.

Madrass, during the time the others are getting ready, and 5 or 600 disciplined Seapoys will make the whole force of 2000 men above required.

That this squadron with this force to be got ready with as much dispatch as possible and a train of artillery which 'tis apprehended may be easily had at Madrass do proceed directly to M[anil]a when 'tis judged it may arrive in September or the beginning of October and as the voyage from the coast of Cormandel thither is chiefly thro' Straits, no difficulty can occur with regard either to the victualling or transport of such a number of troops on board the squadron in a run of no more than six weeks.

If the above force therefore as is supposed is sufficient; as the other circumstances seem of a more certain nature than are commonly to be found in such distant expeditions viz. The facility of transport to India and from thence to Manila. The being able to spare 4 ships from the squadron now in the East Indies; the troops, Seapoys and train of artillery. The short run from the coast to Manila. Nothing more seems requisite to secure very probable success, but a proper choice of officers to command throughout the whole expedition, from the very beginning of it to the end by land and sea; proper and precise instructions communicated to themselves here. And above all, dispatch in setting out from Europe, on which circumstance as much as anything the event of the whole will depend.

The business at Manila being finished, it is proposed that an officer of judgment and discretion with the character of governor may be left to command there with a sufficient number of troops to defend the place against any unforeseen attack, with the engineer such part of the artillery, provisions and ammunition as may be thought necessary, a couple of frigates or Company's ships fitted for the service and the small craft.

The said officer or governor to pursue such plan as shall be agreed on either for the demolition of the Fort of Manila or securing it during the continuance of the war; to make choice of such other of the Philippine Islands, having a good harbour and other advantages of produce and situation as may most easily be made tenable with a small force, as this is proposed to remain in the possession of Great Britain after the conclusion of the war; that a fort be immediately planned and carried on in this island with all possible diligence to which the stores, materials, artillery and etc. found in Manila may be made subservient. The animosity of the natives against the Spaniards will, it may reasonably supposed, induce them rather to forward than obstruct this work. To this island and Manila many of the industrious Chinese, especially those who by the zeal of the Spanish clergy have been lately banished from Manila, will immediately resort for protection and security in all they want.

By discretion, knowledge of business and good faith on the part of the governor, trade and commerce will soon take place in a part of the world so happily situated for both. Some of the East India ships may immediately be employed in voyages to China, the coast and even to Surat. The Chinese vessels will not fail to make their appearance soon, preferring this to Batavia as a much better vent for such goods (of which there is generally great quantitys) as they have not been able to dispose of to the ships directly from Europe at Canton. This would be of infinite advantage to the European trade as the Dutch very well know.

Manila itself even under Spanish management is fertile of several valuable commodities and was much more so before the banishment of the Chinese. The neighboring islands are likewise productive of several articles of commerce.

The government of Manila being settled, the rest of the squadron, it is supposed 4 ships of the line properly attended, should set out to beat up the Spanish settlement in the South Seas, to return to the East Indies and not go home to Europe by Cape Horn.

3. *Secret Committee of the East India Company to the Earl of Egremont, East India House, 14 January 1762. P.R.O., C.O. 77/20.*

Upon the proposition of attacking Manilha, the Secret Committee of the East India Company have the honour to offer their sentiments to the Right Honourable The Earl of Egremont.

They are fully sensible it is a great national object and it is clearly their opinion that a continued possession of this settlement will greatly extend the commercial interest of this kingdom, and the East India Company will chearfully assist in carrying this important scheme into execution so far as their abilities and the safety of their trade and settlements may allow. But My Lord the Committee are under the necessity of acquainting Your Lordship that their affairs in Bengal and Madrass are in a very critical situation.[1] The security of those important acquisitions gained at an immense expence to the Company will require their utmost care and attention. They are surrounded with enemies and false friends and a misfortune to either

---

[1] This is the first indication of the East India Company's opposition to the plan of conquering Manila. Draper would later accuse the company of deliberately trying to sabotage the expedition to Manila because it interfered with the company's commercial relations with Manila. See Document 68.

of these may prove their ruin, for the revenues and large investments from thence and China are the only resources to support them and benefit government. We must also add, My Lord, that the extension of their commerce of late years with a very contracted capital, together with the weight of fortifications and garrison charges incapacitates them from bearing a heavier burthen, and which they humbly submit to the serious reflection of the Ministry how far they may be relieved in contributing to the charge of this expedition.

As the Company must be totally ignorant of the present situation of their affairs in India, General or conditional orders can only be given. Their settlements of Bengal and Madrass particularly must remain with a sufficient force, or in the absence of His Majesty's fleet they may fall a sacrifice to the French or inferior enemies; nor are they without their apprehensions of the Dutch, since it is strongly rumoured they are preparing several Men of War for India. Therefore, as our principal dependence and strength is in His Majesty's forces now abroad, the Committee humbly hope that the instructions from Government may leave it to the consideration of our agents to determine the numbers that can be safely spared from our several settlements.

Another point equally important to the Company is to guard against all obstructions of their trade. The Secret Committee humbly entreat it may be a positive injunction to Admiral Steevens or the Commander in Chief, that on no pretence whatsoever he stops even a single ship of ours without the approbation of the Company's agents, for if this is not clearly secured to us we may be heavy sufferers.

Apprehending it will be His Majesty's pleasure that Government should not hold any settlement within the limits of the East India Company's charter, the Company will order proper agents to embark with the squadron destined against Manilha to take charge of that settlement if conquered. His Majesty's condescension in granting to the Company all places that may be taken in the East Indies, it is requested [that this] may be communicated to the Commander in Chief, or they will be involved in the same difficulties as were experienced on the capture of Pondicherry.

As a part of the forces will in all probability be the Company's, and all places put into their possession and that they must unavoidably bear a large share of the expence, the Committee hope that their principal agent or agents may have voices in all General Councils.

His Majesty's express will we beg may be signified respecting the division of booty and plunder, as unhappy disputes have arisen upon this subject and are still subsisting.

Manilha being an object of infinite importance to the Spanish nation, the Company can hardly flatter themselves with holding it when peace takes place. Great sums must certainly be expended on the works and fortifications and in garrison charges. The advantages are distant, trade must be created and new channels opened, for we can expect no intercourse with the South Seas and before we are thus established according to human reason, the Company must deliver it back again. These considerations, of such moment to a trading company, oblige the Committee most earnestly to entreat they may be secured in an equivalent for all disbursments should they be ordered to restore Manilha to the Spaniards.

We are with great respect, My Lord, Your Lordship's most obedient and most humble servants, Lau. Sulivan, Tho. Rous, John Boyd, Cha. Cutts, Christo. Burrow.

4. *Meeting of the Directors of the East India Company, 19 January 1762. I.O.R., B/77, Court Minutes (1761–1762), pp. 266–8.*

At a Court of Directors held on Tuesday the 19th January 1762, present Laurence Sulivan, Esq., Chairman, Thomas Rous, Esq., Deputy. . . .

The Chairman from the Committee of Secrecy reporting to the Court the several steps taken with the Ministry as to the expedition to be undertaken against Manilha from the Company's settlements in the East Indies in consequence of the reference thereof the 30th of December last to that Committee, and with the restrictions therein laid down, the transactions thereupon being stated in their minutes of the 8th, 12th, 14th, 15th, 16th and 17th Instant with draught of a paper they had presented to the Earl of Egremont of the sentiments of the Committee on that project and the limitations under which it might be proper for the Company to join therein, the same were severally read.

And the Chairman further opening to the Court the substance of a conference this forenoon with Mr. Wood[1] from Lord Egremont on the measures to be pursued for carrying this expedition into execution jointly with the King's troops to be embarked on the ships of war in India as one or at most two only of the Company's freighted ships will be engaged in the service, under the command of His Majesty's officers, Colonel Draper being appointed at the head of the land forces who is to embark on one of His Majesty's frigates for Fort St. George in two or three days in pursuit of this plan. The Chairman also informed the Court particularly with the nomination by government

[1] Probably Robert Wood, Under-secretary of State.

of the Council for conducting the enterprize, the manner of the division of the booty and plunder that shall be made, with the intimations given of the room there may be to expect a reasonable compensation to the Company for the great expences they may be put to on the occasion, and that the conquests that sho'd be made by the king within the limits of the Company's charter will, of his free grace, be delivered up by Colonel Draper to them. He also intimated that a treaty having been made by Mr. Dalrymple of the Fort St. George establishment, employed from thence on discoveries, with the Sultan of Xolo, an island of material importance in the southern seas, from whence valuable advantages might ensue on this occasion to the Company's commerce, the Committee had directed the Presidency of Fort St. George to improve that incident in the most beneficial manner as subservient to the present prospect.[2]

And the same having been maturely considered, it was on the question being put

RESOLVED That this court doth approve of the proceedings of the Committee of Secrecy regarding the expedition to Manilha, and that the same be undertaken by the Company, if it shall appear in India consistent with their interest and security, under the circumstances admitted and allowed of by the government.

ORDER'D That it be referred to the Committee of Correspondence to consider of and prepare the proper advices and instructions in that behalf, and to report.

And the Committee withdrawing accordingly and being returned offered to the Court

Draught of a general letter to Fort St. George solely on the subject of the said expedition, drawn agreeable to the Chairman's report and the abovementioned minutes of the Secret Committee and the same being read,

The Court approved thereof.

5. *Instructions of George III to Draper, 21 January 1762. P.R.O., C.O. 77/20.*

George R. Secret instructions for our trusty and wellbeloved William Draper, Esquire, Brigadier General of Our Forces in the East Indies

---

[2] Alexander Dalrymple was a company agent who arranged a trade agreement with the Sultan of Jolo in 1761. He travelled through the Philippine Archipelago and subsequently published *An Account of the Discoveries Made in the South Pacific Ocean Previous to 1764* (London, 1767), and *An Historical Collection of the Several Voyages and Discoveries in the South Pacific Ocean*, 2 vols. (London, 1770–1).

only.[1] Given at Our Court at St. James's the Twenty First Day of January 1762, in the Second Year of Our Reign.

Whereas we have found it necessary to declare war against Spain,[2] and as nothing can tend so much to the effectually annoying and distressing Our enemies as attempts on their colonies and settlements in different parts of the world; And we judging that a successful attack made by Our forces now in the East Indies on the Spanish settlement at Manila in the Philippine Islands would be greatly for the advantage of Our trading subjects in those parts, and would at the same time give a very sensible blow to the commerce of Spain and We, relying on your loyalty, courage, and military abilities, have thought fit to entrust the conduct of such an enterprize to your care and to give you the following instructions for your guidance in this important expedition.

1. You are forthwith on the receipt of these Our Instructions to repair to Portsmouth, where you are to embark on board the [blank in ms.] Frigate, and to proceed to Madrass in the East Indies.

2. On your arrival at Madrass you are immediately to consult with [George Pigot Esq.,[3] or the Governor of Fort St. George for the time being, *added in margin*] Major General Lawrence or the Commanding Officer of Our Land Forces in the East Indies, Rear Admiral Steevens or the Commander in Chief of Our Ships in those parts [and Rear Admiral Cornish, or the Second Commander of our said ships, *added in margin*] whether an attempt on Manila can be undertaken consistently with the security of the settlements and conquests of the East India Company, and what number of Our Land Forces and ships shall in concert with the force and assistance which the Company shall be able to furnish be adequate to such an enterprize. And in case the said attempt shall be judged advisable, you

---

[1] William Draper was a scholar turned soldier. He attended Bristol Grammar School, Eton, King's College, Cambridge, and took his M.A. there in 1749. He was a Fellow of King's College until 1756 when he vacated his fellowship on marriage. In 1757 he raised a regiment of 1000 foot for service in the East and he arrived at Madras on 14 September 1758. When Stringer Lawrence resigned on account of ill health in February 1759, command of the troops in Madras devolved upon Draper. However, he himself was too ill to assume command and returned home soon afterwards. His next trip to the East was for the conquest of Manila. J. A. Venn, *Alumni Cantabrigienses* Part I (4 vols. Cambridge, 1922–7), II, 66; also *Dictionary of National Biography* (London, 1888), XVI, 4–7.

[2] War was declared against Spain on 4 January 1762.

[3] George Pigot was Governor of Madras from 1755 to 1763. He defended Fort St. George against the French and helped organize the forces sent against Manila. He obtained a peerage on his return to England.

are without loss of time to concert the necessary measures for carrying the same into immediate execution with such force as shall be allotted for that purpose.

3. In case the attempt on Manila shall be finally resolved upon as above, you are to take under your command such of our Land Forces in the East Indies as shall be judged adequate to this service; and you are in concert with Rear Admiral Steevens or the Sea Officer whom he shall appoint to command on this service to use all possible dispatch in embarking the troops under your command on board such of Our ships of war and of those belonging to the Company as shall be appointed to receive them. And the Directors of the East India Company having engaged to furnish a proper train of artillery with the necessary stores of all sorts for this expedition, you are also to cause the same to be embarked, appointing a Commissary to take an exact account of every particular which shall be furnished by the said Company, in order that the same may in certain cases be made good to the Company.

4. When the troops, artillery, stores and all other requisites for this expedition shall be embarked, you are to proceed under convoy of such of Our ships of war as Rear Admiral Steevens or the Commander in Chief of Our ships in the East Indies, shall, in consequence of the orders he will receive from Our Commissioners of the Admiralty, appoint to cooperate with you in this service to Manila, where you are, in conjunction with the said Commanding Officer of Our ships, to make a vigorous attack on the said place, and to exert your utmost efforts to become master thereof, together with all the defences, fortifications, and works thereunto belonging.

5. In case, by the blessing of God upon your arms, you shall succeed in the reduction of Manila, possession is to be kept of the same. And tho' by Our Prerogative Royal We have an undoubted right to dispose of all places conquered by Our forces from any European power in the East Indies; and Our late Royal Grandfather of glorious and happy memory, hath, in His Charter granted to the East India Company, bearing date the [ ] day of [ ] 1758, in the [*blank in ms.*] Year of His Reign, expressly reserved the right to the disposition of all places in the East Indies conquered from European powers, Our will and pleasure, nevertheless, is that you do give up the town of Manila with all the fortifications and works thereunto belonging, and all the artillery and military stores which shall be found therein, to the Officer or Officers of the East India Company who shall be duely authorized to receive the same, and who are to

keep possession thereof, till Our further pleasure shall be signifyed with regard to the future disposition of the said conquest, which is to depend entirely and absolutely on Us. But before you shall deliver up the said place as above, you are to cause most exact and particular inventories to be taken of all the artillery, ammunition, and warlike stores of all sorts that shall be found therein; which inventories are to be signed by you or the Commanding Officer for the time being of Our land forces and the Officer whom the East India Company shall appoint to command at Manila. And the said inventories so signed are to be transmitted to one of Our principal Secretaries of State. And in order to enable the East India Company to keep and defend the said place, you are to appoint a proper and competent garrison to remain there with sufficient supply of stores and all other requisites; and you are to be assisting to the Officers of the Company in all matters that may relate to the security and defence of the said place, and to the disposing of any prisoners of war who may be taken there.

6. Whereas the Secret Committee of the East India Company have suggested that a settlement on the Island of Mindano would be very beneficial to their trade, if the same could be kept after a Peace, Our will and pleasure is that, as soon as the operations against Manila shall be over, you do, in concert with the Commanding Officer of Our ships, use your best endeavours to take possession of the said Island of Mindano, and deliver up the same to the Officer or Officers of the East India Company, in the same manner and under the same reserve of Our right to the future disposition thereof, as you are directed to do by the preceeding article of these Instructions with regard to Manila; and you will give the Officers of the Company all the assistance that shall be necessary, and in your power to afford them, for making a settlement on the said Island of Mindano.

7. Having completed all the services abovementioned, you are, with such of the land forces as shall be remaining under your command, to return to such part of the settlements of the East India Company, where, according to the opinion of the Council mentioned in the second article of these Instructions, your presence shall be most wanted.

8. With regard to any booty which may be taken at land during this expedition, We are pleased to leave it to you and the Commander in Chief of Our ships to make such agreement with the East India Company or their Officers for the distribution thereof, as you shall judge equitable and reasonable.

9. Whereas the success of this expedition will very much depend upon an entire good understanding between Our land and sea officers, We do hereby strictly enjoin and require you, on your part, to maintain and cultivate such a good understanding and agreement, and to order that the soldiers under your command shall mann the ships when there shall be occasion for them, and when they can be spared from the land service, as the Commander of Our ships to be employed on this expedition will be directed on his part to entertain and cultivate the same good understanding and agreement and to order the sailors and marines under his command to assist Our land forces, and to mann the batteries when there shall be occasion for them and when they can be spared from the sea service: and in order to establish the strictest union that may be between you and the said Commander of Our ships, you are hereby required to communicate these instructions to him and he will be directed to communicate those he shall receive to you.

10. You are, as opportunity shall offer, to transmit accounts of your proceedings in the execution of these Our Instructions to one of Our principal Secretaries of State, from whom you will receive such further orders as we shall think proper to give you. GR.

6. *Notification of disciplinary measures, 21 January 1762. P.R.O., C.O. 77/20.*

Whereas an Act has been made and passed the last session of Parliament for punishing a mutiny and desertion, and for the better payment of the army, and their quarters, from and after the 24th day of March 1761 until the 25th day of March 1763; We have therefore thought fit hereby to authorize and direct that a general Court-Martial be held from time to time when and where you shall think proper, and at such time or times as shall be necessary for the trial and punishment of mutiny and desertion and false musters, as also for the tryal and punishment of any other the offences mentioned in the said Act of Parliament, or of any other misdemeanour or misbehaviour of any officer or soldier of our forces under your command, against the rules of military discipline, which Courts-Martial are to consist of Officers of such rank and quality, as are by the said Act of Parliament directed and as can be conveniently summoned to attend the same. And We do hereby further authorize and empower you from time to time to appoint Presidents of the same, which Presidents of such Courts-Martial shall not be the Commander in Chief or Governor of the garrison where the offender shall be tried, nor under the degree of a Field Officer, and according to the judgment of the said Courts-Martial the Presidents thereof are to cause sentence or sentences to be pronounced against the person or persons offending, either of pains of death or such other pains or penalties as shall be inflicted by the said Courts-Martial, which sentence or sentences you are to cause to be put in execution, mitigation, pardon, or to suspend the same, as in your discretion you shall see cause, and to reprieve any person under sentence till our pleasure be known; and for executing the several powers, matters and things herein expressed, these shall be as well to you as all others whom it may concern a sufficient warrant. Given at our Court at St. James's this 21st day of January 1762 in the second year of Our Reign. By His Majesty's Command.

To our trusty and welbeloved William Draper Esqr., Brigadier General of our forces in the East Indies only, and Commander in Chief of our forces going on an expedition, or to the Officer commanding our said forces for the time being.

7. *Earl of Egremont to Major General Lawrence, Whitehall, 23 January 1762. P.R.O., C.O., 77/20.*

(Secret)

Sir: Colonel Draper having represented to His Majesty that during his stay in China he had had opportunities of collecting such satisfactory information with regard to the State of Manila, the capital of Luconia,[1] chief of the Philippine Islands, as to make him of opinion that the conquest of so important a settlement might be attempted with well grounded probability of success, employing for that purpose only such a force as might be spared from India, consistent with the security of the Company's settlements and conquests there; His Majesty, considering the great advantage his trading subjects in those parts would reap from such an acquisition, and the crippling blow the commerce of Spain would sustain from such a loss, and reposing entire confidence in your experienced abilities and known zeal for His Service, has judged proper to dispatch Colonel Draper to Madrass to confer with you as well upon the practicability of this scheme as with regard to the number of troops which may with prudence be spared from Bengal and the coast of Coromandel; and as

[1] Draper had devoted part of his sick leave after the Fort St. George action inquiring into the defences of the Philippines. He found them weak. Upon commencement of hostilities against Spain Draper laid this information before the ministers. William Laird Clowes, *The Royal Navy. A history from the earliest times to the present* (London, 1898), III, 239.

this expedition must consist both of land and sea forces, it will be necessary to call into your consultations on this matter Mr. Pigot or the Governor of Fort St. George for the time being, Rear Admiral Steevens or the Commander in Chief of His Majesty's ships in the East Indies, and Rear Admiral Cornish or the Second Commander of the said ships. Colonel Draper, (whom the King has been pleased to appoint a Brigadier General in the East Indies) is therefore instructed to proceed upon this service, or not, according to the resolutions of a Council composed of the above named persons, together with you, and himself. And as Brigadier Draper is directed to shew you His Majesty's instructions with regard to this object, I shall only add that the King is greatly encouraged to hope that this important undertaking will take place from a thorough dependance on your perfect knowledge of the Company's settlements, where your presence, your vigilance and abilities are absolutely and indispensably necessary, during the absence of so considerable a force as the attack will require, and from a firm reliance that your long tried military skill would on occasion, supply the want of numbers. I hope it is needless to recommend all possible dispatch and celerity on this occasion, fully trusting that every facility and every assistance in your power will be chearfully and zealously given towards the success of an enterprize which His Majesty has so much at heart, and which is so important to the success of the war in general, and to the interests of the East India Company in particular. I am etc., Egremont.

8. *Earl of Egremont to the Secret Committee of the East India Company, Whitehall, 23 January 1762. P.R.O., C.O. 77/20.*

(Secret)

Gentlemen: It having been represented to the King, that a successful attack upon Manila, the capital of Luconia, one of the Philippine Islands, would not only greatly annoy and distress the enemy in that part of the world, but would also considerably contribute to the security and perhaps to the extension of the East India Company's trade, His Majesty has thought proper to appoint Colonel Draper to be a Brigadier General in the East Indies, and to order him to proceed to Madrass, there to consult with Mr. Pigot or the Governor of Fort St. George for the time being, Major General Lawrence or the Commanding Officer of His Majesty's land forces in the East Indies, Rear Admiral Steevens or the Commander in Chief of His Majesty's ships in the East Indies and Rear Admiral Cornish or the second Commander of the said ships, how far a sufficient body of troops may be spared from India for this service consistent with the security of the Company's settlements and conquests; and, should the plan appear advisable, Brigadier Draper is instructed to go on without loss of time, to the above object of operation, with such a force as shall be thought sufficient; and, in case success shall attend His Majesty's arms on this expedition, he is directed to give up this conquest to such of the East India Company's servants, as they shall direct and authorize to take possession of the same till His Majesty's pleasure is further known.

As the success of this undertaking will greatly depend upon the readiness with which the East India Company's servants shall be directed to concur in carrying it into execution chearfully and with spirit, I have the King's commands to recommend to you, in the strongest terms, to contribute every thing in your power towards a service which so nearly concerns those commercial interests, which are the immediate object of your care, by furnishing as large a quota of the Company's troops as can be spared, and by supplying a proper train of artillery, and all necessary stores, as well as engineers, and proper officers for this part of the service, as also an hospital ship, and such other transport, or transports, for the troops as may be necessary to carry those, who cannot be taken on board the King's ships, according to the orders of the Lords of the Admiralty for that purpose.

But, as it is by no means His Majesty's intention, that the East India Company shall, upon this occasion, incur a certain expence, without any view to a just and proper compensation, I am to acquaint you, by the King's orders, that the train and stores, which the Company shall furnish for this service, shall be made good; and that, in case this conquest should be restored by a Treaty of Peace, before the Company shall have received advantages therefrom, adequate to their expences in this expedition, His Majesty will take the same into His Royal consideration and recommend to Parliament such reasonable compensation as the case shall in his wisdom appear to deserve.

As it is very important that the first season proper for this attempt should not be lost, which there is reason to fear may happen unless Brigadier Draper is immediately dispatched from hence and shall meet with no delay in the necessary preparations for his further proceedings on the coast of Coromandel, all the facilities which the East India Company shall give in expediting and quickening his departure, as well from hence as from India, will be highly agreeable to His Majesty; nor can the Company give a more acceptable testimony of their due sense of the King's most gracious attention to their interests during the course of this war in those ample and effectual aids which have not only been sufficient to protect but to enlarge and extend their settlements. I am etc., Egremont.

9. *Earl of Egremont to Draper, Whitehall, 9 February 1762. P.R.O., C.O. 77/20*

Sir: His Majesty judging that it may be expedient for His Service that you should be empower'd to fill up such vacancies of officers as may happen in the troops under your command during the time they shall be employed on the services prescribed in your secret instructions of the 21st past; I am commanded to signify to you the King's pleasure, that in case of the death, removal by sentence of Court Martial, or the quitting of any of the officers of His Majesty's Forces under your command, you do supply such vacancies by posting such persons as you shall make choice of for that purpose, who are to be acknowledged in their respective stations till His Majesty's further pleasure shall be known. And I may acquaint you, that you may be assured that the King will not refuse to confirm the promotions you shall so make, unless very strong reasons (which I am persuaded will not happen) shall render it necessary for His Majesty to make any alteration therein; But it is the King's express pleasure that you do not exercise the power, hereby given you 'till you shall be arrived, with the troops under your command, at the object of your instructions; and that you do not attempt under any pretence whatever to extend the same over any of the troops in the East Indies, but such of His Majesty's Forces as shall be put under your immediate command for the purposes contained in your secret instructions abovementioned, and that during the time only that they shall be actually employed in the said service.

It is with particular satisfaction, that I am further to acquaint you, that His Majesty has been pleased to signify His Royal Intention of promoting you to the rank of Colonel as soon as advice shall be received of your having reached the object of your operations; and to take rank from the day of your arrival there. I am etc., Egremont.

10. *Extract of a general letter of the East India Company to the Governor and Council at Fort St. George, 19 February 1762. Brit. Mus., Add. MSS., 37,836, fo. 217.*

In our two letters of the 21st January we took notice of and gave you directions for complying with the King's intentions for attacking the Spaniards at Manilha. We are now to observe that His Majesty's instructions and orders for carrying this project into execution are delivered to and entrusted with Colonel Draper only, appointed a Brigadier General on this occasion, who takes passage on the *Argo* frigate now fitting out at Plymouth, so that although you may be preparing for the said expedition, as far as may be necessary and consistent with the situation of the Company's affairs and the safety of their several settlements, yet nothing further can be undertaken until the Brigadier arrives with His Majesty's orders and instructions beforementioned, being assured from the government that sending duplicates thereof was supposed needless as the undertaking depends upon Brigadier Draper's arrival, and should he not get to India, duplicates could be of no use.

11. *Draper to* [?], *11 March 1762. P.R.O., C.O. 77/20.*

Ile of Madera
March 11th 1762

Dear Sir: As I am very uncertain by what conveyance you will receive this, I shall only take the liberty to acquaint you that we sail from hence to morrow, and as the *Argo* is a very good sailor, hope to be in India time enough to put His Majesty's commands in execution. It is so much the interest of the Dutch to give the enemy there all possible intelligence that I am under no small uneasiness that we sail from England so late.[1] However, a good passage may retrieve all, so Blow Good Winds! God bless you my dear sir, and believe me Your very Aff. and Obliged H. Servant, Will. Draper.

The *Esca* and *Clinton* India Ships are still here.
Praying Best Respects to Lord Egremont.

12. *Copy of a letter of the Council appointed for directing the expedition against Manila, 10 July 1762. I.O.R., H.M., 77, pp. 1-4.*

Gentlemen: Having assembled this morning agreable to His Majesty's instructions, Mr. Pigot made us acquainted with the present situation of your affairs, the prosperous state of which gives us the

---

[1] The Dutch declined as a maritime power after the War of the Spanish Succession (1713). During the Seven Years' War (1756-63) they profited as neutrals but suffered considerable English interference with their seaborne trade. A Dutch expedition in 1759 to restore their position in Bengal miscarried and was defeated at Bedora by the English. C. R. Boxer, *The Dutch Seaborne Empire, 1600-1800* (London, 1965), p. 298.

greatest pleasure and well grounded expectation of their stability; as you have no European enemy to apprehend danger from. You receive the rents of the country regularly, you have, as it appears to us, little reason to apprehend being disturbed by any of the distant governing powers, the Marattas, Moors and Mysoreans being so much divided and engaged in war with each other as to take their attention off from you entirely and indeed now your rivals the French are remov'd from the coast, we see no reason to apprehend they will at any time trouble you.[1] You have subdued or brought to reason the different tributaries to the Nabob, except the king of Tanjora and we hope before it may be necessary to remove the troops from Chillumbrum that affair may be also terminated if in the manner you desire, it will be a very happy circumstance, if not, from the known inactivity of that prince, little disturbance is to be feared so long as no troops are sent to molest his territories, and this we suppose you would not at present think proper.

By the last advices from Bengal we learn that the Company's Affairs were in a very flourishing situation and the country bore more the face of tranquillity than it had done for some time.

In Bombay it appears they were in no apprehension from an armament said to be fitting out against that place from Mauritius but our thorough knowledge of the inability of the French for such an enterprize makes us conclude those fears to be imaginary.[2] We have the mortifying circumstance indeed to observe by the return Mr. Pigot laid before us that the whole force of your infantry is only 1567 rank and file fit for duty. Your general return stands thus: 1567 rank and file fit for duty, 171 Horse and Hussars, 233 artillery, 181 Cofferies, 135 topases,[3] 898 sick and invalids, 7000 Seapoys, from this force we think may be spared with security to your possession on this coast as your affairs are now circumstanced. H.M. 79th Regiment consisting of 457 rank and file, the Company's Troops all to be foreigners 200, the Pioneer Company 64, Artillery 100, Coffreys 84, Seapoys 2000.

You will then have remaining 846 rank and file fit for duty, 171

[1] From 1750 to 1761 the Mahrattas were engaged in an ambitious attempt to obtain supremacy in India. They were decisively defeated in 1761 but squabbles with the East India Company followed. The French relinquished their last stronghold in India by surrendering Pondicherry on 16 January 1761. See H. H. Dodwell (ed.), *The Cambridge History of India* (second Indian reprint), (Delhi, 1963), V, 166–80, 164–5.

[2] The French had first occupied Mauritius in 1721. After the French defeat at Pondicherry the English governor of Fort St. George expressed willingness to attack Mauritius and deprive the French of their foothold in Asia. Col. George Monson to Draper, Fort St. George, 2 Mar. 1761. Brit. Mus., Add. MSS., 32,919, fos. 416–20.

[3] A Caffre was a South African black, while a Topass was a Portuguese christian half-caste.

Horse and Hussars, 133 Artillery, 100 Coffreys, 135 Topases, 898 Sick and Invalids, 5000 Seapoys. We think this force a very respectable one where there is no European enemy to encounter and this we understand is likely to be augmented by 300 recruits from Europe as well as with that part of His Majesty's 96th Regiment now at Bombay which we are informed is full 350 men.

It may be said perhaps that the present tranquility of the country which alone justifies the enterprize will be very precarious when the departure of the Armament is known, as those who do not dare at present to declare against you, may then take advantage of so considerable a diminution of your forces and act accordingly. This objection would certainly be strong against the undertaking should the absence of the squadron and troops be of any long duration but the decision and fate of the attack will be over by November and the greater part of the squadron and land forces may be brought back again to the coast for your security by the end of January which is our intention according to His Majesty's instructions for the handful of men who will be embarked upon this expedition makes us apprehend that all his Majesty's commands cannot be fulfilled, and indeed nothing but our zeal for the King's service could persuade us to proceed with a force so very inconsiderable and we trust that our earnest desire to obey his royal commands and serve the India Company will in some degree supply the want of numbers.

We are, gentlemen, your most obedient, humble servants, George Pigot, Samuel Cornish, William Draper, Richard Tiddeman.

13. *To the Council directing the expedition against Manila, Fort St. George, 10 July 1762. P.R.O., Adm. 1/162 (2), fo. 33.*

To Samuel Cornish, Stringer Lawrence, William Draper and Richard Tiddeman, Esquires, the Council appointed by His Majesty for directing the execution of the intended expedition against Manilha.

Gentlemen: We have received the letter you addressed to us of this date. It is a matter of very great concern to us to find General Lawrence's name not subscribed thereto, as we have from his long experience and abilitys ever entertained a great opinion of his judgement. We notwithstanding from the assurances you give us that the greatest part of the squadron and land forces will be brought back by the end of January do consent that the number of troops demanded for this enterprize be embarked and will give orders for the delivery of all such stores, cannon and other necessarys you may please to require.

We are Gentlemen Your Most Obedient Humble Servants, George Pigot, Robert Palk, John Caillaud, Ch. Bourchiers, Dawsonne Drake, John Pybus, James Alexander, John Call.

14. *Cornish to Clevland, Madras Road, 23 July 1762. P.R.O., Adm. 1/162 (2), fos. 25–6.*[1]

Sir: In my letter of the fifth of April by the East India' Company's ship *Warren*, a duplicate of which accompany's this, I acquainted you with my proceedings to that time and agreeable to my intention therein I proceeded with the ships named in the margin (*Norfolk, Elizabeth, Grafton, Lenox, Weymouth*) to refit at Trinconomale. On my arrival at that place I found His Majesty's ships *America* and *Falmouth* who having met with a hard gale of wind off the south end of Ceylon occasioned the leaks of the *America* to encrease so much as to render her unable to proceed to Bombay, and obliged the *Falmouth* to bear away with her as it was with much difficulty she could be kept above water. I immediately ordered her to be cleared and have her down, and found her main keel and bottom greatly damaged, occasioned by the wreck of her masts which she lost in the storm of Pondichery, the ship in every other respect extremely out of repair and on this occasion I must take leave to acquaint their Lordships that she came out from England extremely ill fitted. I have repaired her in the best manner the few materials and artificers I had would allow me and to enable me to do this I was obliged to make use of the greatest part of the stores I had provided to refit the other ships. I am sorry to acquaint their Lordships with my apprehensions that the *Lenox, Grafton, Elizabeth* and *Weymouth* will not long continue fit for service. The *Lenox* is become very weak and leaky and is much broke; the others by age are constantly complaining, their timbers many of them quit rotten and in general so bad that I am afraid to inspect into their complaints and indeed I feel with great concern for the immense sums expended in the constant repairs of these ships.

On the first of June His Majesty's ship *Sea Horse* joined me with the *Admiral Steevens* Victualer laden with provisions, whom Captain Tinker had dispatched from Batavia to the Island of Diego Ray's in quest of me. And on the 1st of July the *Seaford* joined me from Madras where she had arrived a few days before with the *South Sea Castle*

[1] John Clevland (c. 1707–63) was secretary to the Admiralty. On him see Sir Lewis Namier and John Brooke, *The History of Parliament. The House of Commons, 1754–1790*, 3 vols. (London, 1964), II, 220–1.

Storeship from the Cape, and brought me their Lordships several orders any your letters by His Majesty's ship *Argo* who anchored in Madras Road, as the *Seaford* was getting under sail to join me. On the receipt of their Lordships secret orders I proceeded immediately with the ships that were ready for the sea to Madras Road leaving orders for the remaining ships to join me with the utmost dispatch. I arrived here the 7th instant at night and next morning communicated my instructions to General Draper. We immediately consulted with Governor Pigot and General Lawrence and desired those gentlemen to lay before us the state of the troops and garrisons. On the 10th we met again and after having considered the state of the Company's settlements in India, came to a resolution to put his Majesty's instructions into immediate execution. General Lawrence indeed objected against the expedition but his reasons appeared to us imaginary rather than real. I have for their Lordships better information transmitted copies of our letter to the Presidency of Madras and their answer.

The plan for the expedition being laid and the number of troops to be employed agreeable to the state in the enclosed letter (except the Seapoys of which I am afraid they will not be able to embark more than five hundred), I have received on board the squadron as many of the stores and artillery as the ships will contain and shall take on board all the regular troops and their baggage which are to embark the 25th at Cuddalore where I have sent ships to receive them. The Council of Madras have allotted only two of the Company's ships for this service who are to receive on board the gentlemen appointed to act in behalf of the Company and the Seapoys. The *Admiral Steevens* Victualler being a ship of large burthen and extremely necessary to be employed on this service to receive the remainder of the stores, artillery and part of the Lascars, I applied to the President and Council of Madras requesting that she might be taken up on the Company's account, but as they have been pleased to acquaint me, they could not comply with my request. I have enclosed a copy of my letter and their answer on this subject. As there was an absolute necessity for employing this ship, I have taken her on demurrage upon His Majesty's account to be employed as an ordnance and naval store ship.

The artillery and stores being embarked and everything in great forwardness on the part of General Draper, I hope to leave this place the 31st instant with the following ships, viz. *Norfolk, Lenox, Grafton, Elizabeth, Weymouth, America, Panther, Falmouth, Argo, Sea Horse, Seaford,* and *South Sea Castle,* storeship.

Captain Tinker, having dispatched the *Panther* from Batavia to reestablish the west coast of Sumatra, Captain Newson proceeded so far as Bencoolen, but not being able to procure pilots for the coast and the people falling sick, obliged him to proceed directly for Madras where he joined me the 12th instant.

By the arrival of the *Seaford* from the Cape of Good Hope I received a letter from Captain Lynn dated the 9th of March acquainting me he arrived there the 29th of December in a sickly condition, but should use all possible expedition to join me with the *Chatham* and *York*. I had concluded these ships would have joined me by the latter end of April and am sorry I cannot account to their Lordships for this [extraordinary?] delay of Captain Lynn.

The 18th instant I received a letter from Captain Tinker acquainting me with his arrival at Bombay the 15th of June with the *Medway* and *Baleine* and as I had dispatched orders the 11th of June for him to join me on this coast, I am in hourly expectation of his arrival but in case he should not arrive before my departure, I shall leave orders for him to take the *Chatham*, *York* and *Baleine* under his command to execute such services as the Company's affairs may require. I am, sir, Your most Obedient Humble Servant, S. Cornish.

Norfolk in Madras Road,
23rd July 1762
[to] John Clevland Esq.

15. Draper to Pigot [*Madras*] *23 July 1762, I.O.R., H.M., 77, pp. 23–5.*

I have read over with some attention the form you was pleased to leave with me relating to an agreement between Mr. Cornish, myself and the company, about the division of booty taken during this expedition against Manila. By His Majesty's instructions my powers extend no further than to any booty taken at land. A third part of which I think a reasonable and equitable share and distribution for the Company. I will likewise agreeable to His Majesty's commands deliver up the place and fortification, all the artillery and military stores which shall be found therein, to the officer or officers who shall be duly authorized on the part of the Company to receive the same. But I will not deliver them up for the *use* and *benefit* of the said company as by His Majesty's instructions they must be in deposit and kept *possession* of till His Majesty's further pleasure shall be signified with regard to the future disposition of the said conquest which must depend entirely and absolutely on his Majesty's Royal Will and Pleasure. In case an enemy attacks Manilla there is no doubt but the persons entrusted with the care and defence of the place may,

PREPARATIONS 33

ought and will make use of such of the warlike stores as may contribute to the defence of it taking an exact inventory of what has been expended on such an occasion. As to all penal bonds and engagements of that sort, I shall enter into none, as it is a thing unheard of in His Majesty's service and below its dignity. The work and promise of the Admiral or General has ever been thought a sufficient security for all affairs where men of honor are concerned, in failure of which they will be responsible to His Majesty and proceeded against by the Military Laws. I am, Sir, your most humble servant, William Draper.

16. *Draper to Secretary at War, Fort St. George, 27 July 1762, P.R.O., W.O., 1/319, fos. 353–9.*

Sir: I have the honor to transmit to you the returns of His Majesty's forces allotted me for the enterprise against Manila. Their very small number will sufficiently shew the impossibility of my acting against the place with the formalities of a siege. My hopes depend upon the effects of a bombardment or Coup de Main, for both which we are prepared. A brisk attack upon the Port of Cavite may make us masters of it and in consequence of all their marine. This service alone will not be inconsiderable and tho perhaps we cannot do all we wish, we are determined to do all we can and try we will. My further expectations of success are founded chiefly on the goodness of my own regiment, (my tenth and indeed my only legion) and some very good officers who are so obliging to follow and assist me on this occasion. Colonel Monson goes with me as Second in Command and acts as General in which capacity as in all others of his profession he exerts such great talents that I blush to give him orders. Your friend Major Scot of the Highlanders acts as my Adjt. General. I have the greatest reason to be perfectly satisfied with him as an officer of merit and abilities. Am in hopes this appointment may be of further use to him in procuring him the rank of Lt. Colonel, w'ch he has long been ambitious of & taken uncommon pains to deserve. As I am very sensible of your favorable wishes with regard to him, I was still more happy in being able to serve him. Major Basher of the Company's troops who commands our artillery has made such a judicious arrangement of the stores of his Department & distributed them aboard the different ships of the squadron in such just proportions that the loss or dispersion of any one vessel cannot retard or effect the proceedings of the rest. His activity & dispatch in the embarkation are almost incredible to those who are acquainted with the difficulties that are to be surmounted in shipping stores from the great & perpetual surf that rages against the shore. Everything is obliged to be carry'd in the boats of the country, without the assistance of wharfs, cranes and other conveniences made use of in England. When I was in this country before, I took the liberty to recommend Mr. Barker for the great share he had in the defence of Madrass. He has since gained the universal approbation of the officers who have commanded in this part of the world & has contributed so much to the reduction of all the French settlements in India, that I may venture to assure you, Sir, he would be no disgrace to His Majesty's Field Officers, could he by brevet & your kind recommendation have the honor of being added to their list. Captain Stevenson & Capt. Lt. Cotisford of the Company's troops act as engineers. They have served very well upon many occasions & will I am sure be of great service to me. Captain Fletcher of the Company's troops is my Major of Brigade & very fit for his employment being much commended by all. These officers form my little staff, tho I fear the handful of men under my command will scarce justify such pomp: for, exclusive of my own Battalion & the artillery, the rest are a composition of deserters of all nations who I take with me more to ease the fears and apprehensions of the people at Madrass, than from any service I can expect from them; as, perhaps, I shall only carry recruits to the enemy, but I have no choice. Those or none; such banditti were never assembled since the time of Spartacus. Mr. Cornish has promised to assist me to the utmost with the seamen and marines & I confide that their spirit & activity will make amends for any want of regularity.

The very necessitous condition in which I found His Majesty's troops on my arrival has obliged me to draw upon the Treasury for some forrage money, to enable the small part, destined for the expedition, to take the field. I have also ordered Captain Winter of the Royal Artillery to draw for 200 days forrage for his officers. As the whole were quite unprovided with tents, which had been worn out with their constant service in several campaigns, I borrowed the private mens tents & camp necessarys from Colonel Monson's battalion. I am obliged to add that the batta or field allowance & other emoluments formerly granted by the Company in the time of their distress, have of late been so contracted that His Majesty's troops cannot now act with those appointments only & the price of provisions & necessarys of all sorts so exceedingly raised upon them that sixpence in England will go as far as a roupee in this part of the world. The Directors at home have carry'd their economy or rather ingratitude so far as to replace paying for the passage of those officers whose sickness or wounds in their service have obliged them to quit this country & return home: so that a poor subaltern whose pay is only 60^L per annum is forced to pay a captain of an India ship 100^L

PREPARATIONS

for his reception on board. As these things cry aloud for redress, the troops most humbly hope for your protection & application to His Majesty in their behalf.

Mr Pigot's private generosity has been the sole resource that has saved many of His Majesty's officers from ruin. What he could not do for them in his Publick capacity as Governor (from his restrictions) he has done from his own purse & great benevolence. Another grievence complained of, is the liberty the Council here have assumed of making any number of Field Officers they think proper: by w'ch proceeding they can always take the command upon detachment from His Majesty's Captains; & as most of the Companys officers are people of a very low education, they are seldom fit for the stations of Field Officers either from behaviour or knowledge. The troops humbly beg that their numbers may be limited, & none made for the future without their approbation or being made acquainted with the Directors' reasons for so doing. The prize money due to the troops & navy from the capture of Pondicherry is not yet paid, from a pretence of not knowing His Majesty's intentions on that subject. All these circumstances added to the heat of the country have put them somewhat out of temper. Yet they have ever gone upon every service recommended to them with the greatest spirit & chearfully, and have embarked upon the present occasion with such joy that I cannot but look upon it as an omen of my good success. We propose sailing by the first of August as we have no time to spare or trifle away. The monsoon in the China Seas shifts at the latter end of September or beginning of October & the squadron is not in the best condition to encounter hurricanes. If we take the place I shall be at a loss how to garrison it as most of the Regulars are to return to this Coast when the affair is over. The Company here has stipulated to furnish me with 2000 sepoys but their averseness to a sea voyage, the difference of religion & particular methods of diet make me fear I shall not carry a fourth part of the number so that I have little to say in my justification for venturing on such a slight foundation but that the zeal of ardour of all the gentlemen of the navy & the few under my command bid me hope for success. We have unanimity for our base; I build much upon it. The place is large but not very strong: the inhabitants very numerous, but not used to war. Perhaps the appearance of 7 or 8 line of battle ships may save us the trouble & bloodshed of an attack; if not, we shall begin directly with the Port of Cavite as that must be our first object.[1] The great ships can come

---

[1] Apparently Draper changed his mind about attacking Cavite first. He would make a frontal attack upon the city and afterwards demand the surrender of Cavite.

near enough to batter it. We shall make an effort all the same with the land forces; carry it we will or perish in the attempt. Living or dying I will endeavour to merit your approbation. I am Sir with great respect Your most obliged and obedient servant William Draper Brigadier General.

17. *Cornish and Draper to Pigot and Council, Madras, 28 July 1762, I.O.R., H.M., 77, p. 15.*

Gentlemen: His Majesty having been pleased to leave to us the power of making such an agreement with the India Company or their agents (with regard to any booty taken at land during this expedition) as we shall think equitable and reasonable we have therefore determin'd a third part of any booty so taken to be a very fair, equitable and reasonable distribution to the said company.

We had an intention to have given them a moiety of the whole, had the situation of the forces under our respective commands admitted of such a great cession in their favour, but the present ill humour and heart burnings of our people arising from the affair of Pondicherry and the small advantages derived from its capture have obliged us to take all the means in our power to secure the hearts and affections of the forces to the service they are shortly to embark upon and we look upon the distribution we have now mentioned to be the most effectual means of so doing, as the hopes of future advantages may serve in some degree to compensate for the former disappointments of his Majesty's squadron and army.

We have the honour to be Gentlemen with great respect and consideration, Your Most Humble servants, S. Cornish. W. Draper.

18. *Pigot to Cornish and Draper, Fort St. George, 30 July 1762. I.O.R., H.M., 77, pp. 27-30.*

Gentlemen: We have had the honor to receive your letter of the 28th instant acquainting us that His Majesty having been pleased to leave to you the power of making such an agreement with the India Company or their agents (with regard to any booty which may be taken at land during this expedition) as you shall think equitable and reasonable, you have therefore *determined* a third part of any booty so taken to be a very fair equitable and reasonable distribution to the said Company.

The words which the Court of Directors use in signifying to us His Majesty's pleasure on this subject carry a sense very different from

PREPARATIONS

those in which you are pleased to express it as above. The passage in the letter from the Court of Directors to us runs thus:

> 'With respect to all plunder and booty taken at any of the places conquered within the limits of our charter, His Majesty has been graciously pleased to leave this point to the Company and His Majesty's Commanders in Chief upon this expedition. Col Draper as far as extends to his own power agrees that the captors have one moiety and the Company the other and we hope what may regard the captures at sea in this conjunct expedition will be as easily settled with Admiral Stevens or the Commander in Chief of His Majesty's squadron for the time being . . .'

The difference is striking, the one implies a liberty given to both parties to settle the which otherwise His Majesty alone by his Prerogative Royal could do. The other expresses a power given to one party to determine how the matter shall be settled.

If His Majesty has invested you gentlemen with the power of determining this point, our answer is that as dutiful subjects we submit cheerfully to His Majesty's will.

But if it be His Majesty's gracious intention to leave the Company an option as the word agreement implies then we find ourselves obliged to recur to what the Court of Directors tells us, viz., that General Draper had agreed as far as his powers extended that the captors should have one moiety of the booty and the Company the other.

We cannot avoid observing further that being earnestly desirous of settling this point in the most amicable manner we desired the favor of our president to converse with you on this subject and to inform us whether the admiral concurred with the general on this distribution, and we understood from our president's report that you both consented to an equal division of plunder between the captors and the Company, one half to each. We were therefore much disappointed when we read in your letter abovementioned that you had determined one third to be an equitable proportion for the Company.

But since upon what has passed we do not think ourselves authorized to accept this [?] proportion, allow us gentlemen to offer you a proposal which we hope will obviate all difficulties. It is this, that one half of the plunder and booty which may be taken on land during the expedition, or one half of the value, be deposited with the Company . . . until we can receive their further directions hereon. If you should not think proper to accept of this proposal, in that case we are willing to receive from you whatever part of the plunder and booty or the value thereof, you shall think proper to tender us on the Company's account, not as their share, but merely as so much tendered by you leaving the whole to be settled at home. And in either of these cases we hope you will have no objection to our appointing an agent on the part of the Company to assist your agent in taking an inventory and account of the plunder and booty.

We have the honor to be with great respect and consideration, gentlemen, your Obedient and Humble servants, George Pigot, Fort St. George, 30 July 1762.

19. *Cornish and Draper to Pigot and Council, Madras, 31 July 1762. I.O.R., H.M., 77, pp. 31–2.*

Gentlemen: We are favored with your letter of the 30th instant in answer to which we beg leave to give you our sentiments.

We look upon the Navy, and Army, and India Company to be three distinct parties concerned in the division of any booty or plunder taken at land during this expedition and of course that the majority of these parties can *determine* the point in question. Especially as the Instructions given by his Majesty to his general at Land expressly declare that he is pleased to leave it to him and the commander-in-chief of his ships to make such agreement with the East India Company or their officers for the distribution of any plunder or booty taken at land as they shall *judge* equitable and reasonable. His Majesty does therefore make us the *Judges* and as such we have clearly given our determination and our reasons for it in our former letter. We have no objection to your appointing an Agent to take the share allotted you and what we have *determined* to be a fair, equitable and reasonable distribution you shall undoubtedly have. For your further satisfaction we enclose you his Majesty's paragraph relating to it, the 8th of General Draper's Instructions.

> 'With regard to any booty which may be taken at land during this expedition, we are pleased to leave it to you, the Commander in chief of our ships to make such agreement with the East India Company or their officers for the distribution thereof as you shall *judge* equitable and reasonable.'

We are, Gentlemen, your most obedient and humble servants, Samuel Cornish. William Draper.

20. *Pigot to Cornish and Draper, Fort St. George, 31 July 1762. I.O.R., H.M., 77, pp. 35–6.*

Gentlemen: We have received the honour of your letter of this day in answer to ours of yesterday and although we find ample matter for a reply to that part where you urge your authority to determine, we choose to decline it that we may avoid altercations and to refer the decision of that point to His Majesty. It is, however, our indispensable duty to take notice that as His Majesty has been pleased to declare to the Company his royal intentions to apply to his parliament to reimburse the Company the charge they may be put to in this expedition should the conquered places be restored at a peace, the less they receive from the plunder, the greater will be the sum to be reimbursed, so that in the end, the Nation and not the Company may suffer.

As you are pleased to reject the first part of our proposal that half the plunder be deposited, we cannot do otherwise than adhere to the alternative proposed, that we or the Deputy Governor and Council appointed to receive possession of your conquests will receive whatever you think proper to tender on account of the plunder and booty, not as the Company's share, but merely as so much tendered by you.

We did ourselves the honour further to propose to you that notwithstanding that we should not concur in opinion with you concerning the division of the booty, yet that an agent might nevertheless be appointed on the part of the Company to take an account of the whole, to which you are pleased to answer that you have no objection to our appointing an agent to receive the share allotted us. As this leaves us still in some doubt of your intentions, permit us to request that you will inform us whether you object to our appointing an agent to act jointly with yours in taking an inventory and account of the whole plunder and booty.

We have appointed Mr. Drake with several other of the Company servants to proceed with the expedition, and in case of success to receive from you the conquered places, agreeable to his Majesty's pleasure. We are about framing instructions to those gentlemen and shall take it as a particular favor if you will assist us with your advice.

We have the honor to be, gentlemen, your most humble servants, George Pigot, President of Council.

21. *Cornish and Draper to Pigot and Council, Madras, 31 July 1762, I.O.R., H.M., 77, p. 39.*

Gentlemen: Our intentions are most upright. Your agent may certainly join with ours in taking an inventory and account of the whole Booty and plunder. We want to secrete nothing from you, but we adhere to our first determination to allow you only a third of the said booty and plunder as a fixed and positive share, as such offers or *tenders* as you are pleased to mention afford only room for the chicane and tricks of attorneys.

As all your instructions to your servants for the civil government and management of the conquest must be subsequent to our proceedings, we cannot interfere therein. The King has been pleased to leave it to General Draper to appoint a proper and competent garrison for the defence of the place and for its being preserved till his Majesty's further pleasure on that head be signified. The military instructions will therefore be given by him according to circumstances. We are, gentlemen, your most obedient servants, Samuel Cornish, William Draper.

22. *Pigot and Council to Cornish and Draper, Fort St. George, 31 July 1762. I.O.R., H.M., 77, pp. 43–5.*

Gentlemen: It is certainly right to be so plain and explicit in all dealings as to leave no room for the chicane and tricks of attorneys. Had you been pleased to favour us with a direct answer to the proposal we had the honor to make you in our letter of yesterday concerning the appointment of an agent on the part of the company, we should not have been obliged to trouble you with a second question on that subject in our letter this day. The rest was too clear to admit of doubt or chicane, you were pleased to tell us that you allotted one third of the booty as the Company's share and we replied that we could not receive it as their share but that it should nevertheless be received and so we say still, by which we understand a just and proper reservation of right which we are sorry is so displeasing to you.[1]

As his Majesty has been pleased to declare his Royal Pleasure that the settlements and places which may be conquered during the present intended expedition should be deliver'd into the charge and possession of the company, we have appointed the undernamed gentlemen to represent the Company and to receive accordingly all such conquests

[1] After Manila was taken and the booty divided, the East India Company received ⅓ of three distributions. The first distribution amounted to 526,306 pesos, collected in specie, jewels, gold and silver. The second was from confiscated naval stores, amounting to 92,561 pesos. The third distribution amounted to 43,280 Indian pagodas, coming from the sale of vessels and merchandise sold at Manila and Fort St. George. See also individual distributions to sailors and soldiers in 'Affairs in England', in *The Scots Magazine* (Edinburgh) (August, 1764), 455–6. However, the East India Company thought that they had lost money in the affair and as late as 1775 was petitioning the crown for £139,877. See their memorial of 28 June 1775, P.R.O., Treasury I, 516; also Lord Weymouth to Lords of Treasury, 28 Nov. 1769, *Calendar of Home Office Papers*, No. 1354.

PREPARATIONS 41

whenever you shall think proper to make the cession thereof, agreable to His Majesty's gracious intentions.

Dawsonne Drake, Esq.   Deputy Governor

John Lewis Smith
Henry Brooke
Claud Russell
Samuel Johnson   } Members of the Council

There is a passage in your letter of this date now before us on which we think it is highly necessary to explain ourselves, that future misunderstandings may be prevented. Speaking of the garrison to be left in the conquer'd places by General Draper, you add that the military instructions will be given by him according to circumstances. We hope that those instructions will be such as not in any degree to derogate from the power and authority of the Company's said representatives to govern, manage and direct all affairs of what nature or kind so ever. The Company is constituted by his Majesty's charter, such are the powers that are thereby given them in all their settlements and we understand it to be his Royal Will and pleasure that such conquests as may be made during this expedition be deliver'd to their charge and possession in as full and ample a manner as they hold their other settlements until his Majesty shall declare his further pleasure concerning them. These and these only are the terms on which we have empower'd the aforenamed representatives of the Company to receive the charge of any such conquests should it so happen (which we hope will not) that any military instructions should be given tending to abridge them of that power and authority they have our directions to return hither; but that the benefit of the conquest may not be quite lost to the nation they have also our directions in such case to have with you any sum of money not exceeding two lacks of Rupees upon your giving them Bills for the same upon the Royal Treasury at the Exch. We are directed by the Company to supply His Majesty's squadron and army in case of need which is 6s. 6d. [?] per dollar. Our reason for limiting them to two lacks is that we fear a larger sum detained from the treasure consigned to them and intended for China may prejudice the Company's affairs there and we imagine that sum may suffice until we can make further provision.

Although we are thus tenacious of the rights intended to be given by his Majesty to the Company which cannot admit of any military control, we are however extremely willing and desirous to benefit by the advice and abilities of Military gentlemen when given and exerted agreable to the nature of the constitution, to that end we have directed the aforenamed representatives of the company (in case they should receive possession of any places) to call to their assistance the Commanding Officer of the Military in all affairs of a military nature and to give him constantly on such occasions the place of third in their Council, and further, in case the settlements should at any time after your departure be in danger of an attack, they are directed to admit to their Council any three other officers (besides the Commandant) whom General Draper before he leaves the settlement shall think proper to recommend. We therefore entreat the favor that General Draper will be pleased to name such as he may think best qualified for such a trust.

As the Company's settlements on this coast are much weaken'd by the forces drawn from them for this expedition, we hope you will be pleased to take measures for returning hither as soon as possible as many of the European Military and Artillery as may consist with the safety of the new conquests.

We have the honor to be, Gentlemen, Your most obedient honorable Servants, George Pigot and Council.

23. *Cornish to Clevland, on board the* Norfolk, *Madras Road, 31 July 1762. P.R.O., Adm. 1/162 (2), fo. 48.*

Sir: I have the satisfaction to acquaint their Lordships that the troops, artillery and stores being embark'd I shall proceed tomorrow morning with Brigadier General Draper to put His Majesty's instructions into execution.

You will b pleased to lay before their Lordships the enclosed state and condition of the ships under my command as also a return of the troops embarked for the service of the expedition.

I am, sir, Your most obedient humble servant, S. Cornish.

PART II
THE SIEGE AND CAPTURE

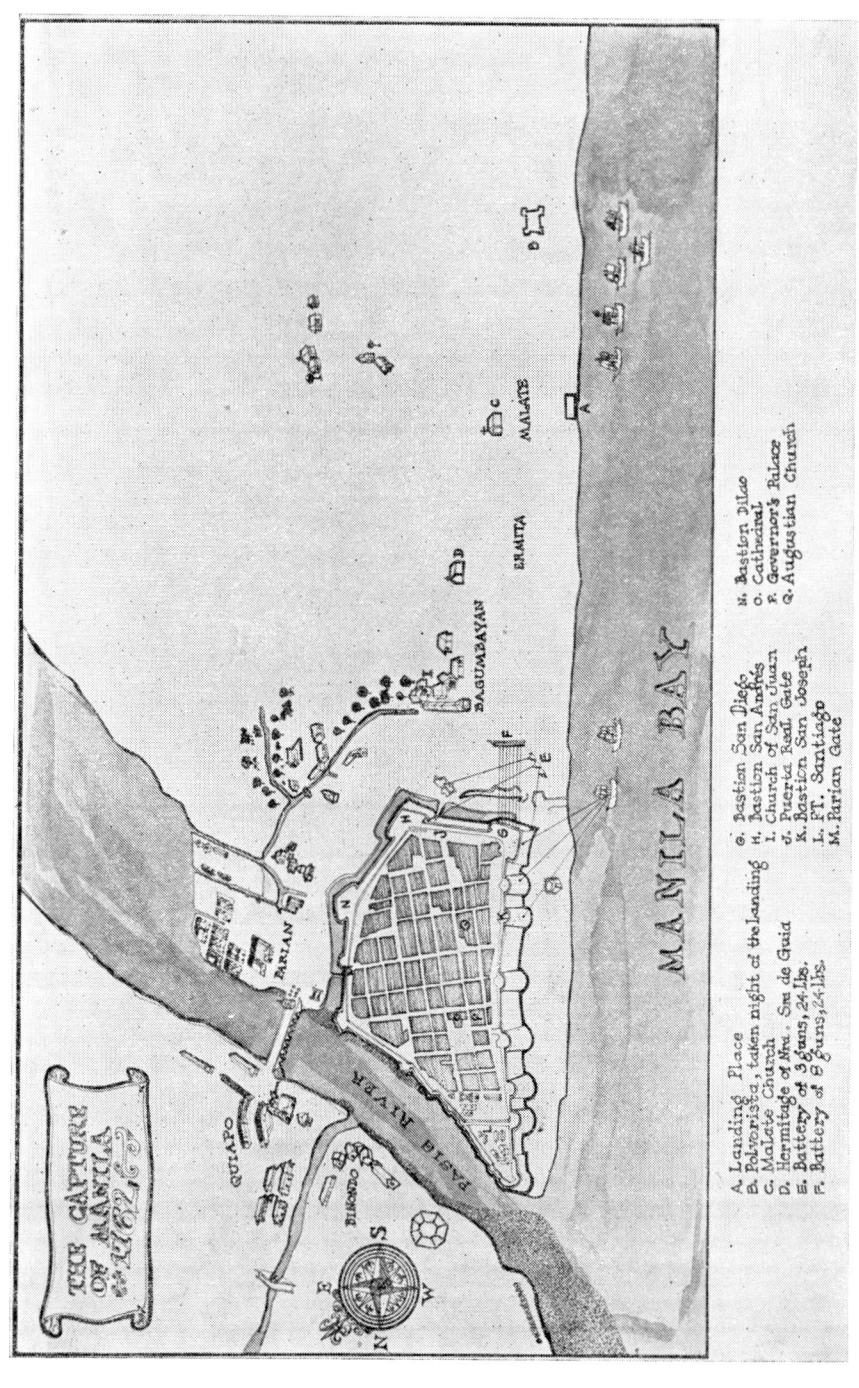

24. *Stevenson's description of Manila, 10 November 1762. I.O.R., H.M., 76, pp. 48–54.*

Gentlemen: Accompanying this are the plans of the city and Bay of Manila with the attack and a narrative of our transactions to explain it, as likewise a description of the fortifications of the place with what alterations are necessary to make it more respectable to a European force or secure it from the insults of the natives. I have not been able to get ready a plan of the town and harbour of Cavita to go home by this opportunity but will take care to get it ready by the next. I am, with respect, gentlemen, your most obedient humble servant, William Stevenson. Manila, 10 November 1762.

To the Honorable Court of Directors for Affairs of the United Company of Merchants of England trading to the East Indies.

Honourable Sirs. It gives me the highest satisfaction that the first time of my having the honor to address you I should have so agreeable a subject to congratulate you on as the success of the British arms in this part of the world in the reduction of Manila the capital of the Philippines and its dependencies, a conquest that will I hope turn out as advantageous to the Honourable Company as glorious to the nation.

The Honorable the President and Council of Fort St. George not thinking it proper to spare Major Call did me the honor of appointing me Engineer on this expedition with the assistance of Messrs. Cotsford and Barnard as which I think it incumbent on me to give an account of our military transactions from our arrival before the place till we became masters of it but as these matters cannot so properly be introduced in a letter, being daily memorandums I kept, I have collected them in the form of a journal apart and shall make the description of the fortifications of the place the subject of this.

The City of Manila lies in a large bay in the Island of Luconia of near 30 leagues in circumference in the 14° 40″ North Latitude and 3° 30″ to the Westward of St. Barnardino. It is about two miles and a half in circumference and the buildings pretty regular owing to the streets crossing each other nearly at right angles, the lower stories of all the houses are of stone and the upper of wood on account of the frequency of earthquakes in these parts. Some of the churches and convents are entirely of stone but then the walls are of a surprising thickness. Many of the buildings are very large but few worthy of particular notice on account of their architecture. The foot of the walls to the NW are washed by a fine broad river navigable for small vessels a great way up the country. There is, I am informed, 8 feet on the bar at high water the driest seasons of the year. The entrance is preserved by two piers which run 5 or 600 yards into the bay which would otherwise be choaked up by a bank of sand that is just by. The NW end of the city is cut off from the rest by a regular front with its ditch and drawbridge and forms the citadel called St. Iago which is triangular and commands the city, bay and river. The walls of the city are of stone and the fortification is tolerable regular; between the bastions of St. Michael of the citadel and the royal bastion St. Diego which comprehends the sea front are the small low bastions of St. Francisco, St. John's, St. Isabel, St. Joseph and St. Eugenio with long low curtains between them.[1] The walls are from twelve to fourteen feet high and the ramparts about 8 broad. There is in this front a sally port and the gate of St. Lucia, the royal bastions of St. Diego and St. Andrew's with the intermediate curtain make a very formidable front, the bastions mounting twelve guns in face four in flank and the curtain sixteen with a wet ditch cover'd way and low glacis before the whole. In this front is one of the principal gates of the city called Porta Real with its drawbridge and a small ravelin before it. Next to the bastion of St. Andrew's is the Royall bastion of St. Lorenzo which is a very spacious one but mounts all its cannon en barbette. The curtain between it and St. Andrew's is not above 8 feet broad and continues about the same breadth from St. Lorenzo to St. Gabriel. Between these two bastions is the Parian Gate which leads to the Chinese town and suburbs of Santa Cruz and Minonda [Binondo], the projecting part of this gate forms a small flat bastion, the gateway opening through the flank. There is a kind of double tenaille before this gate but it is a very low defenceless work. The bastion St. Gabriel mounts seven guns in face and two in flank but they are so crowded that half of them would be useless in service. Before the two last mentioned fronts runs a broad morass which serves for a ditch and a very good defence at high water but almost dry when the tide is out. From the Bastion St. Gabriel to St. Francisco of the citadel runs a low narrow curtain only broad enough for musquetry having no cannon for its defence but from the flanks of St. Domingo and St. Gabriel, but this front is very well secured by

[1] Manila was on the left bank of the Pasig River, surrounded by walls and with a triangular fort at the north-eastern extremity. The city walls had twelve bastions, and six gates, the two largest called Puerta Real and Parian. The Parian gate faced the north-east, between the bastions called San Lorenzo and San Gabriel. For a detailed description of the fortification and walls in 1739, see María Lourdes Díaz-Trechuelo, *Arquitectura española en Filipinas, 1565–1800* (Sevilla, 1959), pp. 99–102. Also see Document 25.

the river. It has in it two gates, one called St. Domingo and the other the Magarine gate. At the extreme point of the citadel under the bastion St. Barbara are two semicircular batteries that command the entrance of the river and communicate with the bastion by a ramp.

The natural situation of Manila is such that should it ever be thought necessary, it is capable of being made a very formidable place but not at a small expense, it being so extensive. The vicinity of the suburbs is one of the greatest obstacles at present to its making a good defence against an European force, as we experienc'd in attacking it, by taking possession of the churches of St. Iago and Bagambaya that are not 300 yards from the walls the day after our landing behind which our troops were lodged in the greatest security and all the necessaries for carrying on the attack, collected with great facility whereas had there been an esplanade of seven or eight hundred yards we should have been obliged to open our trenches at that distance, the fatigues of carrying on which and relieving the guards of them would have been more than our handfull of men could have gone through with for we were obliged to employ our soldiers in bringing up our shot, shells, cannon, etc., from the landing place, the natives instead of assisting us being in arms against us. Another great fault is the parapets of all the works are of stone which instead of being a protection to the troops placed behind for their defence make a greater destruction among them with their splinters than the enemy's shot which we had a convincing proof of on opening our battery, for notwithstanding they could oppose twice the quantity of cannon against our battery that we had in it, yet they were obliged to abandon them all in a few hours not being able to stand on their works for the splinters of the parapets. The speediest and least expensive method of making it more respectable to an European enemy would be to make good parapets of earth on all the works that are spacious enough to allow of it, to deepen the ditch considerably on the East and S.E. fronts, to build batterdeaus with sluices where the ditch communicates with the river that the water may be kept up at spring tides in the ditch and inondation and not suffered to ebb and flow with the river as at present by which it happens frequently that the water in the ditch is not knee deep when the tide is out, the ditch should be continued round the west face of the bastion St. Diego and a stout work built to defend it as well as to shut up entirely the sea front which is very weak and defenceless. The glacis before the S.E. front should likewise be considerably raised and the buildings cleared away within at least 600 yards of the walls all round. The north front would require nothing further than to be well palisasadoed [sic] the river being a sufficient security to that side. Should it be ever found necessary to go to the expence of putting it in the abovementioned state I look upon it that properly garrison'd with an experienc'd officer to command it, it would be capable of making a very good defence against the most formidable European force that can be expected in this part of the world but should it be only thought necessary to secure it against all attempts of the natives, palisadoes set up in those parts where the walls are low and the water kept up in the ditch by a batterdeau will secure it from anything that can be fear'd from them.

I hope the above description of the place with the assistance of the annex'd plan will sufficiently explain everything relating to the fortifications.

I have been so employed since the capture of the place that I am obliged to defer sending a particular plan of the town and harbour of Cavita till another opportunity. I am with the utmost respect, Honorable Sirs, Your most obedient humble servant, William Stevenson, Manila, 10 November 1762.

25. *Report by Gabriel Joseph de Magallanes on the amount of artillery guarding Manila and Fort Santiago at the time of the British attack, Manila, 13 January 1763. A.P.T., V. fos. 9–10.*

[Of the ninety-five canon on the walls, fourteen were defective and fourteen had defective carriages. Of the thirty-six canon guarding Fort Santiago, sixteen were defective and thirteen had defective carriages.]

Relación del numero de cañones que se hallavan en el recinto de la plaza de Manila, y fuerza de Santiago en cada uno de los baluartes de una y otra: sus calibres, estado del cureñage: el de la muralla y sus extramuros en 18 de septiembre de 1762.

En el recinto de la plaza de Manila havía en cada uno de sus baluartes los siguientes cañones montados en sus cureñas.

En el quartel de vanderas quatro cañones del calibre de a 20 de bronce, dos de ellos desfogonados, y montados sobre dos cureñas buenas dos cañones, y otros dos sobre dos cureñas malas.

San Phelipe tenía dos cañones de bronce desfogonados del calibre de 20 y un cañón de hierro del calibre de 14: cabalgados sobre una cureña buena, y dos malas.

Santa Isabel dos cañones de hierro del calibre de 14, y uno de bronce desfogonado del calibre de a 20: cabalgados sobre tres cureñas malas.

San Augustín: tres cañones de bronce, el primero de 16 lb^s de

THE SIEGE AND CAPTURE 49

calibre, el segundo de 20 lb^s y desfogonado, y el tercero de 18, también desfogonado, como también el primero: cabalgados sobre dos cureñas malas, y una buena.

Media-naranja: un cañón de hierro del calibre de 14., y dos cañones de bronce de los calibres de 20 y 18, y este desfogonado: montados sobre dos cureñas malas, y una buena.

Fundición: 20 cañones de bronce nuebos del calibre de 18: dos cañones de hierro del calibre de a 6 puestos, uno en cada una de las plazas bajas de el sitado baluarte: y puestos los cañones sobre doce cureñas buenas, y las restantes catorce malas.

En la Cortina de la Puerta Real: un cañón de hierro del calibre de a 4: cinco cañones del mismo metal del calibre de a 6: y otro del calibre de a 3: uno de bronce del calibre de a 5: otro del mismo metal del calibre de a 4: y otro del calibre de 3: este último desfogonado como tambien otro cañon de 10 de hierro del calibre de a 6: cabalgados sobre quatro cureñas buenas, y las seis restantes malas.

Carranza: cañones de hierro, uno de 24: tres de a 12: uno de a 6: y dos de a 5. Estos dos últimos ocupavan las dos plazas bajas de dicho baluarte: Y de bronce: dos del calibre de 18: quatro del calibre de 16: y uno de a 6: De los cañones de hierro havia desfogonado uno de a 6: y otro de a 12: y de los de bronce uno de 16: y otro de 18. Cabalgados sobre siete cureñas buenas, y las restantes siete malas.

Dilao: Cañones de hierro, dos del calibre de 18: dos del calibre de 14: uno de a 12: tres de a 6: (de estos uno en una plaza baja) y otro cañón de a 4 en otra plaza baja: De bronce dos del calibre de 16: de los de hierro del calibre de 14: Havía dos desfogonados, y uno de bronce del calibre de 16. Montados sobre seis curenas buenas, y las cinco restantes malas.

Puerta del Parian: seis cañones de hierro, los cinco del calibre de a 6: y el uno de a 4: cabalgados en buenas cureñas, y desfogonado uno de los de a 6.

San Gabriel: Ocho cañones de hierro, dos del calibre de a 30: uno de 20: Otro de 14: Tres de a 12: y uno de a 5; y dos cañones de bronce del calibre de 18, ambos desfogonados con otro de los de hierro del calibre de a 5. Cabalgados en siete cureñas buenas, y las tres restantes malas.

Santo Domingo: Dos cañones de hierro del calibre de a 6: el uno desfogonado: sobre dos cureñas malas. Y más un cañón encamarado a manera de obus de hierro, y del calibre de a 30.

Santa Clara: un cañón de hierro del calibre de a 6: en una cureña buena.

Almacenes: un cañón de hierro del calibre de a 6, con más dos obus del calibre de a 30, puestos sobre dos cureñas buenas, y otra mala.

Fuerza de Santiago.

San Francisco: Quatro cañones de hierro, dos del calibre de a 8: uno de a 4: y otro de a 2, y un cañón de bronce del calibre de a 8 Desfogonado: como también el de hierro del calibre de a 4. Sus cinco cureñas buenas.

Plata-forma: Quatro obus de hierro del calibre de 30: Cinco cañones de hierro del calibre de a 6: Y dos cañones de bronce el uno de a 10 y el otro de a 6: este desfogonado, como también de los de hierro otros dos del calibre de a 6. Las Ocho cureñas buenas y las tres malas.

Santa Bárbara: Tres cañones de hierro uno de 24, y dos de 12: Seis cañones de bronce, quatro de 24, y dos de 16. Desfogonados el cañón de 24 de hierro, y todos los de bronce. Montados en cinco cureñas buenas, y quatro malas.

San Miguel: un cañón de hierro del calibre de a 8 y siete cañones de bronce, cinco de 18, uno de 16, y otro de 8: y todos los de bronce desfogonados: cabalgados en cinco cureñas buenas, y tres nuebas.

Quartel de Santiago: Tres cañones de bronce del calibre de a 8 Desfogonados, y sobre tres cureñas malas.

Estado de la Muralla.

Las explanadas sobre que existían dichos cañones eran de piedra ordinaria, maltratada y desunidas las losas por la poca consistencia de dicha piedra, y falta de buenos reparos.

El parapeto de la muralla por donde más tenía de grueso como siete pies, y de alto, lo más, contando desde la explanada poco más de quatro pies, y medio.

Desde la capital del baluarte de la fundición hasta la fuerza estaba sin foso ni estacada.

El Revellín de la Puerta Real sin foso, demasiado baxo, y fuera de su lugar.

El camino, cubierto desde el baluarte de la fundición hasta el baluarte de San Gabriel tan bajo, que desde qualquier parte de la campaña se descubre toda la muralla.

Manila, y enero 13. de 1763.

Gabriel Josseph de Magallanes

26. *List of Spanish and Filipino troops defending Manila and Cavite, Manila, 20 November 1762. A.P.T., V, fos. 1–2.*

[Between 22 September and 4 October 178 of the 452 soldiers guarding Manila were killed, wounded or missing.]

Demonstración del número de tropa del regimiento de infantería del Rey del servicio de estas islas que se hallaba presente en esta plaza al tiempo del asedio de ella, con razón del total de dicho regimiento y demás destinos en que se hallaban los que no estaban empleados en esta plaza.

Por la revista que se pasó a dicho regimiento en 7 de septiembre como consta por su estado haber en su total mil ciento treinta y cinco hombres inclusos sesenta y uno reclutados en la bandera que se puso en Binondoc, y catorce más de los que se reclutaron para Caraga y se agregaron al regimiento			1135	1176
Desde dicho día hasta el 22 del mismo se reclutaron en la expresada bandera quarenta y un hombres			41	

Destacamento de Cavite (1) (2) (3)

La Compañía del Capitán Don Fausto Araos con	1	1	37	
La Compañía del Capitán Don Francisco Lastarría con	1	1	38	126
La del Capitán Don Joseph Torres con	1	1	45	

Guarnición sobre varios buques

En el navío *Trinidad* de viaje para Nueva España	2	1	58	
En el patache *Philipino* de regreso de Nueva España	2	1	24	
De guarnición con Don Pedro Ansurisar	2	0	34	191
De guarnición con el Capitán Don Bernardino Vega	1	0	13	
De guarnición con el Capitán Don Joseph Cereco	1	0	10	
De guarnición con Don Joseph Cervantes	2	0	40	

Destacados en varios presidios

En el de Samboanga	1	0	15	
Del destacamento de Gastambides en el mismo	0	0	1	
Del de Don Ignacio de la Rosa en el mismo	0	0	1	
Del de Don Phelipe Muñoz en el mismo	0	0	18	
Del de Don Andrés de Nava en el mismo	0	0	4	71
En el de Misamis	0	0	9	
En el de Yligan	0	0	1	
En Playa Honda	1	0	19	
En Caraga	1	0	0	

Captivos

En Siraguay	0	0	10	11
En Manamoc	0	0	1	

Nuevos destinos fuera de la plaza con el motivo del assedio

Se mandaron de refuerzo a Cavite	2	0	50	
Se despacharon a la Laguna con el caudal del Rey al comando del Alferez Don Joseph Gonzalez	1	0	12	90
Se destacaron al convento de San Lázaro Extramuros de esta ciudad	1	0	24	
Se despacharon a la galerita *Santiago* a la entrada del río	1	0	20	28
Se destacaron en otro barco que se puso en el mismo sitio	1	6	0	

52   THE BRITISH CONQUEST OF MANILA

Otras rebajas que deben hacer

En el fortín del Puente Extramuros de esta Plaza	2	0	20
Empleados de guardia en la Ciudadela Santiago ciento y veinte y seis hombres cuio puesto está situado a la parte opuesta de la Puerta Real	3	1	122
Veinte y tres imbalidos	2	0	21
Enfermos en el hospital	3	0	33

207

Suman dichas rebajas   724

(1) = Sargentos   (2) = Tambores   (3) = Soldados

Nota. Por lo que queda liquido en la Plaza   452
Con los quatrocientos cinquenta y dos hombres que quedaron liquidos y más los trece destacados a la Laguna que no salieron hasta el día tres de Octubre por lo que se traen como presentes para el servicio de la Plaza, se cubría los puestos o baluartes de San Agustín, Santa Ysabel, Puertas de Santa Luzía y del Postigo baluartes San Phelipe, San Francisco, baluartes de Carranza, Puerta Real, baluarte de la Fundición, Media Naranga, y el inmediato a la Puerta de los Almacenes: Guardia del Capitán General y quarteles y de la misma tropa se sacaba a proporción de los puertos para los piquetes en las salidas contra los enemigos.

Líquido de arriva   452

Bajas de dicho total que ocurrieron desde el 23 de Septiembre hasta el 4 de Octubre

Desde dicho 22 Septiembre hasta el expresado 4 de Octubre ocurrieron enfermos al hospital	0	0	25
Gravemente heridos así sobre la muralla por la predominación del fuego enemigo como en las varias salidas que se hicieron contra el	0	0	38
En los piquetes que salieron a las ordenes de los capitanes Cosan y Yriberri, Arquiza e Iriarte, Ylagorri y Oleata, se echaron de menos en sus retiradas cinquenta y seis hombres que se consideraron los unos muertos y los otros desertores por haver sido los nuestros cargados siempre con fuerza superior del enemigo y haver sido las más salidas de noche	0	0	56
De los ciento y dos hombres reclutados en la bandera Binondoc y de los catorce de la Caraga se echaron de menos en quarteles y puestos sesenta y dos hombres que se considera desertarían entre las tropas de Yndios que salían de la Plaza por ser los más también Yndios y no havérseles dado vestuario por estarse entonces fabricando en el que se le había de dar a la tropa	0	0	62

178

Total de lo líquido   274

Otra: Por las bajas que se manifiestan haber ocurrido desde el 23 de Septiembre hasta el 4 de Octubre se demuestra también que el día cinco inmediato en que entraron los enemigos por la brecha sólo había de servicio en la Plaza de la tropa del regimiento doscientos setenta y quatro hombres con los que cubrían los mismos puestos aunque a proporción de las circunstancias y de la brecha

THE SIEGE AND CAPTURE 53

abierta en el bastión de la Fundición se reforzaba más dicho puesto y los inmediatos quanto lo permitía el corto número de tropa. Manila y Noviembre 20 de 1762. El Marqués de Villamediana.

| | PRESENTES | | | | | | | | DESTACADOS | | | |
| | Para el Servicio | | | | En el Hospital | | | | | | | |
	(1)	(2)	(3)	(4)	(5)	(1)	(2)	(3)	(4)	(1)	(2)	(3)	(4)
(1)	3	1	41	4	49	0	0	0	0	0	0	17	66
(2)	1	1	37	0	39	1	0	1	2	0	0	11	52
(3)	2	1	34	6	43	0	0	3	3	1	0	12	59
(4)	1	1	28	6	36	0	0	3	3	2	0	15	56
(5)	2	1	35	2	40	0	0	0	0	1	0	13	54
(6)	3	1	32	5	41	0	0	1	1	0	0	11	53
(7)	1	1	36	2	40	1	0	5	6	0	0	07	53
(8)	1	1	28	6	36	0	0	4	4	1	0	11	52
(9)	2	1	38	2	43	0	0	0	0	1	0	09	53
(10)	2	1	31	0	34	0	0	0	0	1	0	18	53
(11)	3	1	37	6	47	0	0	0	0	0	0	14	61
(12)	1	1	39	6	47	0	0	0	0	1	0	12	60
(13)	1	0	40	6	47	0	0	2	2	1	1	14	65
(14)	2	1	32	6	41	0	0	2	2	1	0	17	61
(15)	2	1	31	3	37	0	0	2	2	1	0	14	54
(16)	2	1	34	0	37	0	0	5	5	1	0	19	62
(17)	2	0	42	0	44	0	0	1	1	0	1	11	57
(18)	1	1	35	2	39	1	0	1	2	0	0	16	57
(19)	1	1	36	9	47	0	0	1	1	1	0	05	54
(20)	3	1	30	4	38	0	0	2	2	0	0	12	53
	36	18	696	75	825	3	0	33	36	13	2	259	1135

Nota: Que de los 1135 hombres que el total expresa, por fuerza de Compañías se hallan destacados los 13 sargentos, 2 tambores, 259 soldados, en Zamboanga, Misamis, Iligan, Playahonda, Caraga, Siraguay, Manamo, en el Patache *Philipino*, en el Navio *Trinidad* con el Capitán D. Joaquín Condón, en la Galera, *San Joseph* despachada a Cebu y Zamboanga con Ansunisar, en un Champán al embocadero con el Capitán D. Bernardino Bega, en la Galera *Santa Getrudis* despachada a Catbalonga con el Capitán D. Joseph Sereso, en la Galera *San Augustín* despachada al embocadero con Servantes, que todos hazen 274 que demuestra la clase de los destacados, y rebajados de los 1135 quedan líquidos 861 hombres.

Manila y Noviembre 20 de 1762.

Otra: Que en este estado están colocados en la clase de los presentes los destacados en Cavite de las Compañías de Araois, Lastarría y Thores.

El Marqués de Villa-mediana (Firmado)

(1) Sargentos (2) Tambores (3) Soldados (4) Reclutas (5) Total
(1) Sargentos (2) Tambores (3) Soldados (4) Total.

PLAZA DE MANILA, REGIMIENTO DE YNFANTERIA DEL REY

Estado que manifiesta la fuerza en que se hallaba dicho Regimiento, con expresión de los presentes y ausentes, segun la revista de Comisario que se paso en 7 de septiembre de 1762.

	CAPITANES	THENIENTES	ALFEREZES
1er *Batallon*			
(1)	Comandante Governador el Marqués de Villamediana	D. Mariano Salazar	D. Lucas Buena
(2)	D. Fausto Araois	D. Francisco Lamadrid	D. Manuel Aranas
(3)	D. Joseph Aspiros	D. Juan Muños	D. Luís Aguilar
(4)	D. Gaspar Ylagorri	D. Manuel Góngora	D. Francisco Norona
(5)	D. Bernardino Bega	D. Manuel Saruide	D. Mariano Servantes
(6)	D. Pedro Yriarte	D. Lazaro Lopez	D. Pedro Sacharías
(7)	D. Francisco Lastarria	D. Fernando Araya	D. Joseph Cantabrana
(8)	D. Joaquín Condon	D. Alexandro Carballo	D. Ygnacio de Castro
(9)	D. Juan Ascárraga	D. Manuel Valenzuela	D. Joaquin Valdez
(10)	D. Joseph Olaeta	D. Francisco Andrade	D. Esteban Ríos
(11)	Comandante D. Miguel Valdez	D. Joseph Seares	D. Joseph Granados
2do *Batallon*			
(12)	D. Balerio Arquiza	D. Luis de Castro	D. Juan Mijares
(13)	D. Joseph Sereno	D. Pedro de Vargas	D. Martin Allanegui
(14)	D. Francisco Fabila	D. Joseph Chavarría	D. Joseph Versosa
(15)	D. Bernardo Yriberri	D. Juan de la Borda	D. Juan del Castillo
(16)	D. Balthasár Cosar	D. Francisco Deheza	D. Joseph Gonzáles
(17)	D. Pedro Moctesuma	D. Enrique Feria	D. Alexo Salabarria
(18)	D. Vicente Berdúm	D. Juan de la Peña	D. Joseph Padilla
(19)	D. Joseph Thorres	D. Manuel Soto	D. Joseph David
(20)	D. Manuel Alvares	D. Vicente Ríos	D. Joseph Borja
Estado maior.			
(21)	Governador del Reximiento Marquís de Villamediana	Comandante D. Miguel Valdes	Sargento mayor Don Martín Goy [?]
(22)	Ayudante mayor D. Hipólito Martinez	Otro: D. Mariano de la Torre	Tambor mayor Thomás Alfonso

27. *An Account of the Number of Seamen and Marines landed from His Majesty's Squadron under the command of Rear Admiral Cornish, as also of the number killed and wounded during the attack of Manila.* [*P.R.O., Adm. 1/162, fo. 1.*]

Ships Names	Captains Names
Norfolk	Rear Admiral Cornish / Captain Richard Kempenfelt
Elizabeth	Commodore Tiddeman / Captain Isaac Ourry
Grafton	Hyde Parker
Lenox	Robert Jocelyn
Falmouth	William Brereton
Weymouth	Richard Collins
America	Samuel Pichford
Panther	George Ourry (acting capt.)
Argo	Richard King
Sea Horse	Charles Cathcart Grant
Seaford	John Peighin

	Seamen						Marines				
	Commis'd Officers	Petty Officers	Private Seamen	Total No. Landed	Killed	Wounded	Commis'd Officers	Non-Commis'd Officers	Privates	Total No. Landed	Killed	Wounded
N.	2	12	96	110	2	1	2	9	34	45	1	—
E.	1	2	76	79	1	5	2	3	21	26	—	—
G.	1	3	100	104	—	2	2	6	32	40	—	1
L.	1	5	119	125	4	2	3	4	38	45	—	1
F.	1	2	50	53	2	—	2	1	11	14	—	—
W.	3	7	80	90	1	1	2	6	26	34	2	—
Am.	2	2	61	65	1	4	1	4	22	27	1	—
P.	1	2	50	53	—	—	1	5	24	30	—	—
Ar.							2	3	22	27	—	—
SH.							1	2	26	29	—	—
S.							1	2	18	21	2	—
	12	35	632	679	11	15	19	45	274	338	6	2
							12	35	632	679	11	15
							31	80	906	1017	17	17

Officers killed and wounded belonging to the *Lenox*, Thomas Spearing, 2nd Lieut. of Marines wounded; *Norfolk*, Lieut. Peter Porter, and Mr. White, Surgeons, 2nd Mate killed.

Norfolk off Cavita, the 1st November 1762
S. Cornish.

Corps	Royal Artillery	Company's ditto	His Majesty's 79th Regiment	The Honorable Company's Troops	Total
Brigadier General			1		1
Majors		1	3		4
Captains	1		6	5	12
Capt. Lieut.	2	1			3
2nd Lieut.		1	21	3	25
2nd Lieut.		1			1
Ensigns			9	7	16
Lieut. jure Work.	1	2			3
Major of Brigade				1	1
Aid du Camp			2		2
Adjutants	1	1	1		2
Quarter Masters	1	1	1		2
Chaplain			1		1
Conductors	1				1
Surgeons	1		1	1	3
Surgeons Mates			2		2
Volunteers			2		2
Serjeants	3	2	27	21	53
Corporals	1	2			3
Drummers	2	2	20	13	37
Bombardiers	8	2			10
Captn. Meyers's				81	81
Capt. Faizance				84	84
Gunners & Matrosses	57	27			84
Pioneers				71	71
Cofferys				54	54
Artifficers		2			2
	57	29	567	290	943

The Seapoys
 Captains 1
 Ensigns 3
 Serj. Maj. 6
 Subabars 6
 Jemadars 18

The Nabob's Irregulars—Officers 4, Serjeants 5, Rank and File 43.

 Havildars 36
 Naicks 36
 Colourmen 12
 Tomtoms 12
 Trumpeters 6

 Vakels 6
 Seapoys 468
 total 600 [sic]

28. *A General Return of the Troops on the expedition under Command of Brigadier General Draper. I.O.R., H.M., 77, pp. 48–9.*

The Honourable George Monson, Esq., Colonel to his Majesty's 96th Regiment, Quarter Master General George Scott, Esq., Major and Commandant to His Majesty's 89th Regiment, Adjutant General Captains Cheshire and More of His Majesty's 79th Regiment, and Captain Pemble of the Bombay Artillery, Aide du Camp to General Draper, Captain Naisham of His Majesty's 96th Regiment, Aide du Camp to Colonel Monson, Captain Robert Fletcher of the Company's Troops, Major of Brigade, Lieutenant Fryer of His Majesty's 79th Regiment, Secretary to General Draper, Mr. John Sprath, Captain of the Guides—Capt. Stevenson, Captain Lieutenant Cotsford and Ensign Barnard, Engineers, N. B. Capt. Cheshire and More, Aide du Camp and Capt. Fletcher Major of Brigade are included in the above returns. Robert Fletcher Major of Brigade.

29. *Governor Rojo to the commander of the British squadron, Manila, 22 September 1762. A.P.T., I, fos. 1–2.*

[The governor, Archbishop Rojo,[1] expresses surprise and displeasure at the arrival of the squadron. He asks the reason for their unexpected presence. This is the third message sent to the commander, the other two being undelivered.]

Excelentísimo Señor: La novedad de haver entrado Vuestra Excelencia con una esquadra en esta bahía, sin tener esta Capitanía General noticia alguna de rompimiento de guerra ni motivos para recelarse de enemigos, me pone en la precisa obligación de manifestar a Vuestra Excelencia el justo sentimiento de que no se me aya dado el correspondiente abiso antes de anclar los navíos del comando de Vuestra Excelencia dentro de dicha bahía, especialmente siendo conforme a los tratados de pazes a el derecho de las gentes y a la política observada entre las naciones civilizadas el referido aviso a los capitanes generales de las provincias; por cuyos motivos, por el derecho que tiene esta plaza a saber los navíos que entran en sus puertos, el fin y causa de su venida, se ha de servir Vuestra Excelencia participarme de qué nación son los navíos del comando de Vuestra Excelencia? Con qué destino vienen a estas yslas? Y lo damás que conduzca a

[1] In the Spanish empire it was customary for the local bishop to assume the governorship on the demise of the incumbent until a new governor was appointed by Madrid. Rojo became governor in 1761 on the death of Miguel Espeleta, the Bishop of Cebu, who had served as interim governor from 1759.

la más caval instrucción de esta Capitanía General, avisándome al mismo tiempo si Vuestra Excelencia necesita alguna cosa; pues estoy prompto por mi parte a cumplir con todas las leyes de la humanidad, en caso de haverse visto Vuestro Excelencia obligado de algún accidente a tomar abrigo en esta bahía; assí como en caso de venir con otro objeto (que no puedo presumir por la neutralidad de nuestra corona con todas las demás), haré los últimos esfuerzos en obsequio de mi Rey y Señor y de sus Cathólicas Armas, con la satisfacción que me promete la justicia que me asiste, por no haver dado motivo para imbación alguna.

Dios guarde a Vuestra Excelencia muchos años. Manila y septiembre 22 de 1762.

Excelentísimo Señor: Esta carta he triplicado desde anoche sin averse logrado su recibo. Somos oy 23 al mediodía y la destino aguardando la razón que [suplico?] de Vuestra Excelencia.

Besa la mano a Vuestra Excelencia su servidor atento, Manuel Antonio, Arzobispo de Manila, Governador y Capitán General destas islas. Excelentísimo Señor Comandante de la Esquadra que ha anclado en esta bahía.

30. *Cornish and Draper to the Spanish authorities at Manila, 24 September 1762.*[1] *A.P.T., I, (loose).*

[The British commanders inform the Spanish authorities that the King of England has sent them to conquer Manila and 'to convince the Spaniards that the most distant dominions of their sovereign are not proof against the force and power of our king, or beyond the reach of his just displeasure'. They demand the surrender of Manila.]

Nosotros Samuel Cornish, Admirante y Commandante en Xiefe de la escuadra de Su Majestad Británica en las Indias Orientales y Guilerimo Draper Esq. Brigadier General y Commandante en Xiefe de sus fuerses par tierra contra los españoles:[2] El conducto de la Corte de España aviendo obligado a su Majestad Británica Nuestro Real amo y Señor a declarar la guerra contra aquella corona, el rey

---

[1] The apparent discrepancy in dates is due to the loss of a day in crossing the Pacific from east to west, as the Spaniards did in coming to the Philippines from Mexico. The date of the arrival of the British was 23 September 1762, but for the Spaniards in the Philippines it was 22 September. The unrevised datings, as the MSS. record them, are here retained.

[2] This letter abounds in grammatical errors, all of which are here retained. Perhaps at this time Draper and Cornish did not have the services of an interpreter.

nos a enviado a executarlo contra sus vassallos para conquistar a Manila y las Islas Philipinas y para convencer a los españoles [que] las más remot [tas] dominiones de su soberano no son aseguradas de la fuerza y poder de sus armamientos o fuera de la alcansa de su mui justo resentimiento. Pero como deseamos movido de los principios de moderación y humanidad tan peculiar a la nación británica para evitar estes tristes extremidades que han de ser el infalible y inevitable consequencia de una mala temporada y infructuosa resistencia de vouistra parte, nosotros [en] el nombre del rey nuestro señor pedim[os el inmediata] intrega de la ciudad, las fortificaciones [y territorios] alla aparteniciendo. Ven vosotros bien los medios que tenemos para enfuersar nuestro demando. Los españoles si no son enfatuada han de acceptar nuestra misericordia. Esperamos una prompta respuesta. Somos con estemación y perfecto consideración, Vouestras mui obedientes serbidores. S. Cornish [William Draper] A Bordo del Barco de su Majestad El Norfolk, Sep. 24 1762.

31. *Rojo to the British commanders, 24 September 1762. A.P.T., I, fos. 4–5.*

[Rojo explains that no news of the outbreak of war had been received in Manila.[1] He does not intend surrendering the city but says he will do all in his power to defend it to the last drop of his blood.]

Excelentísimos señores Almirante y Comandante en Gefe, y Brigadier General y Comandante en Gefe de la Esquadra de S.M. Británica: Afirman Vuestras Excelencias que Su Majestad Británica obligado de la Corte de España declaró la guerra y son embiados a conquistar estas Yslas para que se reconosca que los más remotos dominios de la Magestad Cathólica del Rey mi señor y amo no están asegurados de la fuerza y poder de los armamentos británicos. Y usándose de la urbanidad para que no se experimentan las hostilidades se pide que rinda esta plaza y sus fuertes y guarniciones.

En la verdadera inteligencia que es la primera noticia (aún abiendo tenido cartas recientes de los governadores de Batavia y Madrastra y ningunas de la Nueva España ni de Cantón) que me llega deste rompimiento y que a su consequencia se me pide lo que es proprio de mi Señor y Rey sin hallarme con algún orden de S.M. para semejante

---

[1] Rojo's apparent naïveté and simplicity are not to be taken at face value. As soon as the British fleet was sighted preparations were begun for an engagement. Troops were mustered, auxiliaries summoned and the city gates were shut. Rojo simply played for time to prepare for battle.

THE SIEGE AND CAPTURE 61

entrega y antes sí como vasallo afortunado suyo estar obligado a defender esta plaza que se me encargó y mandó entregar por S.M.C. haré todos los esfuerzos para su defensa hasta la última gota de mi sangre y de estos sus fieles vasallos y ministros que están en el mismo ánimo y constancia, pues quando el Altíssimo por mis culpas permitiera una desgracia no esperada tendría la viva y firme esperanza de que el Poder Divino auxiliando a tan poderoso rey como él de las Españas vindicaría éste y qualquier agravio. Puedo concluir que no teniendo sino esta primera noticia que se asegura por tales personas como los Gefes de su Magestad Británica, tengo la justicia de mi parte, y extraño mucho que se me haga proposcicón de rendimiento que no puedo caber en corazón noble. Se deve estar con la seguridad que la defensa corresponderá a mi lealtad y destos españoles y los efectos la explicarán bien. Dios guarde a V.E. muchos años. Manila y septiembre veinte y tres de mill setecientos sesenta y dos. (Es copia de la que se remitió en respuesta a los Gefes Británicos firmada por su Señoría Illustrísima Governador y Capitán General de estas Yslas. Manila y Septiembre veinte y tres de mil setecientos sesenta y dos años. Juan de Monrroy.)

32. *Rojo to Draper, Manila, 25 September 1762. A. P. T., I, fo. 12.*

[Rojo informs Draper that after consulting his advisors he prefers to fight on, 'since I consider my forces in no way inferior to yours'. Rojo also asks that Draper restrain the native ferocity of his auxiliaries as he will his.]

Excelentísimo señor Brigadier General en Gefe D. Guillermo Draper.[1]
Excelentísimo señor: Agradesco mucho las expresiones que ha dado Vuestra Excelencia a mi oficial por mí como nacidas de sus altas obligaciones y mui noble corazón. Igualmente me ofresco a la disposición de Vuestra Excelencia y sobre el incidente que escribí Vuestra Excelencia se servirá mandarlo examinar teniendo por cierto que corresponderá el orden de Vuestra Excelencia según las noticias que averiguare; de mi parte ha estado en inacción la plaza y todas las cosas en el mismo estado desde que se vio con bandera blanca el oficial de Vuestra Excelencia. Sobre el punto esencial del rendimiento de esta plaza he tenido el consejo respectivo y unánimes y conformes resuelven la defensa vigurosa de la plaza con que me conformo de todo corazón como vasallo fiel de mi rey y señor no jusgando nada

---

[1] By this time the British had made an unopposed landing near Ermita, a little over a mile from the city walls, and the Spanish garrison had been bolstered by the arrival of 500 Filipino soldiers from the provinces.

inferiores mis fuerzas a las de Vuestra Excelencia ni las de mi tropa y plaza el armamento y tropa que tengo a la vista. Por lo demás no es ageno y sí mui proprio y mui devido a la persona de Vuestra Excelencia el saber reglar y hacer moderar los desórdenes geniales de la soldadesca que acompaña a la disciplinada de la propria nación anglicana, como yo aseguro a Vuestra Excelencia lo hago executar también con toda la gente que está a mi mando. Vuestra Excelencia vea en que le sirvo y si otra cosa se le ofrece y sus inclinaciones me serán de mucho agrado y tendrán el devido cumplimiento. Dios guarde a Vuestra Excelencia muchos años. Palacio de Manila y Septiembre 25 de 1762.

(El qual trasumpto pongo en lugar de la copia latina que quedó de su original por haverse traspapelado la referida copia. Manila y Septiembre 25 de 1762. Monrroy.)

33. *Rojo to Captain Juan Antonio Blanco de Sotomayor, Manila, 25 September 1762. A.P.T., I, fos. 8–9.*

[Rojo orders Blanco, the captain of the galleon *Filipino*, recently arrived from Acapulco, to disembark the silver immediately and carry it inland. He is to scuttle the ship if necessary. The missionaries in Palapag would cooperate in saving the silver from the English.]

En el día y aún en la hora del maior conflicto del bloqueo que nos están haziendo los Yngleses en esta plaza con treze navíos los quatro de maior porte y los restantes regulares, respondo a la de 12 de septiembre fecha en Palapa, que recivi afortunadamente y mui mojada por aver apresado los enemigos la galerilla *Santa Rosa* ya en esta bahía azia Navotas;[1] echó los demás pliegos al agua, aunque me temo que con la presa de algunos de otra galera tengan completa noticia de esse navío y su interés.

En esta suposición con acuerdo de los Señores Ministros Togados y Corbatas y de los primeros sugetos del Comercio, se remite a Don Ignacio Balzola con esta, que ofrece llegar allá mui en breve, y es sugeto de satisfazión. Y el orden que doi a Vuestra Merced es que luego se desembarque e interne la plata en la parte más segura que se reconozca y se fortifique con artillería; y el navío se atraviese en el puerto; y en caso de avistarse navío contrario se le de barreno o

[1] Rojo refers to the *Santa Rosa* when he should say *Santa Gertrudis*. This was a galliot sent from the Visayas to announce the arrival of the galleon *Philipino* from Mexico. The galliot was captured by the British as it entered Manila Bay and Rojo quickly writes to the captain of the galleon to warn him of the situation.

fuego. Que todos estén a los ordenes de Vuestra Merced y a ninguno la permita venir a esta capital ni a ninguna isla salvo en caso que sea necessario destacar alguno para recoger víveres; en caso de que no baste lo que es corriente y mejor que por medio del alcalde y governadorcillos en sus barotos no alcanze esta providencia. Los padres que allí están creo de su religiosidad y fidelidad al rey cooperán a la defenza y resguardo al thesoro con el maior zelo.[2]

En virtud de esta carta tiene Vuestra Merced toda mi authoridad para requirir y mandar a los alcaldes y governadorcillos y demás para el expressado intento.[3] No se trate de que pueda salir el navío para otra parte alguna por el maior peligro que amenaza de apressarle los enemigos y sin nuevo orden no se mueva de dicho paraje. Dios guarde Vuestra Merced muchos años. 24 de septiembre a la 6 de la tarde de 1762.

Señor General D. Juan Blanco

[In Margin] Se advierte como cosa tan importante que no se embíen aquí pliegos algunos, y en caso de hallarse mui afligado de enemigos en tan estremo estrecho se quemen.

Con fecha de 4 de octubre repetí el orden y que sólo me obedeciese con la contraseña de Eug°. assi: Manuel Antonio Eug°. Arzpo de Manila.

34. *Proclamation of Rojo, 25 September 1762. A.P.T., I, fo. 9.*

[The governor decrees that under penalty of death no one is to commit atrocities, such as the mutilation of corpses, and all enemy soldiers who yield must be spared their lives.]

El doctor don Manuel Antonio Rojo del Río y Vieyra del Consejo de S.M., Arzobispo Metropolitano de estas Islas, Presidente, Governador y Capitán General de ellas:[1] Para evitar todas desórdenes que las tropas indisciplinadas suelen cometer, mando extrechamente a lodos los Gefes y ofiziales de esta Capitanía General, y cavos, hagan que sus respectivas Compañías y toda gente de su mando guarden la disciplina militar sin cometer exeso alguno ni inhumanidad contra el

---

[2] The fathers whose fidelity to the king is taken for granted were the Jesuits. Just five years later their fidelity would be called into question and they would be expelled from the Spanish domains.

[3] *Alcaldes* were local provincial governors who together with the *gobernadorcillos*, elected native town heads, were responsible for organizing the local militia and work gangs.

[1] The Spaniards were making numerous sallies from the city, often at night. Atrocities committed by Spanish and Filipino soldiers must have been reported to Rojo who issued this proclamation.

enemigo, mutilando los cadáveres u otras barbaridades inhumanas, pues sólo es lícito el matarles en buena guerra y si alguno o algunos se rendiessen perdonarles la vida aprisionándolos. So las graves penas de la vida y de la talión, que se executará contra quienes cometieren estos excesos y barbaridad. Y mando que el presente se publique por bando en esta ciudad y demás partes acostumbradas de esta Governación. Dado en Manila a viente y cinco de Septiembre de mill setecientos sesenta y dos años. Manuel Antonio, Arzobispo de Manila. Por mando de Su Señoría Illustrísima: Thomas Francisco de los Santos.

35. *Draper to Rojo, Malate, 26 September 1762. A.P.T., I, fo. 10.*

Sir: Your Excellency sees how unequal your people are to support this affair. I beg you therefore to consider your situation before it be too late. I have a multitude of most fierce people who are unacquainted with the more humane parts of war; it will not be in my power to restrain them if you give us more trouble. I am Your Excellency's Most Obedient, Humble servant, William Draper. Headquarters at Malatte, September 26, 1762.

36. *Rojo to Draper, 25 September 1762. A.P.T., I, fo. 11.*

[Rojo complains that although he suspended all operations against the British under flag of truce, the British soldiers were advancing their lines, bringing their battery closer. He requests that Draper order his soldiers to return to their former lines.]

Excelentísimo señor Brigadier en Gefe D. Guillermo Draper—Excelentisimo señor: Luego que me avisaron de oficial embiado de Vuestra Excelencia con bandera blanca hize parar las operaciones de la plaza y sus esforzados ingenieros y militares, pero al tiempo de oir al dicho oficial y leerme la apreciable carta de Vuestra Excelencia me avisan de la plaza que han abanzado los soldados de Vuestra Excelencia asercando su batería a la plaza abansando sobre el puesto en que se hallavan; sin embargo no he hecho novedad en que se las haga retirar a fuego y por fuerza porque me persuado es esta operación provenido de el advítrio de ellos y de ningún modo de orden de Vuestra Excelencia como que sabe bien como valeroso y noble Británico Gefe el uso político y reglado destos lanzes; y assí antes de contestar a la de Vuestra Excelencia le suplico que mande reprender a dicho desorden y que se retire tanto quanto ha abanzado, y más lejano en la distancia que abansó sin orden de Vuestra Excelencia mui iregular y todo modo culto y urbano y esforscido de batallar. Dios guarde a Vuestra Excelencia muchos años. Palacio Real de Manila y Septiembre 25 de 1762. Exmo. Sr. besa la mano de V.E. su tanto servidor.

(El qual trasumpto pongo en lugar de la copia latina que quedó de su original por haverse traspapelado la referida copia. Manila y Septiembre 25 de 1762. Monrroy.)

37. *Draper to Rojo, Manila, 27 September 1762. A.P.T., I, fo. 13.*

I am much obliged to Your Excellency for your polite message. Be assured that the war will be carried on as becometh polite and humane nations. I have the pleasure to acquaint you that your nephew is safe on board the Admiral's ship, and that he will be sent on shore as soon as possible,[1] till which time I shall give the strictest orders not to fire upon your city and suspend all hostilities, and do not doubt but Your Excellency will observe the same punctilio.

I have the honour to be, with great esteem and consideration, Your Excellency's most humble servant, William Draper.

September 27, 1762
before Manilha
To His Excellency the Governor and Captain General of the Philippine Islands.

38. *Draper to Rojo, 27 September 1762. A.P.T., I, fo. 15.*

I have the honour to enclose Your Excellency this letter from your nephew. It seems he declines entering Manilha. As the reason therefore for which only I suspended my operations against your place does no longer subsist, hostilities will recommence this night. God have you in his Holy Protection. If you will place a particular flag upon your palace my bombs shall avoid it if possible. I am Your Excellency's Most Obedient humble servant, William Draper.

Headquarters before Manilha, September 27, 1762.
To His Excellency the Governor and Captain General of the Philippine Islands.

---

[1] Rojo's nephew, Antonio de Sierra Tagle, was on the *Santa Gertrudis* when it was captured. See Documents 33 and 40.

39. *Rojo to Draper, 27 September 1762. A.P.T., I, fo. 14.*

[Rojo thanks Draper for his letter and requests release of his nephew, taken by the British. He asks the British commander to consider what a hopeless undertaking it is to try to take Manila by storm, causing so much useless suffering. Rojo says he is prepared to defend the city to his last breath.]

Dux Excellentissime: Jucundissima mihi perque grata est ac cordi Vestrae Excellentiae epistola urbanissima, ac qui mihi demonstratus fuit a meo remisso tibi capitaneo animus pernobilis ac generosus cerca normam proeliandi juxta regulas disciplinae cultae ac generosae Nationis Anglicanae.

Pariter mihi pergratum ac cordi infixum permanebit liberatio ac restitutio sobrini mei, satis certe fortunati qui apud tales hostes, egregios dicam ac politissimos duces cecidit casu, imo providentia satis praeclara ac inaestimabili. Melius illi fuit hoc infortunatum quam ad meos amplexus directe pervenire. Gratias quam maximas rependo Excellentiae Vestrae pro tanto ac mihi munere concesso. Alter illius pronepos ac consobrinus certior hujus rei factus rogavit innixe ut aliquam illi permitterem significationem gratissimi animi apud Excellentiam Vestram. Quam libentissime illi concessi, insimul illum remittendo ad Excellentiam Vestram, ut ex animo tanto duci mancipatus gratias rependam meo ac suo nomine; insuper tam mihi donatus quam nunc remissus mancipati omnino erunt obedientiae ordini ac arbitrio Vestrae Excellentiae. Ego vero remissis his rebus bellicosis, suoque in statu consistentibus, ut debitam fidelitatem regibus nostris observemus exactissime, opto opportunitatem serviendi et omnino tanto ac martiali duci obsequendi.

Vellem, Dux excellentissime, ut capiat vestra comprehensio inexpugnabilitatem hujus civitatis munitissimae ac veteranis militibus custodiatae, auxiliatae atque peditibus ac equestribus roboratae, ne in casum, et in praejudicium multorum oleum perdat tantus ac egregius Dux Anglicanus. Ego ut Archiepiscopus parum belli intelligo, sed peritissimis militaribus instructus sum de nimia fortitudine civitatis ac insularum; ac auxilia quae praesto erunt Galeicana ac Hispana maritima. Hae juxta amicitiae leges; juxta vero militiae, uti tantus dux, ego ex parte mea, in cinctu sumus, et ego usque ad extremae vitae spiritum.

Deus O.M. te sospitem servet. [in margin] Manilae ad Regiam Aulam sexto Kal. Octobris an. 1762.

Excellentissime Domine ac egregie Dux, tui obsequentissimus ac

reverens servus, Emmanuel Antonius Archiepiscopus Manilensis, Dux Generalis Insularum.
Excellentissime Dux ac D. egregius Willerme Draper.

40. *Antonio Sierra Tagle to Rojo, 27 September 1762. A.P.T., I, fo. 16.*

[Sierra reports that at nine in the morning they were captured because all of his crew jumped overboard. He, Cerezo and Castro were being treated with every courtesy by their captors.]

Illustríssimo señor. Señor: El día 24 viniendo para esta ciudad, a las 9 de mañana, fuimos cojidos por las barcas ingleses, porque todos se echaron a el agua. A la presente nos hallamos en la Almiranta el capitán don Joseph Serezo, el alférez don Ignacio Castro, dos soldados mis mozos; pero los señores cavalleros ingleses nos han franqueado, y nos han dado su mesa y nos estiman mucho, y no sigo por no ser molesto. Besa los pies a Vuestra Ilustríssima su seguro serbidor, Antonio R. Sierra Tagle.

El capitán de el navío de guerra bino por mí, pero yo no quisse porque espero la orden de V.S. Ilustríssima, que la espero quanto antes, como también el capitán Cerezo y el alférez Castro.

41. *Rojo to Sierra Tagle, 27 September 1762. A.P.T., I, fo. 18.*

[Rojo commands Sierra to obey Draper's order to cross to the Spanish lines. He asks Sierra to express his own gratitude to Draper as the Governor General is doing so.]

Ya estaba en el successo y en tu presa y la de los oficiales; y nunca he creido sino los señores ingleses y el señor gefe de esse navío te harían todo honor y festejo y agrado. El Exmo. Señor General Draper una vez que embió por tí debías obedecerle, pues estás vajo de su dominio; pero tu buena crianza quiso también mi venia. El mismo señor general embiará por tí, obedécele, vente; pero antes de verme pide ser puesto en su presencia para darle las debidas gracias como yo se las estoy dando; y a su tiempo las daré al capitán del navío; pero por lo que mira a los oficiales se deberá egecutar lo que el señor general dispusiere. Dios te guarde muchos años. Manila y septiembre 27 de 1762. Tu tío, que desea verte, Manuel Antonio, Arzobispo de Manila, Capitán General de las Philippinas.

Mi sobrino Antonio de Sierra Tagle y Roxo.

42. *Rojo to Draper, 28 September 1762. A.P.T., I, fo. 19.*

[Rojo explains that the officer sent by Draper under the flag of truce has been killed by Filipino auxiliaries and Rojo's own nephew mortally wounded. All happened without Rojo's knowledge. When informed, Rojo himself rode out to restore order. The archbishop asks Draper to reconsider the whole campaign he is waging.]

Egregie Ductor Generalis: Res praeter opinionem, expecta[tione]m, imoadversis ordinem millies repetitum, contig[?]um monstruosa, at non supra indolem multarum [?] nationum. Qui a tua celsitudine nictetatur cu[m sobrino] meo, nihilo obstante signo pacis, signiferi alb[i], occisus fuit; sobrinus meus letaliter laesus, me inscio hujusce rei, illico, ac pacis signis animadverterunt capitanei mei, ab omni hostilitate abstinuerunt; at non potuere omnes continere Indos; de quo certior factus, exivi equitans ad prope usque loca periculosa, et habita a tuis militianis et fortificata. Spirituum, animi et corporis nimia fatigatione potui ad illud punctum facere ut res omnes conquiescerent.

De hisce enim rebus certiorem te facio, strenue Dux, ut tua peritia militari persisteris, an a tua, an a mea parte, res haec in discrimen pervenisset? Certum est enim et apud omnes aures perceptum quod nullam mei fecerunt motionem rei bellicae, usque tui ad bombardeum manus et opera admoverunt; et multo post, ita ut ego, qui munitiones civitatis visitarem ad horam decimam noctis, percepi et mei statim ad regiam domum reduxere.

Iterum lege epistolam meam hesternam, in qua, quam paratam habebam insimul mito; perlegas, quaeso, eam, et cum anteriori conferas oro ac obsecro, ut etiam videas quantum fidei tuae consistebam. Vellit tua benignitas in bonam, certam et manifestam rem judicium ferre, et sententiam proferre; te judicem apello, et in tuo ac meo negotio libenter constituo.

His omnibus in sua consistentiam firmitate; et ut res bellica ad exitum perducatur; nam ego in procintu sum; et bono et fortissimo animo praemunitus. Sed villim ut in tuo judicio hanc rem pensites ac revices; et adjunctam epistolam, in illa scilicet amicitiae consilium adhibitum ponderes. Valeas Dux justissime et animose. Tui obsequentissimus servus, Emmanuel Antonius, Archiepiscopus Manilensis, Gubernator et Capitaneus Generalis Isularum.

Quinto Kal. Octobris An. 1762
Exme. Dux Generalis Guillerme Draper

43. *Draper to Rojo, 28 September 1762. A.P.T., I, fo. 20.*

Head Quarters before Manila. Sept 28th 1762

It is impossible for me to ex[press] to Your Excellency the indignation I feel at the barbarous treatment of my secretary, murderd under the solemn sanction of an embassy; a guilt only known, I believe, amongst these savages, for believe me, Sir, I cannot think or suspect Your Excellency or any Castilian to be concerned in so horrid an affair; as you may well judge by my trusting my Aid de Camp with another message to Your Excellency. I must tell you, Sir, that if the authors of this most barbarous murder are not immediately given up to our justice, those gentlemen now our prisoners will meet with a proper retaliation for this affair. I likewise demand the head of my secretary or shall send in the heads of all prisoners in exchange. I am Your Excellency's H. Servt. Will. Draper.

44. *Draper to Rojo, 29 September 1762. A.P.T., I, fo. 22.*

I did myself the honour to acqua[int] Your Excellency by my letter of last night that I could not [har]bour a thought that the murder was committed by any encouragement of any Spaniards, whom I have always esteemed as men of great and strict honour and national faith. But Your Excellency will be pleased to observe that it must be by your order these savages have been put in arms against us. Your people then cannot be surprized if my soldiers should unfortunately retaliate upon persons who by the accident of war may fall into their hands. I wish to make war with humanity, but it will be impossible to do so unless those wretches are sent to their homes; I do assure Your Excellency most sincerely that their whole force is not of consequence enough to terrify one of my platoons. I can assure you I sent no more yesterday to displace them. They may serve to terrify raw troops, but mine are veterans. I condole with you most sincerely for the wounds of your nephew; they touch [me dear]ly. It is therefore doubly incumbent upon Your [Excellen]cy's justice to deliver up the barbarous murderers to punishment. I wish most heartily for both our sakes this fatal accident had never happened.

I am with much real regard and esteem Your Excellency's Humble Servant. William Draper.

45. *Rojo to Draper, Manila, 6 October 1762. A.P.T., I, fo. 21.*

[Rojo deplores the murder of Lieut. Fryer and assures Draper that he will apprehend and bring the guilty ones to trial.]

Exme. Dux Generalis Britan. Dixi dico iterum obtestor i[?] E.V. fidem ac autoritatem in horrendo ac barb [aro] justissime indignatam; nec minus ego opprimor [?] [?] minus pondere ac feditate. Ego qui simul erutitur [?] plurimum vulnerum letalium sobrini mei qui in vite discrimine angitur, sociatus a tuo secretario (quem alias ob urbanitatem et in hisce diebus presentationem ante me benignis occulis aspiciebam), non sat fuit publicatio mea penam talionis imponens similibus ac scelestissimis barbaris et in casu illico jussi solertissime ut exquisitis diligentiis conquiretur; iterum hanc enixam jussionem imposui tribuno meo militum ac aliis primariis officialibus ut neque dormitionem quietemve caperent quousque agressor fatalis inveniretur. Obtestor V.E. ut inventum statim missum faciam ante tribunal justum V.E. eo scilicet fine, ut V.E. uti sibi in justitiam videatur mutelet eum, damnetque capitis penave promerita quam justitia divina jubet et a noblis exquiret.

Obsecro V.E. ut mittat personam sibi integram et fidelem ut casum vulneraque sobrini mei videat, spectatur, horreat ac referat ad V.E. clementiam.

Te Deus hospitem servet Dux egregie. Deosculor manus ac te saluto. Ave millies. Exme. Domine Tui obsequentissimus. Emmanuel Antonius. Archiepiscopus Manilensis, Gubernator Dux Generalis Insularum. Quinto Kal. Octubris anno 1762.

Exme. Dne. Ne coram divina justitia arguar ac reprehendar animadverto E.V. quod signum pacis fregerunt qui post secretarium et sobrinum meum sequebantur ex tuis militibus. Sic mihi faciunt fidem plurimi ex meis qui ex muris factionem inspexerunt. At Dux egregie nullum non lapidem moveam, ut res in manifesto sit de quo certiorem te faciam statim. Archiepiscopus Manila, Gubernator, Dux generalis Insularum.

Exme. ac supreme Willerme Draper.

46. *Account of the storming of Fort Santiago, 6 October 1762,*[1] *written by the commandant, Manuel Fernández Toribio, Manila 16 May 1763. A.P.T., V, fos. 11–16.*

Manila y marzo 2 de 1763. Certifique a continuación el castellano de la fuerza de Santiago don Manuel Fernández Thorivio: que estado

[1] By this time the British artillery from ship and shore was causing consternation in the city. Two mortar batteries of three mortars each showered

tenía dicha fuerza antes del sitio de esta plaza, individuando sus cañones y demás peltrechos de guerra, y el que tenía de defensa al tiempo de la toma de esta plaza, con expresión del número de hombres de armas que se hallaban dentro de dicha fuerza, quando en consequencia a la toma de la plaza hizo entrega de ella a los gefes británicos; y quadriplicara esta certificación. Monrroy.

En vista de anterior decreto del ilustrísimo señor doctor don Manuel Antonio Roxo de el Río y Vieira, arzobispo metropolitano de Manila, gdvernador y capitán general que fue de las Islas Philipinas y presidente de real audiencia su fecha dos de marzo de mil setecientos sesenta y tres sobre que se le de razón de el estado que tenía el castillo de Santiago antes de el sitio y el que tenía al tiempo de su entrega; el día cinco de octubre de el año próximo pasado de mil setecientos sesenta y dos con individualidad de su artillería, municiones, pertrechos y gente de armas, certifico, que después que la guarnición fixa, que tenía el castillo de Santiago, assí de infantería española, y de infantería panpanga, la qual además de el servicio regular de tropa reglada, hazía también el de obreros con sus respectivos maestros de cureñas, y carpintería, de herrería y de cantería como también la brigada de artilleros con su condestable se vnieron de orden en el M.D.S. Don Pedro Manuel de Arandía en un cuerpo, al que dispuso de tropas arregladas, y asimismo la provisíon que havía en dicho castillo de municiones, y peltrechos se entregó al cargo, y custodia de el comisario de la artillería. Don Manuel Mayor en la sala de el tren de la plaza ordenó dicho señor que quedando en dicho castillo solo el castellano y un ayudante por oficio de su plana mayor, se despachasen cada día, de el regimiento, que formó de ynfantería de el rey, treinta, y ocho soldados vn oficial vn sargento y vn tambor a hazer la guardia en el diariamente, como en los demás puestos de la plaza, y quatro artilleros, y su cavo para el manejo de la artillería con los pertrechos precisos al servicio ordinario de las salvas, para las quales embiaba el comisario la pólvora encartuchada; y la vnica prevención de municiones era cinquenta balas por cañón, y las de repuesto apiladas en el baluarte Santa Barbara, de las quales se servía para las pruebas, que se ofrecían de cañones, siendo de su cargo

---

the walls and bastions with six-inch shells. Ten twenty-four pounders were set up opposite Bastion San Diego and opened a large breech in the walls. An artillery battery of two twenty-four pounders put the Bastion San Andrés out of action. Both of these bastions were in the south-east corner of the walled city, apparently the weakest point of defence. Draper said that he decided to attack this point because the revelin was not well armed, the glacis too low and the ditch in front of the walls filled in. 'Draper's Journal', B.R., 49: 88.

F

e incumbencia la provisión de municiones y pertrechos al castillo en el caso de invasión. En este estado, y arreglo de servicio en que lo dexó el señor don Pedro Manuel de Arandía, estaba dicha fuerza antes de el sitio con treinta, y tres cañones, y quatro pedreros montados: Nueve cañones en el baluarte Santa Barbara, los cinco de el calibre de a veinte, y quatro libras de bala, con vna cureña inservible, y otra que le faltaba vna rueda; dos de el calibre de a diez y seis con vna cureña inservible y dos cañones de el calibre de a doze con vna cureña, que le faltaba vna rueda: en el Baluarte San Miguel diez cañones, los cinco de a diez y ocho, con vna cureña inservible; vno de a diez y seis con su cureña mala y quatro de a ocho con dos cureñas malas: En el Baluarte San Francisco quatro cañones de a ocho con dos cureñas malas; en el ángulo de el postigo de el río vn cañon de a ocho con su cureña mediana. En la plataforma siete cañones los seis de el calibre de a seis con dos cureñas malas y vno de a diez con la cureña inservible. En el baluarte la Concepción la puerta de la Gola por donde se comunica a la plataforma dos cañones vno de a quatro y otro de a dos, y quatro pedreros de el calibre de a veinte que tira balas de piedra con quince balas cada uno y vna cureña que necesitaba vna rueda. En la interior fabrica material de sus edificios en que actualmente se estaba operando se hallaba reedificada la mitad de la casa de el castellano y la otra mitad derribada para reedificarse; asimismo de las quatro casas pequeñas para alojamiento de oficiales y presos se hallaban dos reedificadas y otras dos derribadas para reedificarse. La mira o sobrepuesto que se havía de entablar de neuve sobre el cuerpo de guardia de la puerta principal para la comunicación de sus lienzos colaterales y a las [?] y passage assí de la tropa como de la artillería y sus encavalgamentos estaba parte de el actualmente desentablada por el parage más preciso que era unas de las salidas a dichos lienzos y todas las havitaciones que havía ya deterioradas por el circuito interior para soldados casados derribadas cu[yos fr]agmentos de piedra, ladrillo, madera y texa con los de los demás arriba dicho estaban armados en la plazuela interior de el castillo y en ella vn pozo pequeño que se hizo por estar su aljibe no solo roto e inutil sino inservible e incapaz de conposición porque desde sus principios se fabricó con pared contigua a la de la muralla, cuio movimiento al estrépito de la artillería la quebrantaba pocos días antes de el sitio uno de los lienzos gruesos que baten con artillería la explanada por el frente de la plaza y Calle Real de los de esta, se manifestó también azia la parte interior de el castillo en bastante profundidad dexado de repente vna noche hasta el frente de el inmediato y contiguo baluarte San Francisco que mira al río, reconociéndose ser su terraplén interior de arena y tierra mui suelta con poquísimo cascaxo y que estrechado con las estacadas por la parte que mira a la barra el cauce de el río para que abriera la canal profunda y limpiara de baxos la salida se aumentó su caudal y fuerza de la corriente desde el puente grande cuios ojos miran derechamente a la faz o frente de dicho baluarte por la parte de el río cuio ímpetu comiendo poco a poco debajo de el agua por las grietas de el cimiento y muralla su terraplén interior causó repentinamente el estrago referido que e participado inmediatamente, y reconocido por los maestros de obras se apuntaló de prompto para impedir su ruina hasta su reedificación. También estaba rompido de vn rayo uno de los dos harigues o pilaretes de madera que sostenían los timbaletes que levantaban el puente levadizo por lo qual estaban quitados y sus cadenas, pernos y aperos entregados a guardar en los Reales Almacenes y el armatroste de madera de dichos timbaletes en el camerín de el cavo intendente de las obras reales hasta que se pusiese en lugar de el rompido otro nuevo harigue o pilar de madera; todo lo qual noticiado y tratado con su señoría illustrísima en diferentes ocasiones, lo tenía al presente con la oportunidad de la obra dispuesto y determinado como va referido. Haviéndose avistado la esquadra ynglesa cesaron inmediatamente el Maestro Sangley, que la otorgó y todos sus obreros chinos, y al punto se ausentaron, dexando la obra en el punto en que se hailaba, sin ser posible detenerlos ni reducirlos a acomodar lo más preciso y necesario, que la presente vrgencia requería. A la novedad de la esquadra avistada se despachó de refuerzo al castillo vn destacamento de sesenta hombres de ynfantería española, de tropa reglada incluso vn sargento, vn alferez, y el capitán Don Valerio Cortes de Arquiza, que con los treinta y ocho hombres de la guardia, que aquel día havía ido al castillo, y el sargento y ofizial que la comandaba compusieron el número de cien hombres de dicha infantería española; asimismo se despacharon doce artilleros que con los quatro y el cavo de la guardia quotidiana, que aquel día havía ido al castillo hazían diez y siete artilleros, y veinte soldados de Infantería Pampanga arreglada con su capitán y alferes con mas treinta reclutas nuevos que pocos días antes se havían reclutado en el pueblo de Binondo de los extramuros de esta plaza para el regimiento de infantería de su guarnición, y se havían alojado en el castillo, los quales se destinaron para faginas. Asimismo el comisario de la artillería remitió trescientos, noventa y siete cartuchos de ella cortados, y cosidos por la mitad de sus calibres, los quales se cargaron en dicho castillo con la pólvora, que para ello sacó el mayordomo de el almanzén y de repuesto doce arrobas, en tres caxones quintaleños, para lo que se ofreciese y al día siguiente como a las diez de el día, haviendo de entrar dos oficiales embajadores, que se esperaban de dicha esquadra por el postigo de dicho castillo, que mira al río, vinieron a el para mayor refuerzo con el capitán don Juan Escarraga cinquenta hombres de infantería española de la guarnición de la plaza, y con ellos, y los antecedentes componían de esta el número de ciento y cinquenta hombres inclusos ofiziales y sargentos de los quales, como también de los artilleros, por varias ordenes que de parte de el ilustrísimo señor arzobispo gouernador despachaba el maestre de campo, se fueron sacando varias partidas para la plaza y salidas, que de ella se hizieron: las cureñas que havían malas, o inservibles se mudaron, o remediaron de el mexor modo que fue posible, de las que tenía por falta de herrage, en piezas el comisario de la artillería, fuera en la explanada de el frente de el Castillo en sus camarines de pertrechos, que las habilitó promptamente en los primeros días de el sitio. En las municiones fue notoria la suma y general escasez de la pólvora, y su debilidad, y así quando se ofrecía hazer fuego a los navíos, que se presentaban, y sus tiros nos sobrepasaban con notable, y excesiva ventaja, los nuestros, aun con la artillería gruesa de diez, y ocho y de a veinte y quatro, cargada por la mitad de su calibre, no alcanzaban; y para alcanzarlos les añadían más en el castillo la carga a algo más de la mitad de su calibre; pero apenas se disparaban diez o doze tiros (que en realidad alcanzaban con el dicho aditamiento de pólvora, y sobrepassaban a dichos navíos) venía luego orden para que cesasse el fuego, porque havía poca pólvora; y ya que esta se guardasse, para emplearla a tiro seguro; ya, que se conservase para ocasión de operar con más estrago contra el enemigo; con lo qual cesávamos de batir a dichos navíos. En las granadas de mano, no fue menos la penuria, pues haviéndolas pedido solo se nos remitieron doscientas y quarenta, descargadas de pólvora, y tan cargadas y comidas de el orín, o herrumbre, que muchos se hallaban ya de el taladradas, y en otras tan empedernido en gran copia, que era imposible cargarlas y habilitarlas de suerte que no se pudieron aprovechar más que ciento y cinquenta con las quales distribuidas en distintos puestos y parages de el castillo donde podían ser necesarias no havía ni aun apenas con que empezar a laborear y sus espoletas venían descargadas ensartadas en vna rastra de hilo bromante y sin mixto alguno para cargarlas de suerte que fue preciso que el alferez Don Ramon Radillo, que en dicho castillo fue empleado por mí en el servicio, manejo e incumbencia de la artillería, tomase dos artilleros, y en vna bodega baja de la casa de mi habitación se ocupase vn día y medio trabajando hasta de noche en hazer y templar hasta el punto conveniente el mixto de dichas espoletas secarlo al aire llenarlas, y armarlas en las granadas y asimismo en encartuchar metralla para la artillería porque haviendo yo despachado mi ayudante de el castillo al comisario de la artillería para provisión de saquetes de metralla como era de su cargo, y obligación por el arreglo, y disposición de el señor don Pedro Manuel de Arandía, me respondió, que no havía saquetes más que para la artillería de la plaza a vno por cañón, y haviéndola solicitado y pedido en los almazenes, tampoco la havía, ni se me remitió hasta que (según supe por el dicho mi ayudante) embió después a ellos provisión Don Francisco Salgado de vna porción que tenía en su casa en balas de fierro de a libra, y de a media libra, y de ellas se me remitieron quinientas dichas de a libra, y quinientas de a media libra con la qual y otra porción, que trajó también después al castillo el ayudante don Mariano de la Torre se hizieron ciento, y quarenta y seis cartuchos de metralla, que sirvieron de saquetes: Diez de el calibre de a veinte, y quatro a dos por cañon; treinta y cinco de el calibre de a diez y ocho a siete por cañón; treze de el calibre de a diez y seis para tres cañones de dicho calibre; quatro de el calibre de a diez para vn cañón de el calibre; onze de el calibre de a ocho para nueve cañones de el dicho calibre; sesenta de el calibre de a seis a diez por cañón diez para vn cañón de a quatro, y diez para vn cañón de a dos, a el arbitrio, donde, como, y quando la necesidad lo exigiese de suplirse los cañones de mayor calibre en discreción de debida proporción, con los cartuchos o saquetes de menor calibre; cuia corta provisión, si bien era suficiente a resistir, y repeler de prompto el abanze precipitado de vna sorpresa empero no el ataque general de vn asalto formal y bien ordenado y hallándose por ser el más baxo el más expuestos a escalada o asalto el baluarte de la plataforma, que se comunica al baluarte de la Concepción, y por el a todo el resto de el castillo, cuio pasage (capaz de nueve hombres de frente) bien que cerrado con pared sencilla, puerta endeble de madera llave y cerrojo defendida de dos cañoncillos colaterales es facil de batirse y demolerse con la artillería de el mismo baluarte de la plataforma aunque solo de calibre de a seis se dispuso con el beneplácito de el ylustrísimo señor arzobispo governador y con acuerdo de el yngeniero de la plaza Don Thomás de Castro formar en dicho pasage a todo lo ancho de el vna cortadura o trincherón mui fuerte de cinco pies de alto y más de siete pies de espesor, y dos pies y medio de cimiento de palmas bravas clavadas en diferentes filas triples paradas, y otras por lo interior tendidas y bien travadas entre sí, rellenados los huecos y los centros con cascajo de piedra y con cal capaz de resistir firme aunque fuese a vna batería de cañones de maior calibre con lo qual se puso en resguardo de ataque o abanze fuerte el dicho pasage de la plataforma a todo el resto de la ciudadela y su puerta de poder ser batida con la misma artillería de su baluarte; y antes sí, mas bien defendida con sus dos cañoncillos colaterales a dicha puerta, y también por otro, que era vn pedrero de calibre de a veinte, desde la batería de el baluarte la Concepción, si se intentase asaltar el expresado trincherón, que, ya levantado y formado, asestaba sobre el, quasi orizontal a diez pasos de distancia, flanqueando como siempre su fuego a linea recta por sobre el centro más de la tercia parte del dicho baluarte de la plataforma: asimismo se tapiaron de cal y canto los dos portigos de dicho castillejo el vno que mira a la playa, y el otro que mira al río haziendo antes meter dentro los trozos de madera, que el maestro Sangley otorgante havía descargado en el embarcadero para las obras que estaba trabajando en dicho castillo de los quales hize separar dos para habilitar el referido puente levadizo de la puerta que va de el a lo interior de la ciudad; y haviendo despachado varias vezes a solicitar que viniese el cavo intendente de las obras reales con sus ofiziales a habilitarlo no lo pude conseguir por hallarse laboreando en otras obras, y faginas en la plaza: para la manutención de la tropa reglada se les proveía diariamente la comida de los ranchos de su quartel de banderas, que estaba en la plaza y a los artilleros de su respectivo quartel; y a la Infantería Pampanga, arreglada, y a los reclutas de las raciones que diariamente se proveían en los reales almazenes y se entregaban al ayudante de el castillo Don Alexo de la Paz para las comidas de cada día; y a los indios paisanos de lanza y flecha se les racionaba asimismo diariamente de las casas de ayuntamiento por los alcaldes ordinarios, y como en la faena de las cosas y lanzes, que suelen ocurrir en vn sitio se invierte muchas vezes la puntual asistencia y distribución de los víveres especialmente en el dicho método diario de su repartición, y de distintos parages fuera de el castillo hize meter dentro de el algunas cabezas de ganado que pacían en la playa de su circuito que fueron siete cerdos los quales se distribuieron a la tropa, treinta carabaos, trece cabritos y veinte cavallos de la solicitud y diligencia de el Theniente de Ynfantería Don Gregorio Mariano Gómez empleado en dicho castillo: y haviendo venido a veerme a dicho castillo pocos días antes de la toma de la plaza de Mañila Don Fernando Noriega me dixo le enseñase algún parage donde se pudiesen guardar víveres, y haviéndole enseñado varios sitios para esto me expresó, que al siguiente día los metería para dos mil hombres por tiempo de dos meses, pero, no haviéndolos metido al cabo de dos días fue tomado la plaza de Manila, y no llegó a efecto esta provisión: La tropa, y la demás gente, aunque no aguerrida, sufrió mui bien y con rara constancia y despejo las fatigas, e incomodidades de el sitio, y de la intemperie de la estación, pasando muchas vezes de noche a cielo descubierto puestos sobre las armas copiosísimas lluvias, y furiosos vientos, sin que se les conociese, ni en el semblante, ni en las acciones ni menos en palabras tedio, ni displicencia a los trabajos incomodidades, y continuadas vigilias, y peligros; y como para las salidas que se hizieron, se sacaba tropa de el castillo para la plaza, minorada en el la guarnición notablemente fue preciso por no haver infantería, con que remplazarla embiar al castillo algunas noches diez, y seis o veinte macazares, que vsan y manejan armas de fuego, y de orden de el ilustrísimo señor arzobispo governador los despachaba el capitán de el puerto a cuio comando se hallaban, por haver venido de sus yslas al comercio de esta capital, con los quales, y nuestros yndios de el país de lanza y flecha se guarnecían a proporción los puestos, y baluartes de este castillo adonde vino varias vezes el ilustrísimo señor arzobispo governador y capitán general a reconocerlos assí de día como de noche en las horas avanzadas y se le manifestaron sus guardias, y disposiciones con la artillería y baterías de cada vno con sus ofiziales y estado en que se hallaban, y para maior resguardo de la playa de la marina y de la entrada de el río ordenó su señoría ilustrísima que se abanzasen a ella por el frente de el castillo en situación y distancia proporcionada bien anclados vna galera, vna balandra, y vna fragatilla pequeña para flanquear con sus baterías assí toda la playa de el frente de la plaza, y de el castillo, a la marina, como la canal por donde pudieran colarse algunas lanchas armadas en la obscuridad de la noche y agolparse con gente por la estacada a alguna prompta e impetuosa sorpresa con cuia providencia se resguardó, y precaucionó en gran manera qualquier acometimiento de tal invasión: como también se quemaron desde que se avistó la esquadra vnos camarines de paxa que estaban en la playa de dicho castillo desde el govierno de el señor don Pedro Manuel de Arandía con lizenzia de su señoría para guardar los aperos y las Palmas de la obra de el nuevo muelle, y estacada que formó la ciudad y ayuntamiento de Manila a la entrada de el río hasta la barra y para los que precisamente debían habitar en ellos al cuidado y custodia de dichos aperos y palmas de las quales muchas se introduxeron dentro de murallas y se aproucharon y gastaron en la presente vrgencia en varias obras necesarias y las demas se arrojaron por podridas y se quemaron muchas para despejar el parage que ocupaba luego que las aguas de aquellos días dieron lugar de executarlo en ellas, que ya mui cubiertas de arena conservaban en las lluvias la humedad, por más tiempo: así con atención y vigilancia al resguardo de el castillo se operaba segun las ocasiones que ocurrían y la necesidad proporcionando a estas las municiones la gente de armas y la artillería; para cuio reconocimiento despachó el ilustrisimo señor arzobispo governador y capitán general el tercer dia de el sitio a don

Antonio Piñón al castillo de Santiago, en consorcio de el maestre de campo Marqués de Villamediana para que recorriese las baterías, y viese don Antonio Piñón la que se necesitaba en ellas, y haviendo expresado en esta diligencia el maestre de campo, que faltaba, o que se necesitaba de alguna artillería más en distintos parages de dicho castillo respondió dicho señor al referido don Antonio, que no havía artillería con que proveerlos y así se acomodó la que havía en dicho castillo en el mejor modo posible, y el referido don Antonio Piñón fue destinado por el ylustrísimo señor arzobispo governador para servir en el de segundo del castellano como en efecto sirvió en dicha qualidad hasta el día cinco de octubre en el qual havía en dicho castillo ochenta y dos soldados españoles de ynfantería arreglada comandados por los capitanes Don Valerio Cortes de Arquiza, el capitán Don Baltasar Cozár, el theniente Don Joseph Tedrez, el theniente Don Joseph Echeverría, el theniente Don Gregorio Mariano Gómez y el alferez Don Ignacio Echavarri; y empleados en el exercicio de ayudandantes Don Alexo de la Paz, ayudante de el castillo, el theniente Don Lucas Bueno de el regimiento de infantería que se hallaba empleado en el castillo a quien destiné en el exercicio de ayudante y Don Nicolas Zeferino de Baraona capitán reformado que vino para que se le destinara en dicho castillo y asimismo tres sargentos, y dos tambores de ynfantería española; havía también diez y seis soldados de ynfantería Pampanga arreglada, comandados por su capitán Don Blas Manabat, y su alferez Don Joan Gutierrez; onze artilleros, los cincio expertos en su exercicio, y los restantes mui visoños, comandados por el alferez de Galera Don Ramon Radillo, habil, e inteligente en dicho servicio, el qual habilitó con los cavos de cada puesto lo correspondiente a este destino, treinta reclutas empleados para ayudar a las faenas de la artillería y demás, que se ofrecían en el castillo y doscientos quarenta y quatro yndios flecheros, y lanzeros del país, que en todos componían quatrocientos, y dos hombres, incluso el castellano, ofiziales, sargento, y tambores, con cuio número de gente, y estado de provisiones y artillería se hallaba dicho castillo el día cinco de octubre a las seis de la mañana, quando avisaron los centinelas, que los enemigos asaltaban la plaza por el baluarte de la fundición, a cuio aviso pase promptamente con Don Antonio Piñón, y con el alferez Radillo, a reforzar con la gente los baluartes San Miguel, y San Francisco de el frente de dicho castillo a la plaza y sus lienzos para resistir el avanze, dando para ello las ordenes correspondientes, y estando en esta disposición vino a avisarme vn ofizial que se retiraba al castillo el ilustrísimo señor arzobispo governador y capitán general y que me llamaba, a cuio aviso, dexando encomendado a Don Anttonio Piñón, como segundo

mio, el orden de lo que se havía de executar, pase promptamente al
llamamiento de su señoría ilustrísima y le encontré con el maestre
de campo y acompañado de los señores oidores Don Manuel Galbán
y Don Francisco Leandro de Viana, y de varios vezinos, y ofiziales
a la entrada de mi morada, donde immediatamente me ordenó, que
luego al punto echasse bandera blanca, y que no se disparase un tiro,
ni de cañón, ni de fusil; pasé immediatamente a intimar y disponer,
que se executasse y cumpliese puntualmente como en efecto se
cumplió la superior orden del ilustrísimo señor arzobispo governador
y capitán general y a este tiempo de las partidas enemigas, dispersas
en el asalto por las calles de la ciudad y lienzos de la muralla de la
plaza, llegó una de ingleses y malavares, con dos banderas por el
lienzo de el postigo de palacio al baluarte de el quartel de banderas,
por donde bajó a la explanada, que está enfrente de el castillo de
Santiago, e hizo alto formándose en batalla al pie de la misma bajada,
dando el frente a la puerta de los almazenes, su costado izquierdo al
castillo, y su costado derecho a la calle de detrás de el dicho quartel,
que mira al arzobispal, y otra partida pequeña, que venía detrás,
hizo alto en el mismo lienzo de el postigo, que va al referido baluarte
de el quartel, y en el dicho baluarte que está dominado todo esto por
el baluarte San Miguel de el Castillo de Santiago al qual corre, y se
vne desde el dicho baluarte de el quartel, vn lienso o simple camisa
de muralla, mui sencilla, de poco más de tres pies de espesor, capaz
solo de dos hombres de frente, con vn parapeto mui sencillo, de vn
pie, y medio de grueso, el qual lienzo se vna a vn angulo de el
referido baluarte San Miguel pero además de ser tan angosto, y mucho
más bajo, que el dicho baluarte San Miguel hai sobre este en el dicho
angulo, por la parte, o frente, por donde se le vne el referido lienzo,
vn frontón, o paredón grueso de piedra que corta perpendicular a
todo el ancho de el referido lienzo, y aun algo más, qualesquiera
escalada, y tan alto, y elevado el expresado frontón, que de el lienzo
a la orla de el paredón hai tanto como desde el pie de el dicho baluarte
San Miguel a la orla o perfil de su parapeto, cuia artillería le bate de
frente con tres cañones al dicho lienzo vnido, y a la dicha explanada,
al baluarte de los quarteles, y al lienzo de el postigo de palacio; y
assí, hallándose, como se halla, en la misma conformidad el dicho
castillo de Santiago resguardado, y opuesto por su baluarte San
Francisco al de los almazenes, y lienzo, con que se le vne, aunque
dichas partidas, que por el circuito de las murallas de la plaza
marchaban en tropa, llegaron hasta los últimos puestos de ella, al
descubrirse al frente de la batería de el castillo, sin osar abanzar,
hizieron alto, sin que de nuestra parte en cumplimiento de el superior
orden intimado de el ilustrísimo señor arzobispo governador y capitán

general se les pudiese tirar, ni ofender en manera alguna; echóseles
bandera blanca, como su señoría ilustrísima havía ordenado, e immediatamente despachó el ilustrísimo señor arzobispo governador a Don
Antonio Piñón, mi segundo, para que de parte de su señoría ilustrísima viese al señor general británico, el qual immediatamente fue
a cumplir la orden de el ilustrísimo señor arzobispo governador, y
a este tiempo, haviendo oido vnos tiros de artillería azia el baluarte
de la plaza nominado San Gabriel me reconvino su ilustrísima,
diciéndome que como puesta ya bandera blanca de suspensión de
armas, para capitular, y haviendo mandado que no se disparase tiro
alguno, se proseguía haziendo fuego, satisfízele expresando, que en
el castillo se cumplía puntualmente su superior orden, y que aquellos
tiros sonaban azia el referido baluarte San Gabriel, que, como fuera,
y mui distante, no sabimos, si los tiraban los nuestros o los enemigos,
por lo qual mandó su señoria ilustrísima que en el otro mastelero de
bandera se echase otra bandera blanca, maior que la primera, que,
por lo elevado, y su corto tamaño, se divisaba pequeña, lo qual se
executó, y al ir, a mandarla poner, vi entonces, que los yndios, y los
soldados, y varios ofiziales de la infantería española arreglada se
havían arrojado de las murallas de el castillo afuera, y que echándose
al río, o a nado, o en barquillas con desaforado desorden perecieron
mucho infelizmente, o sumergidos en la violencia de la corriente de
el río, o muerto a los tiros de los cañones de el baluarte San Gabriel,
que ocupaban ya las tropas británicas; cesó en fin el fuego a las
señas de armisticio, y a la diligente eficacia de los ofiziales, que
despacharon con igual acuerdo los generales de vnas y otras tropas,
y luego volvió al castillo Don Antonio Piñón, con ofiziales británicos,
los quales, luego que llegaron a presencia de el ilustrísimo arzobispo
governador que se hallaba en la casa de mi morada, acompañado de
los señores oidores, de el maestre de campo Marqués de Villamediana,
y de copiosa comitiva de ofiziales y vezinos de distinción, le requirieron
a su ilustrísima de parte de su general británico que rindiese el castillo,
y haviendo tratado y platicado sobre esto su señoría ilustrísima con
los dichos ofiziales británicos haviendo antes formado vn pliego de
artículos de capitulaciones, percebí, a lo que pude comprehender,
que dichos ofiziales repugnaban oir artículo alguno de capitulación,
diciendo que no venían a esso, sino que el señor arzobispo governador
se rindiesse a discreción al señor general británico su venzedor; y
altercando sobre esto su señoría ilustrísima les dijo que si no trahían
comisión para oir ni tratar de artículos de capitulación, que su señoría
ilustrísima no tenía dificultad de presenciarse personalmente a tratar
con el mismo señor general británico, y que iría con ellos a este
afecto, como le asegurasen la palabra de honor, y salvoconducto

de su indemnidad; y de los suios, y que en caso de no concertarse con el señor general británico, le restituirían, con igual seguridad e indemnidad al castillo, cuia propuesta otorgaron dichos ofiziales británicos; *a este tiempo ya no havía quedado en el castillo yndio alguno de lanza, y flecha, ni ofizial ni soldado alguno de ynfantería Pampanga arreglada, que se havían embiado al castillo de refuerzo desde el principio de el sitio, ni recluta alguno de los que en el alojaban y servían para las faenas de artillería, ni artillero alguno, y solo havían quedado algunos; pero mui pocos soldados de ynfantería española arreglada, los ayudantes Don Alexos de la Paz, Don Lucas Bueno, y Don Nicolás Zeferino de Baraona el capitán Don Valerio Arquiza, y el theniente Don Gregorio Mariano Gómez ofiziales de dicha ynfantería, que con otros que se acojieron después al castillo, de los que vinieron de la plaza apenas se contarían entre los offiziales y soldados de ynfantería arreglada; que a la sazón se encontraban en el castillo el número de sesenta hombres, y de los vezinos capazes de tomar armas, que se acogieron al castillo havría como quarenta de suerte que de todos se podría componer el número de cien hombres, y bastante porción de mugeres, que con sus maridos se acogieron al castillo, para libertarse de los estragos de el asalto; pero sin más víveres, que cinco tinajas de vizcocho, y vn poco de vino, que yo tenía para mi provisión, y la que podía tener doméstica para si el ayudante Don Alexo de la Paz*: acceptada por los offiziales británicos la propuesta de el señor arzobispo governador, salió su ilustrísima de el castillo para la plaza, acompañado de su capitán de la guardia Don Andrés Gómez de la Torre, y de el maestre de campo Marqués de Villamediana, tomé a este tiempo las llaves de el castillo, y al salir su ilustrísima ya cerca de la escalera en consorcio de el maestre de campo, presenté a su ilustrísima dichas llaves, y le dixe, que pues salía a tratar sobre la rendición de el castillo, dispusiese que havía de hazer con ellas, y entonces me respondió el ilustrísimo señor arzobispo governador que las tuviese conmigo, que su señoría ilustrísima me avisaría con su capitán de la guardia; quedéme con las llaves, y cerradas las puertas de el castillo hasta que al cabo de una hora y media vino el referido capitán de la guardia Don Andrés Gómez de la Torre al dicho castillo, y me intimó la orden de el ilustrísimo señor arzobispo governador y capitán general, para que entregase el dicho castillo al señor general británico, admitiendo en el la tropa que despachase y expresó asimismo estar ya capitulado y convenido su señoría ilustrísima con el señor general británico, en que quedaría libre el exercicio de la religión cathólica romana el comercio, las personas, los bienes haziendas y posesiones en virtud, y obedecimiento de esta orden de el ilustrísimo señor arzobispo governador y capitán general que me intimó el referido capitán de su guardia Don Andrés Gómez de la Torre, quien expresó lo mismo a los señores oidores, que se hallaban, aun en el castillo, entregué el expresado castillo a los ofiziales y guarnición británica, que despaché a el el señor general británico, que serían hasta cinquenta hombres, que, en fee de lo capitulado por los capitanes generales, vinieron poco tiempo después de dicha orden, marchando pacificamente, por la explanada al castillo, donde se les entregó, con todo lo que en el havía y al mismo tiempo salieron pacificamente para palacio los señores oidores, y para la ciudad todos los demás que se havían acogido a el en el asalto. Y por ser asi verdad en [MS. torn] puntual de lo que me puedo acordar después de cinco meses desde el dia de la toma de la plaza, y entrega, que en la conformidad referida se hizo de el castillo de Santiago a cinco de octubre de mil setecientos y sesenta y dos hasta la fecha de el expresado decreto de dos de marzo de este presente año de mil setecientos sesenta y tres en su cumplimiento correspondiente a el asumpto y sus importantes circunstancias doi la presente en este pueblo de Santa Cruz extramuros de la ciudad de Manila a diez y seis de mayo de mil setecientos sesenta, y tres años.

Manuel Fernández Toribio

47. *Stevenson's account of the capture of Manila, written 10 November 1762. I.O.R., H.M., 76, pp. 55–65.*

A Narrative of the Transactions of the English Army before the City of Manila from the disembarcation of the troops to the capture of the place.

After an agreeable passage of eight weeks the evening of the 23rd of September we anchor'd in Manila Bay being in all eight ships of the line, three frigates and two Indiamen, the *South Sea Castle* storeship and *Admiral Stevens* victualler being the only ships absent. As soon as it was dark all the boats of the squadron were manned and armed and sent to sound the entrance to Cavite Harbour, from whence they returned towards morning after leaving a buoy within 450 yards of Ribeira Point, where there was four fathom and a half water.

September 24. This morning an officer with a Spanish flag came on board the admiral with letters from the Captain General of the Philippines desiring to know by what authority we entered their bay with such a force without previously advising him thereof, offering us at the same time all the assistance in his power if we were drove there by distress, but assuring us if we came in a hostile manner (which he could not think possible not having heard of any declara-

THE SIEGE AND CAPTURE 83

tion of War between Spain and England) he was determined to defend the honour of the Catholic Crown to the last extremity. The Spanish officer was immediately sent back with a land and sea officer to summon the City of Manila to surrender. Two others were sent to Cavite on the same errand. The general and the admiral, finding by the governor's letter that we were so fortunate as to bring the first news of the war, thought the attacking Cavite first would be giving up the advantage we had in finding Manila unprepared, as it must unavoidably occasion some delay. They therefore determined to make Manila the principal object of their attention and to unite their forces towards its reduction, not doubting but that Cavita would fall in consequence.

The greatest part of today was spent by the general, the admiral and principal officers in reconnoitring the shore of the bay in order to fix on the properest place for landing the troops. At the same time signals were made for them to prepare for landing. On the general's return the boats assembled at their appointed places of rendezvous with the troops from the different ships. The three frigates were likewise ordered as close inshore as they could go with safety to cover the landing for which purpose we had also fixt four six pounders in long boats to cover our flanks. About 8 o'clock we proceded from the frigates to the shore where we landed without the least opposition, tho not above a mile and a quarter from the fort. As there was a pretty large surf, we had two or three boats stove and some ammunition wet but no lives lost. From the landing place we marched about a quarter of a mile along the beach to the Malatta Church where we took post and remain'd till morning without the least alarm. The enemy set fire to their suburbs which burnt very furiously all night.

[September] 25. At daylight Colonel Monson went with a company of Marines and took possession of the Polvorista a small stone redoubt where the Spaniards made their powder, which they had abandoned. On his return from thence he advanced towards the fort with a company of the 79th Regiment and took post at the Hermitage, a church about 6 or 700 yards from the walls, where the general afterwards fixed his quarters. About noon the 79th Regiment march'd down to the Hermitage and were there quartered, the seamen and the marines remaining at the Malatta to cover the landing of our stores. The Company's troops were quartered between the two. In the afternoon a party was advanced as far as the Church of St. Iago which is about 300 yards from the fort, behind which they were posted, we not being able to make a proper lodgement for them for want of entrenching tools which were on board of the two absent ships. There were several alarms tonight but all without any cause.

[September] 26. About 10 o'clock Colonel Monson with a party drove the enemy from Bagombaya Church with the loss of only three or four men, tho' the enemy must have suffer'd considerably. We found ourselves in great distress today for want of the fascines and entrenching tools that were in the storeships, not being able to strengthen any post or secure our communications from one to another. A party of 400 men were employed today making gabions and fascines. This evening we brought up two 8 inch mortars behind St. Iago Church which we began throwing shells from at 12 o'clock. Some of the seamen stragling from their quarters today alone were murdered by the natives.

[September] 27. All the men that could be spared from their other duty were employed in bringing up stores from the landing place and making fascines and gabions, we not being able to get one of the natives to assist us, (tho all means were used to encourage them to come in) which was a very unfortunate circumstance for us as we could get no cattle or provision of any kind but what we received daily from the squadron. We opened two more small mortars tonight from behind the church and threw up a breast-work to the left of St. Iago.

[September] 28. Lieutenant Fryer, the general's secretary, going into the garrison this morning with a flag of truce to conduct a relation of the governor's who was taken prisoner a few days ago and was going in on his parole was cruelly murdered by some of the enemy's irregulars who happened to sally out at that instant. They likewise mortally wounded the young gentleman that was going in. He was taken prisoner the 25th in a galley which our boats took which left the galleon a few days before in her way from Mexico. In the evening a flag of truce was hung over the walls, no one daring to venture out after such an unparalelled piece of treachery. On our answering the flag they sent out the headless trunk of Mr. Fryer maimed in the most inhuman manner with a letter from the governor expressing the utmost horror of such a treacherous act, imputing the fault to the ignorance and barbarity of their natives who are utterly unacquainted with the customs of war. A breastwork was thrown up tonight for a field piece to flank the left our post at St. Iago, large parties as usual employed in making fascines and gabions and bringing up stores.

[September] 29. A flag of truce came out this morning with letters from the governor to the same purport as those yesterday. By the assistance of the ships employing all their smiths and armourers we collected today about 120 entrenching tools, a small number to open trenches with against a regular fortification. However, the general

THE SIEGE AND CAPTURE 85

determined to break ground tonight at all events and tho our means were small to be doing something towards the reduction of the place, accordingly a party was ordered and a battery began for eight twenty four pounders about 300 yards distant from the walls, the intent of which was to break the face of the bastion St. Diego near the angle, the ditch terminating to the right of it some fathoms (as we were informed by a man that went across it up to the foot of the wall) an enfilading battery was proposed as shown by the plan but the general found his numbers too few to maintain our posts in our front and supply parties for the different services, such as bringing up our stores, making gabions and fascines, working in the trenches etc. all which was to be done by 2000 men without the least assistance from the country people who on the contrary kept us in continual alarms. The admiral promised that two of the large ships should come in as near as possible and tho they could not hurt the wall much, should endeavour to rake the front attacked and answer as nigh as possible the purpose of a ricochet battery, but on their coming in this evening they found it impossible to get into the station the general desired, therefore they moored on the capital of the bastion St. Diego to about a mile distant and began firing into the town to harrass them as much as possible. The garrison returned their fire but did no execution. The *South Sea Castle* storeship came in today which gave us great satisfaction as she had our heavy mortars and entrenching tools on board, the want of which retarded us greatly but the surf was too great to land anything. We continued working tonight at our 8 gun battery. The ships that fired on the town were the *Elizabeth* of 60 guns, Commodore Tiddeman, and the *Falmouth,* of 50, Capt. Brereton.

[September] 30. The ships fir'd again today on the town and we from 4 mortars ashore, all our men employed today bringing up the stores and making fascines and gabions and as many at night as we had tools for work'd at the battery.

October 1st. This afternoon we began a battery for two thirteen and two ten inch mortars and having got ashore some of our entrenching tools a strong working party was employed at the 8 gun battery tonight and in compleating a place of arms for musquetry. We had a very severe gale of wind tonight by which the storeship was drove on shore but not damaged so as to prevent her landing our stores.

[October] 2nd. The wind continued blowing very fresh on the shore which prevented us from landing anything. A boat attempting to come from the wreck was over set in the surf by which most of the people in her perished, among whom was an officer. We were under great apprehensions for the safety of the *Elizabeth* and *Falmouth* as the gale freshen'd and we plainly saw them driving in towards the shore. We layed the platforms and brought all our guns into our battery today which we entirely compleated tonight. Our mortar battery we began yesterday was likewise nearly finished in which we got a ten inch mortar this evening.

[October] 3rd. At daybreak this morning we began fireing from our 8 gun battery and from five mortars at the same time. The enemy at first returned our fire very briskly but in two hours time were so effectually silenc'd that there was not a man appeared on the bastion, so that our artillery had nothing to interrupt them in ruining the defences which they had nearly done before night on the bastion St. Diego. A working party was employed tonight repairing the 8 gun battery and erecting another of three 24 pounders, two to destroy the defences of the ravelin and the flank of St. Andrew's bastion which defended the breach, the third against the flank of the small bastion St. Joseph. A constant fire of grape and musquetry was kept up all night on the breach to prevent its being repaired and all our mortars were directed to that bastion to prevent the enemy from working at any retrenchinment [sic] within.

[October] 4th. A party of the enemy's irregulars surprised the seamen's quarters about 3 o'clock this morning and killed and wounded a good many of them, but the alarm soon becoming general and the day breaking, they fled with great precipitation and lost upwards of 200 men in their retreat. Among the wounded was Mr. Porter, a lieutenant of the Admiral's which was a great loss to us as he was a very active brave young fellow. A little before daybreak through the neglect of our advanced centinels a party of the enemy got possession of Bagombaya Church, (behind which our advanced party was posted under cover from the cannon of the fort) and from the windows of the church kill'd and wounded 16 or 17 men before we could drive them from it. But they suffered very much in their retreat. Among the killed was Captain Strahan of General Draper's regiment who commanded the post when it was attack'd. A working party was employed tonight compleating the 3 gun battery we began yesterday. By this days fire the face of the bastion St. Diego was in a very ruinous condition which we prevented their repairing at night by keeping up a continual fire of grape and musquetry as the proceeding.

[October] 5th. This morning we layed the platform and brought the cannon into our three gun battery which we opened towards on the orillon of St. Andrew's bastion which the enemy abandoned presently. They brought three guns on the curtain today to bear obliquily on ours but on our turning two or three guns from our battery on them, they were presently dismounted. The general sent a man today up to the counterscarp of the ditch to look at the breach

THE SIEGE AND CAPTURE 87

who returned without a shot being fired at him and assurd him it was very practicable, on which the general determined attacking it at all events the next morning as our little army began to complain of their fatigue with great reason, being no sooner relieved from a guard than sent on a working party and that in a heavy rain which we seldom were without during the whole siege, it being the breaking up of the Monsoon. A disposition was made tonight for attacking the breach in the morning and orders relative thereto given out. An alarm was made this morning by some of the seamen on which the whole army was under arms but it was rais'd without any cause.

[October] 6th. About an hour before daybreak the whole army was under arms and marched down to our advanced posts to be ready to sally out on the signals being given which was two mortars fired directly one after the other. The disposition for attacking the breach was as follows: 20 volunteers and an officer from each Corps made the first attack; these were followed by the Grenadiers, after them the pioneers with everything necessary for making a lodgement; after them went the whole army according to their seniority. Parties were posted all along the front attacked with musquetry and field pieces to keep the enemy from their parapets while our troops advanced to the counterscarp and an officer and thirty men were posted in the steeple of Bagambaya Church to prevent their fireing from the flank of St. Andrew's bastion which it overlooked. On the signals being given the troops marched out so briskly that they were in possession of the breached bastion before the enemy were alarmed, not meeting with any opposition to signify in getting possession of the Sea Line and St. Andrew's but in attempting to open the Royal Gate to let in the remainder of the Army we lost some few men and Major Moore who commanded the 79th Regiment. A number of the enemy having got into the Corps de Guard for shelter, obstinately refused to lay down their arms and were all put to the sword to the number of 60 or 70. About 30 shared the same fate in the Parian Gate. As our troops marched up the streets they were fired at from the windows of the houses, even after they had given quarter to many they found in arms, and whilst their own flag of truce (that came to beg quarter for those that had taken shelter in the citadel) was with our troops, several of our people were killed and wounded from the windows of the Court House, but on the general's sending an officer into the citadel, all hostilities ceas'd. The governor came out of the citadel about 8 o'clock and our troops took possession of it about an hour after.[1] As I had not an opportunity of gitting [sic] daily returns of

[1] The captured Spanish standards were presented by Draper to King's College Chapel, Cambridge. On 3 May 1763 nine colours taken at Manila

casualties, I have mentioned nothing about the number of killed and wounded, therefore shall now give a list of the officers' names that suffer'd and the number of men we lost during the siege.

Lieut. Spearing of the Marines, wounded
Lieut. Fryer, murdered with the flag of truce
Lieut. Porter of the Sea Battalion, killed
Capt. Strahan of the 79th Regiment, killed
A Surgeon's Mate, killed

The Day of the Storm

Maj. Moore of the 79th Regiment, killed
Capt. Sleigh of the Grenadiers, wounded
Lieut. Gamons of the 79th Regiment, do.
Lieut. Harelewood of do. do.
Lieut. Hog of do. do.
An Ensign of the Sea Battalion do.
Drowned in coming ashore, Lieut. Hardwick

We had in all 21 Europeans killed and 69 wounded among which were 5 officers killed and 6 wounded. Seapoys 5 killed and 23 wounded. The reason of our losing so few men in the assault was owing to the enemy's bad look out, for we were in possession of the breach before they were well alarmed, when it was too late for them to attempt to make any defence, they therefore very prudently took to flight to escape the first fury of the soldiers, many who could escape no otherwise attempted to swim across the river and there perished.

48. *Diary of the siege and conquest of Manila, A.P.T., no press mark.*

Diario de la invasión Ynglesa en las Yslas Filipinas, 1761-1765.[1]

Desde el año de 1761 se ha observado que los Yngleses miraban con ciudado estas Yslas, o para alguna expedición en contra de ellas,

---

were carried in procession and placed on each side of the chapel's altar rails. Afterwards they were stored away. Towards the end of the nineteenth century they were discovered and the remaining fragments were placed on display under glass. These fragments were thrown away in a general cleaning some fifteen years ago.

[1] This diary is a nineteenth-century copy found in the Jesuit Archives at San Cugat. From the contents it appears that the author lived in Manila, had access to official documents and was familiar with the internal proceedings of the government during the British occupation. The copy bears the seal of the Jesuit archives, but no indication of its author is given. The complete diary is ninety-three folio pages and it ends after the departure of the British forces. Only folios 1-20 are reproduced here.

en caso de algun rompimiento por Europa, o para establecerse con disimulo en alguna de las adjecentes. Pues con efecto el año de 1761 una Fragata Ynglesa ha costeado todas las Yslas y sondado las entradas, Puertos y aun los mas immediato a esta Ciudad; y aviendo entrado en esta Baia rehuso much el dexarse registrar.[2] En el mismo año han llegado a Joló algunos Navíos que unos dicen eran quatro, otros que más, en la qual Ysla trataron con sus havitadores para establecer allí una Faturía, dexando algunos géneros y efectos que después en el año de 1762 devían satisfacer los Moros Joloanos con otros géneros del País. Qualquiera establecimiento de los Yngleses en las Yslas immediatas será siempre muy perjudicio si los consiguen en Joló de modo que se pueden recelar los mayores daños y aun la total ruina de etsas Yslas. Después de estos amagos últimamente dieron el golpe encaminándose a Manila luego que en Europa se publicó la guerra. En el día 13 de Septiembre se apareció un Navío fuera de la Baía de Manila el qual aunque se entendió primero ser el Navío que se aguardabe en esta Ciudad de buelta de Acapulco no aviéndose dexado registrar, y por el relación de un Yndio que pudo llegarse a él se conoció que era estrangero y Ynglés, y aunque por las últimas noticias de batería se podía presumir que sería ya enemigo, el no aver mayor constancia de averse publicado la Guerra disipaba todo el recelo que justamente deviera concebirse.

No obstante esto se dieron varias providencias para la aseguración del Navío que se aguardaba, pero en el principal que se devía ser prevenirse para la defensa en caso de ser cierto el rompimiento, se procedió con el mayor descuido. Ni era posible hacer mayor diligencia con efecto, pues se carecía de un todo y el estado de esta Plaza era más infeliz. El Señor Arzobispo Governador y Maestre de Campo con todos los más Officiales de la Tropa eran Mexicanos, inexpertos y nada aproposito para el efecto; toda la guarnición de las dos Plazas de Manila y Cavite después de averla aumentado con este accidente con más de 100 reclusas, constaba con sus officiales segun afirmó el Maestre de Campo de 530 hombres igualmente visoños indisciplinados nada exforzados y mal asistidos. A esta proporción eran todo lo demás: los Españoles nunca han sido menos en Manila que en la ocasión presente por hallarse fuera de las Yslas tres Navíos, por cuya causa apenas serán todos 200, de los quales ni la quarta parte podían servir para soldados. Ay en estos partes Yndios muy esforzados, y los más disciplinados serían soldados muy buenos; pero los Governadores

---

[2] The reference is probably to Dalrymple who sailed through the Philippines in 1760–1, charting and gathering information. Complete sets of these nautical charts and sketches of ports and harbours are in I.O.R., the Brit. Mus. Map Room and the New York Public Library Map Room. Cf. page 18, note 2.

que han precedido han reputado al parecer esto y en otras cosas como agenas de su cuidado; aunque no fue poco el que causó dicho Navío en muchos, todos descuidaron sabiendo que la día 17 de septiembre se avía desaparecido.[3]

Pero el día 22 de septiembre como a las 5 de la tarde repentinamiente vimos entrar con grande serenidad una Esquadra de 13 Navíos en esta Baía cuyo aspecto conturbó notabilísimamente esta Ciudad y sus Extramuros; de dichos Navíos quedándose los demás distantes, uno pequeño se aceró a un lado de la Ciudad, y el día siguiente 23, saltaron de él en tierra dos oficiales participando como por averse publicado la Guerra entre España, Ynglaterra en diciembre de 1761, venían en nombre de S.M. Británica a tomar esta Ciudad y todas las Yslas, las cuales pedían los Generales Draper y Cornish, que comandaban el presente armamento; y aviéndole respondido que aunque acá se ignoraba la guerra, estaba esta Ciudad y Yslas en ánimo de defenderse hasta lo último; se volvieron dichos officiales y dada a entender a los generales desde la fragata la respuesta de la Ciudad. En esta tarde se acercó toda la Esquadra, dando fondo entre la Ciudad y a un Fuerte que está en la Playa en donde se labra la Pólvora aquí estaba toda prevención de este Material y de salitre y aunque con gran trabajo se pudieron introducir en la Plaza como 2000 arrobas de Pólvora que había aun todavía se quedó allí mayor cantidad de salitre que cogieron los Yngleses ya en esta noche, en la que como a las siete empezaron a hacer su desembarco.

Devióse impedir este, assí con la artillería de dicha Polvorista como con la Tropa que devía salir de la Plaza, pero todo faltó; no avía artillería en dicha Polvorista, y la Plaza salieron dos Compañías que solo hicieron la buena obra de retirar un cañon que se llevaba entonces para impedir el desembarco y havían dejado los portadores en el camino. Por esta causa felizmente hicieron los Yngleses su desembarco, y esta misma noche tomaron possessión de dicho fuerte y de las Yglesias de Malate y Guía que siguen después en la misma Playa viniendo azia la Ciudad. De parte de esta solo se dio orden en esta noche que se quemasen el pueblo de Bagombayan y caserio de Santiago Yglesia tan inmediato de la muralla que sólo distan de ella poco más que dos anchos del foso. El Rey de Joló, que tanto tiempo ha se halla aquí con su familia, y Embaxadores de Mindanao

---

[3] Marques de Ayerbe, *Sitio y conquista de Manila*, pp. 5–6, mentions that a foreign vessel appeared in the bay on 14 September. Montero y Vidal, *Historia General de Filipinas*, II, 12, states that it was an English vessel which had come to reconnoitre. As usual he does not state his source. However, neither Draper nor Cornish's correspondence mention sending an advance vessel.

desde esta noche se manifestaron muy celosos en servir en favor de esta Ciudad lo que han continuado después.[4] En este mismo día despacharon los generales una carta para apartar de la obediencia de los Españoles a todos los Naturales de los Vasallos de su Magestad Católica, cuio traslado se pondrá al fin de Octubre, y finalmente en esta misma noche después de varias encomiendas que Su Illma. avía hecho a los conventos como a las ll, ordenó a todos los Eclesiásticos fuessen a la muralla en la que se assistieron con los seglares después.

DIA 24. Al amanecer se presentaron a la Plaza entre las dos inmediatas Yglesias como dos Compañías y aviéndoseles disparado con la artillería se alojaron detrás de dichas dos Yglesias y otras Cassas de Piedra que corren hacia la Mar, cuyos sitios nunca ya perdieron y fueron causa de la pérdida de esta Ciudad. Aviendo después de esto entrádose en la Baía una galera que venía de Navío que viene de vuelta de Acapulco su Capitán extremadamente necio no discurriendo novedad particular de un armamento tan grande y nunca visto en estas partes, se atrevió a proseguir hasta la Ciudad pero aviéndole salido algunas lanchas de los Navíos fue preso y cogido con la galera las cartas y intereses que traía; fueron presos en ella el dicho Capitán y tres más, uno de estos sobrino del Señor Arzobispo que nuevamente venía. Salvándose toda la tripulación y pasageros. En todo este día no hubo cosa especial más de continuar el desembarco de peltrechos y los Yndios en las sementeras hacen algunas cerrerías en las que mataron a algunos Yngleses quitándole las cabezas, y aun hubo uno que en una lanza entró una de un official al parecer en la Ciudad por lo que se advirtió a los Yndios lo que devían hacer en adelante.

Aviendo entrado en la Ciudad en esta tarde como 500 Yndios y Mestizos con estos y dos Compañías de Soldados y dos cañones se hizo esta noche como á las 10, una salida al comando de Mr. Fablet suiso radicado en esta Ciudad y aviéndose resforzado a la mañana.[5]

DIA 25. Con otras dos Campañías como a las 10, de este día se retiraron a la Plaza con muy poca pérdida, la qual fue mayor en los Yngleses, aunque no fueron desalojados estos. Poco después embió el general Ynglés una embaxada pidiendo que se le entregarse la Ciudad y quexándose del proceder de los Yndios con los Yngleses en cuyas demandas y respuestos se pasó el día hasta que a la noche como

---

[4] The Sultan of Jolo had become a christian and at the time was being held in Manila. For the intrigues and policies surrounding this fascinating figure see H. de la Costa, 'Muhammad Alimuddin I, Sultan of Sulu, 1735–1773', in *Asia and the Philippines* (Manila, 1967), pp. 81–114.

[5] Cesar Faillet, a Swiss resident of Manila, led a number of sallies against the British.

a las 10, empezaron a disparar Bombas pequeñas con dos morteros; al siguiente día fueron quatro, después añadieron otro, usando de ellos sólos de noche en los primeros días y de día tambien en adelante hasta que tomaron la Plaza.

DIA 26. Por la mañana huvo una pequeña salida que también se retiró como a las onze. También hubo oy embaxada con cuyo motivo hubo suspención hasta la noche aunque en estas suspensiones lograban mucho tiempo los Yngleses.

DIA 27. Hubo una más crecida y esforzada salida, y tan animosa que de los Yndios y Mestizos, unos pusieron ya la mano sobre los Morteros otro depués de desalojar de la Cassa de Piedra a los que estaban en ella subió a ella y puso una banda o paño que todos vimos en testimonio de su arrojo. Los Yngleses viendo este esfuerzo que tal vez no pensaron en medio de esta acción discurrieron saliesse con un tambor y paño blanco un oficial para introducir en la Plaza al Sobrino del Señor Governador Arzobispo que avía sido preso en la galera por quien el día antecedente avía escrito el General Cornish para que su Sa. Illm. le ordenase entrase en la Ciudad, y devió aver entrado anoche. Y aviéndose suspendido la pelea con esta estratagema en medio de ella empezaron a disparar los Malabares a los nuestros que los más eran Yndios y algunos Mestizos y viéndose estos disparar acometieron a los que venían, mataron a puñaladas al Embaxador y al Sobrino del Señor Arzobispo que desconocieron hirieron tan mal antes de darse a conocer que ultimamente murió. Para subsanar esto que pareciá exceso, mandaron de la Plaza que no disparase el Baluarte que defendía a nos nuestros y disparando al mismo tiempo de parte de los Yngleses, hubieron de retirarse los nuestros con poca más pérdida que en los días antecedentes, en cuyas tres salidas no llegaron a 20, pero de los Yngleses fueron muchos más con especialidad oy. A la retirada sucedió Embaxada y suspensión, quexas y respuestas, continuándose lo restante de el día en inacción por ambas partes hasta la noche que continuaron las Bombas como siempre: havía ya venido bastante gente de fuera Yndios y Mestizos. Ya oy recivía con algún menos recelo pero queriendo idear una grande salida se dexó de hacer oy y en todos los días siguientes hasta el día 3 de Octubre, que fué lo mismo que perder tiempo en favor del enemigo.

DIA 28. Aviendo igualmente havido cartas Embaxadas y regalos que en los días antecedentes, quando se llegó el término de la suspensión a la tarde empezaron dos Navíos que pudieron acercarse mucho a disparar a la Ciudad abaleándola por cerca de una hora. Y sólo huvo de singular de nuestra parte el que a instancias de los Señores Oydores, Sargentos Mayores de la Plaza y Cavite y otros Españoles se meditase en remediar el desorden tan grande que avía en la Ciudad acerca del Cuydado y distribución de la gente que en ella avía lo cual nunca se executó como se devía por la inexperiencia de los que mandaban. Ni el Señor Governador se excusó de confesarlo assí, llamándose inexperto en Carta circular que en este día despachó a los Coventos para que los Religiosos cogiesen armas correspondientes a cada uno que se les devían dar y dieron en Palacio a donde los Religiosos las recivieron.

DIA 29. No huvo cosa especial de nuestra parte y de parte de ellos sólo hubo el adelantar sus obras y hacer un grande fuego desde los Navíos y con los Morteros y también la fucilería desde las fronteras Yglesias. En este día llegó también gran porción de gente de la Pampanga, y a estos y a la demás gente del país que avía que era mucha y bastante cavallería, les hizo desde oy tiempo a propósito para intentar el daño posible en el enemigo a causa de llubias y vientos recios que empezaron esta tarde y con los que en el siguiente.

DIA 29. Naufragó una lancha de peltrechos de los Yngleses ahogándose entre otros uno de sus mejores Yngenieros y perdieron el mayor Mortero que traían en tierra con una balza grande de mastilleros en que transportaban cañones y otras cosas de mucho peso.[6]

DIA 30. Continuaron el fuego que en los días precedentes y continuándose el temporal esta mañana amaneció barada una fragata que se encalló tanto que nunca se pudo después hacer boyar.

OCTUBRE

DIA 1. Abrieron los Yngleses una Batería de 9 cañones que después llegó a 14 contra el Baluarte que llaman de Fundicíon que es el mejor de esta Plaza con bella artillería de bronce de a 18, y en este ya en el siguiente.

DIA 2. Hizieron un grandísimo fuego de modo que no podía pararse en dicho Baluarte y Puerta Real que está inmediata. Ya finalmente oy se dispuso para la noche una salida bien ideada con mucha gente Pampanga y 200 soldados y los mejores cavos, cuyo todos se devía repartir en tres partes para que con esta diversión se lograse una acción buena en contra de los que estaban alojados en frente del Baluarte y que guardaban los Morteros y Batería todo dispuesto al siguiente.

DIA 3. Como a la una de la noche salió esta gente con menor silencio del que convenía. Por todas partes se acometió con eficacia los que fueron por la Calzada entraron en la Yglesia de S. Juan de

[6] Possibly the diarist refers to Commodore Richard Tiddiman of the *Elizabeth*, who drowned with five men as they attempted to enter the Pasig on the ship's boat. See R. Beatson, *Naval and Military Memoirs of Great Britain, from the Year 1727 to the Present Time* (London, 1790), III, 145.

Bagumbayan donde mataron los que allí avía alojados. Los que acometieron al sitio de Guía lo hizieron tambien con esfuerzo, de modo que el mismo Draper General de tierra se vio obligado a defenderse y se libró de fortuna mas toda esta felicidad se convirtió en una lastimoza retirada ocacionada de un perniciosíssimo desorden por el qual se retiraron a la Plaza todos los soldados, quedando sólos los Naturales sin más resguardo que la artillería del Baluarte que no podía favorecerlos sino era en lo descubierto, clamaban fuera por fuciles, mandaba el Sargento Mayor de la Plaza que estaba en la Puerta Real, que acudiera la tropa que consideraba fuera pero aviéndose ésta por otros ordenes, entrado en la Plaza no pudieron ser socorridos los de fuera. No obstante al resguardo del foso y otras obras permanecieron sacrificándose unos, y haciendo notables esfuerzos otros hasta que finalmente devieron retirarse por necessidad, aviendo muerto oy más que en los días antecedentes: aunque de los Yngleses fueron muchos más.

Continuaron estos el fuego y a la tarde ya avía caido un cañon en el Baluarte que se batía, otro estaba próximo a caer, y el Parapeto estaba clareado según refirió el Yngeniero de quien se puede creer diría lo que no avía visto. El mismo y otros tres Oficiales persuadieron al Maestre de Campo y todos juntos al Señor Arzobispo, que ya era en esta tarde convocó en su Palacio a Junta en que concurrieron su Sa. Illma. la Audiencia, dos por la Ciudad, seis Militares y los Superiores de los Conventos, y uno por la Cathedral. Y aviéndose propuesto el estado presente, aunque variaron en los dichos los más, como todo consistía en hecho sobre el cual no podía caer duda, y sólo avía ésta por ignorar el hecho; vino finalmente a ser la conclusión, que si la brecha estaba abierta, si era cierto y próximo el asalto y se conocía que ni avía gente para resistirlo o aunque la huviese no lo podrían resistir, que en semejante caso se capitulase y en caso que no se hallase de presente en tales circunstancias la Plaza quando y siempre estubiese su Sa. Illma. con los Ministros, que más a mano tubiesse llamase a capitulación. Propusieron los Ministros de la Audiencia y otros algunas cosas buenas en orden a la mejor distribución, orden y ciudado de la gente, cediendo cada qual sus casas y prometiendo los Religiosos su asistencia también el que la Ciudad se devía evacuar de mujeres, enfermos, viejos, niños y plata, y aun del Superior Govierno encomendado la Ciudad a un Cabo de honor para que la difendiese hasta lo posible, y que no pudiendo más capitulase asigurándose entretanto el govierno y caudales fuera, de modo que ya de la Ciudad se perdiesse, no peligrasen todas las Yslas. Pero esto que se deviera aver puesto en execución mucho antes no se oyó por los menos aunque superiores con aprobación. Y con efecto

THE SIEGE AND CAPTURE 95

haviendo el Guardián de S. Francisco procurado desde el primer día sacar las Monjas de Sta. Clara, y con más eficacia desde esta noche nunca pudo conseguir el permiso del Señor Arzobispo Governador y aunque lo concedió mañana finalmente por motivos piadosos lo impedió, concediéndolo tan tarde, que no se pudo poner en execución. Divulgada esta Junta desmayaron todos muy mucho, ni se podía conseguir de los Yngenieros que en realidad no lo eran el que dispusiesen lo conveniente para la defensa, que aun no estaba tan desesperada, pues ni avía tal brecha practicable ni después la huvo sin tan pendiente que a poca diligencia se pudo aver resistido. Rogaba el Señor Arzobispo a los Religiosos que acompañasen a los Yndios en los trabajos que se ordenaban y se discurrían a propósito para la defensa parecía esta bien a los Señores Oydores suplicábanlo los vecinos, yban los primeros gustosos a ello, y al fin se frustaban los intentos impidiéndolo con no concurrir devidamente y según estaban obligados, los mismos que debieran hacerlo por obligación como prácticamente sucedió en esta y las siguientes noches en los cuales se meditó y ordenó abilitar los cañones de dicho Baluarte y suplir los parapetos arruinados, lo qual no se logró por las causas referidas queriendo que se clavasen los cañones antes que con poco trabajo pudiesen servir en defensa la Ciudad, lo qual justamente dexaron de hacer los mismos a quines se encomendó.

DIA 4. No se hizo en la Ciudad cossa especial en orden a su defensa: Fue muy continuo el fuego de todas partes, las bombas mayores eran más frequentes, algunas con dispución para encendear cuio efecto causó en una casa con peligro de averse estendido el fuego a muchas por el viento que hacía y que no sucedió por la mucha gente que concurrió a pagarlo. Pero entre tantos peligros y desaciertos parece se acertó una cosa y fue que viendo los Señores Oydores en aquella tarde el sumo peligro en que se hallaba la Ciudad, convinieron entre sí y atraheron a su consentimiento al Señor Arzobispo para que saliesse de la Ciudad en aquella noche Don Simón Anda y Salazar, oidor menos antiguo de esta Real Audiencia para que, perdida la Ciudad mantuviese fuera a los Yndios en lo posible en la obediencia de Nuestro Rey Cathólico lo qual puso en execución la misma noche partiéndose a Bulacan, Pueblo de Yndios y Cavezera de la Provincia de su nombre, y distante de esta Ciudad como 5 o 6 horas.

DIA 5. En esta noche presedente han procurado los Yngleses hacer paso a la Brecha y allanar ésta un poco de modo que aunque con trabajos se pudiese subir, y por ella finalmente subieron al amanecer haviendo antes hecho el más vivo fuego con el que limpiando de gente el Baluarte batido y sus immediaciones tuvieron tan poca resistencia que perdieron muy pocos en la subida. No obstante unos de los muertos fue un oficial de forma muerto de un flechazo que le disparó un Yndio de los nuestros fueron más y habiendo huido algunos oficiales siguieron este exemplo españoles, soldados y Yndios, dexando el sitio indefensa y quasi sólo el Sargento Mayor de la Plaza que hicieron prisionero. Y aviendo después corrido la Muralla por una y otra parte y otros por calles quasi por un tiempo y con poca pérdida, vinieron a quedar dueños de toda la Ciudad. Restaba solo la fuerza o Castillo de Santiago en cuya expugnación devieran aproporción gastar algún tiempo, pero no hubo dificultad, pues luego se hizo llamada poniendo Bandera blanca a que fue un official de distinción. Propuso a este el Señor Arzobispo capitulación, el qual llevó este recado al General pero este mandó otro official para que promptamente intimase la rendición sin capitulación. Pareciole al Señor Arzobispo; que yendo en persona a hablar al General, quedaba libre para bolverse, y haría mejor la capitulación alguna antes respondiendo el General con alguna generalidad, y diciendo al mismo tiempo mandase a los que se hallaban en el Castellano que viniessen a Palacio creyolo todo compuesto su Sa. Illma. participolo assí a lo que allí se hallaban, y ordenándoles fuesen a su presencia a Palacio con su salida se introdujo la Guarnición Ynglesa. Quedando aun mismo tiempo perdida la Ciudad y Castillo prisioneros todos, y a la discreción del General Ynglés.

Aun no se havía acabado esto quando empezó el saco que fue el más voras, que puede imaginarse. En los templos y casas más principales se admiraron juntas la impiedad, la codicia, la inhumanidad y religiosidad y exerranda barbarie huvo Yglesia como la de Sto. Domingo en la que no quedó ni un caliz el roltrage de las sagradas Ymagenes fue muy doloroso no perdonó la luxuria a las infelizes que se hallaban refugiadas en los templos. Y finalmente es inexplicable lo mucho que se perdió; destrosó y arruinó en esta Ciudad tan llena de tanto bueno y curioso como avía en ella, mayormente porque el sáco duró desde las ocho de la mañana del día 5 hasta el día 7 por la mañana y hablando en propriedad aun dura hasta oy de lo qual es prueba la confiscación de varias embarcaciones, y entre ellas de un Champán que a un Español tomaron en el mismo río de valor de 10,000 pesos; los muchos trastos y alajas que aora últimamente han sacado de varias casas que tuvieron la fortuna de no ser saqueadas. Siendo muy ricas y de bodegas o almagacenes muy llenas, de las quales y de otras han cogido y embarcado o apropiádose quanto han querido hasta Sillas, Taboretes y aun hasta algunos coches se hallan embarcados. Pero sobre todo los días 5, 6, 7, fue el saco más activo de modo cierto que la mayor parte de los Españoles se hallan fuera ya que no pueden declarar de solos ciento y tantas certificaciones de los que existen, excede lo saqueado a 317,000 pesos y esto de solo plata efectiva o labrada o especiales alajas que faltan no obstante que los Señores Ingleses no han querido dar más que un certo recibo del importe del saqueo, que no llega a 30,000 pesos. Pero la verdad es que lo certificado de los poquíssimos que existen son como, 317,000 pesos, que haviendo injustamente echado de su Convento á los Padres de S. Agustín exede lo que en plata efectiva y labrada se han apropriado de 60,000 pesos fuera de las alajas de ropa, Librerías, Botica, Adornos de Yglesia, Convento y es que no se harán con muchos miles que después de esto las Casas de Dn. Andrés Blanco y su mujer la Marqueza de Salinas, después de cinco meses han sido registradas y saqueadas cuyos efectos de fardos y alajas pasan de 60,000 pesos, que en los mismis días se echaron sobre un Barco de uno que se halla avecindado aquí el que con los efectos que ya estaban libres importan 45,000 pesos. Que antes de esto no aviendo orden en contrario queriendo un Español mandar a fuera un Champán con géneros y plata en cantidad de 10,000 pesos como queda dicho, que aviendo uno dado parte que en cierta parte avia 5,000 pesos fueron igualmente cogidos que uno de los Españoles principales fue preso y se libró con que a título de contribución diesse 15,000 pessos. Entregose de la Cathedral, Conventos, Cassa de Misericordia y otras Obras pías hasta 455,000 pessos sin otras conficaciones y arbitrios en que se han utilizado infinito sin contra lo que falta a los muchos Españoles que están fuera, la pressa de la galera que traía como 30,000 pessos. La del navío *Trinidad* la libranza dada para que satisfaga el Rey 2,000,000 pessos de solas digo las partidas arriba expresadas, y de lo contribuido por los seculares va ya tanta plata cogida que es milagro que nos haya quedado con que vivir.

No aviéndose en este 5 tratado cossa especial. En el siguiente seis, para los Yngleses, 7, se quisieron de nuestra parte formar algunos Capítulos pero los Generales determinaron por sí solos proponerlos. Los principales gravosos fueron quatro millones de pessos, entrega de Cavite y todas las Yslas, con sus fortalesas dependientes de este govierno. Al vecindario preció mucho los quatro millones al Señor Arzobispo pareció muy grave la entrega de todo quiso se reformase esto, la Ciudad prometió menos de medio millon; pero uno y otro fueron precizados a consentir con lo que el General Draper propuso, obligando este con tanto rigor, que los amenazó a todos a pasar a cuchillo, mandó poner sobre las armas parte de tropa y señalados minutos de tiempo para resolución hizo que consistieran los nuestros el Señor Arzobispo por lo que tocaba escribió carta orden al Castellano de Cavite para entregase aquel puerto.

DIA 8. Se entregó a los Yngleses. No pudiendo la Ciudad

conpletar los quatro millones se determinó entregar los depósitos de Obras pías y toda la plata del Navío *Philipino* que aun no avía llegado y venía muy interesado de Acapulco. Pero aviendo salido dos Navíos el día 2 de Octubre a presarlo, se ofreció luego la dificultad de si devía entrar o no en quenta siendo pressa. Y por gran favor dieron los Generales un pasaporte para su seguridad de la qual gozaría se fuesse preso después de recivirlo el mismo Navío *Philipino* pero no se fuesse apresado antes de carecer de pasaporte referido en el qual casso se daría libranza para la Thesorería de su Magestal Católica en Madrid aun no quedaba esto muy desesperado pues al Señor Arzobispo le hicieron creer, que no era Prisionero y a los demás parece insinuaron que la Audiencia y Ciudad proseguirían en su govierno y la entrega de las Yslas con sus fortalesas y Provincias, parece que no era tan rigurosa que quedándose cada vecino con lo que pudiese aver libertado y la livertad de poder comerciar se podría vivir a lo menos en el interin que Dios disponía otra cossa. Pero brevemente se vio que los vencedores aspiraban a una dominación absoluta, y a percebir todo el thesoro de las Yslas. Pues con efecto la insinuación de que el govierno, Audiencia y Ciudad continuarían totalmente se extinguió pues ya a prevención traían señalados el Governador y Consejeros que en terminándose los ajustes tomarían posessión de este govierno. Comenzando a oirse que el Señor Anda estaba fuera y que le avían dado la obediencia los Yndios de Bulacan, Pampanga y Pangasinan, se empezó a llamar esto levantamiento y atribuyéndolo a culpa de los Padres Agustinos y de la asistencia a fuera del Señor Anda se mandó escribir á los Padres Agustinos de Bulacan y por orden de los mismos Generales el Señor Arzobispo mandó al Señor Anda que se retirasse para que se pacificase la tierra. Aunque ni el Señor Anda ni los PP. Agustinos obediecieron los dichos mandamientos, ni tampoco concebieron mayor peligro los Yngleses de la desobediencia de estos mayormente porque se lisonjeaban que con publicar livertad de tributos y otras immunidades a los Yndios se apartarían de la obediencia del Señor Anda. Por esta causa oy publicaron un Bando que contenía estos favores no omitiendo entre tanto otras diligencias que augmentassen su Partido y utilidad.

DIA 9. No huvo cossa especial.

DIA 10. Restringieron la authoridad de la Real Audiencia que parece devía quedar libre a una plena subordinación de un Cabo militar cuya declaración se vio con horror por los nuestros queriendo primero se aboliesse este y los demás tribunales, que el que subsistiesen tan indecorosamente. Ya oy se advertía en la Cathedral un lastimoso desamparo para cuyo remedio rogó su Sa. Illma. a los Religiosos mantubiesen seis Religiosos a lo menos en cada Comunidad.

DIA 11. Ay señales de que los Yngleses se negaran a todas las proposciones, que puedan favorecer a los Españoles se ve que se aproprían un Champán de importe de 10,000 pessos, y que quieren descender todas las campañas obligar a que se rediman por lo que ellos tassen.

DIA 12. Se certifican más que el Señor Anda se trata fuera como Governador, y aun de estas cossas, que los induxeren a cerrar la Ciudad sin permitir su salida ni al Señor Arzobispo a quien totalmente en el.

DIA 13. Afectando que su Sa. Illma. quería igualmente retirarse con el Señor Anda pero satisfechos de que siniestra y falzamente se les avía informado en el.

DIA 14. Abrieron las Puertas; y concedieron a su Sa. Illma. la salida a Sta. Cruz.

DIA 15. Empiezan a tener algún cuidado los Yngleses por el Señor Oydor Anda llega noticia de tener en su poder la Casa Real que importa 111,000 pessos, y que las Provincias de Bulacan y Pampanga le siguen a lo qual llaman levantamiento. Por el contrario en esta Ciudad empiezan algunos de los nuestros a manifestar su infidelidad con sugestiones que después serán muy perjudiciales a las Yslas y aun a los mismos Yngleses.

DIA 16. No hubo cossa especial, solo el saber de cierto que dos Navíos que salieron el día 10, pertenecen a la Compañía, y van a China.

DIA 17. No hubo cossa especial.

DIA 18. Se celebró Junta con asistencia del Decano de la Audiencia, fiscal y 16 de Ciudad y Comercio de orden del Señor Arzobispo para deliberar sobre la entrega de Plata para cumplir los millones capitulados y su efecto fue diputar a algunos a los generales enterarse de lo que pretendían y formar ciertos artículos para presentárselos con independencia del Señor Arzobispo.

DIA 19. Se entregaron dichos artículos cuyo extracto se pondrá después.

DIA 20. Remiten los generales al Señor Arzobispo ciertas proposiciones a que debe responder antes del día 25, las quales se extractarán después.

DIA 21. Solo se ven expresiones de indignación contra el Señor Oydor Anda y como prevenciones para yr a Bulacan donde se ha fortificado para deshacer su govierno y de capital lo como a levantado si lo cogen.

DIA 22. Prosigue lo mismo pero se suspende mediando el Señor Arzobispo quien se hizo cargo de escribir al Señor Oydor para que se venga, usando de un Pasaporte antes de 25, del corriente.

DIA 23. Juntó el Señor Arzobispo a los Oydores para consultar este assumpto y su resulta fue escribir el Señor Arzobispo al dicho Oydor.

DIA 24. Se citó a Junta General para el siguiente.

DIA 25. A que debían concurrir todos los Estados de esta Ciudad para hacer el Juramento a los Generales de sumisión a la Magd. Británica y con efecto en el.

DIA 25. [Sic] (para los Yngleses 26.) Se obligó a hacer Juramento a todos los Ecclesiásticos y Seculares de temporaria summisión a la Magd. Británica del Señor Jorge 3º, y de no favorecer directa ni indirectamente a sus enemigos se intimó la prompta entrega y rendición de todas las veinte o más Provincias de las Yslas con los Presidios y fortalesas de ellas. Se mandó que hasta fin del mes se completase un millón de pesos a quenta de los quatro y que los soldados que havían desertado se recogiesen y desarmasen. Todo por medio de un escrito que antes mandó leer Draper y que después se trasladará y sobre el que se disputó. Los Ecclesiásticos dixeron que no devían jurar, pero se les obligó a ello el Señor Arzobispo y Oydores dixeron que no debían entregar todas las Yslas, pues parece se havía concluido lo capitulado sin tanta extensión pero esto se dejó para otro día. Para el qual quiera.

DIA 26. Citó a Junta el Señor Arzobispo en su Casa convocando a la Audiencia, Ciudad, Militares y Superiores Ecclesiásticos ante todos los quales expuso la precisión en que se hallaba la violencia que padecía las amenazas que le insinuaban si no se cedían las Yslas con todas las dependencias de no consentir, y finalmente dio a entender que por estos o otros motivos se hallaba en ánimo de consentir con lo que pedían los Británicos. Añadió después la infidelidad de los Yndios la poca seguridad con que vivirían los Españoles, la subverción de la Religión como ya tenía el General Draper más de 20 cartas de Pueblos de Yndios que le daba las gracias por averlo venido a sacar de la Exclavitud de los Españoles. Y entre ellas una de Mindoro en el Embocadero en donde Mr. Packer que había a apresar al *Philipino* avía sido recibido bien y le havían dado la Obediencia los Yndios, y que en virtud de esto avía entregado el Bastón de Corregidor a un Yndio privando de él a un Español que lo era Cuyo último caso aunque sucedió assí, sucedió también que los mismos Yndios degollaron a un Cabo y nueve hombres que saltaron en tierra a coger agua echando los cuerpos troncos y decapitados en el Bote que después de industria echaron a la mar y deparado sin govierno desde los Naviós lo cogieron con horror de ver tan inhumanado sacrificio en prueba, no de la infidelidad de los Yndios a los Españoles como en Manila se decía de ellos, sino de la firmeza y lealtad con que vivían sugetos al Rey de España y a su Dominio. Las expresiones del Señor Arzobispo trajo a su dictamen a tres de la Junta. Los Ecclesiásticos a exepción del Provisor decimos que no devíamos dar veto que se computase con los demás en semejante materia, y assí nuestro voto era que no podíamos votar. Todos los demás assí de la Real Audiencia como de Ciudad, Comercio y Militares dixeron que tomada Manila no se debía entender tomadas todas las Yslas y sus fortalesas. Que la aspereza de la tierra y natural fragosidad hace que muchos Pueblos sean más fuertes para la defensa que la Plaza de Manila. Que ay sitio en las Yslas en los que ni por bien, ni por mal, ni a Religiosos, ni a Seculares le ha sido posible llegar y penetrar que para poner las Yslas en el estado que tienen ha costado los Españoles dos cientos años muchos trabajos no ha sido por guerra sino por otros medios más suaves y cathólicos con que han reducido a su Dominio Nuestros Reyes estas Yslas gastando en esto y su conservación muchos thesoros. Que es de Señor Phelipe II hasta aora ha sido para nuestros Reyes muy glorioso el dominio de estas Yslas no por los thesoros que saque de ellas sino por una Christianidad tan copiosa y florida como la habita. Con otras más razones que añadieron por las quales concluían que si los Yngleses querían los Yslas que las conquistasen Pueblo a Pueblo pero no se las entregasen por aver solo tomado a Manila. Estos votos parecieron mal al Señor Arzobispo pues deseoso de que no sucediessen mayores males que recelaba, la parecía que era el menor el condescender con los Yngleses. Por cuya causa para dicha Junta en disolverse con menos edificacíon de la que convenía con especialidad por advertir el fiscal de esta audiencia antes de votar una cautela que se devía prevenir y que todos entendemos no enbolvía ninguna especie de desatención pero como su Sa. Illma. la enterpretase de modo que fuesse indecorosa a su authoridad, ocasionó esto una grave altercación bastantemente impropia de tiempo y de su gravedad. Aviendo costado en esta misma noche a los Yngleses la resolución de la Junta determinaron que el siguiente.

DIA 27. Se repitiese con menos concurrientes y reduciéndola después a solos el Señor Arzobispo y Oydores, creyendo que no avría dificultad en el Señor Arzobispo para asentir a lo que gustaban, pusieron todo su esfuerzo en reducir a los dos Oydores y el fiscal a los quales amenazaron con toda seriedad se rehusaban firmar la Cesión que firmaría el Señor Arzobispo y viéndose finalmente en el.

DIA 28. Necesitados todos de la fuerza a que no podían resistir y que por otra parte no podían impedir al que el Señor Arzobispo firmase haciendo primero ante un Escribano su protesta firmaron dicha cesión en el.

DIA 29. Y en este mismo día despachó el Señor Arzobispo una

Carta Pastoral a todos los Yndios dirigida a fin de que se sugetasen al Dominio Británico hasta que el Rey dispusiesse otra cossa. Y al mismo tiempo despachó igual Carta a los Señores Obispos Sufraganeos y Prelados Regulares a fin de que persuadiessen lo mismo a los Yndios de sus respectivas Jurisdiciones. Con las quales y con otro edicto dirigido a fin de que se entregase la plata labrado de las Yglesias se completó este mes de Octubre y el Dominio Español según la opinión de los Yngleses que parece creyeron que con tantas solemnidades entregas y cesiones como hasta aora se han referido podían seguramente establecer el Govierno Británico en estas Yslas para mayor augmente de la Compañía de la Yndia en cuyo favor concedió su Magestad Británica esta conquista, por lo qual en nombre de dicha Magestad y por la referida Compañía en el siguiente.

NOVIEMBRE

DIA 1. Tomó posessión el nuevo Governador de Manila su Consejo cuya posessión devió ser mucho antes y se defirió hasta que allanado todo por los Generales Draper y Cornish tomasen últimamente pacífica posessión como en este día a su parecer la han tomado. Aunque como ya diré la continuación con tanta turbación y limitación que aunque en virtud que la toma que obtuvieren de esta Ciudad seamos los pocos Españoles que permanecemos prissioneros son ellos los que en realidad padecen la prisión careciendo de seguridad aun para andar en los Extramuros con libertad.

Aunque aquí deviera ya poner las Copias de Cartas, Capitulaciones y otros documentos que he citado lo dexaré de hacer poniéndolos con los que después ocurran al fin de Julio del año siguiente por hacer este traslado quando ya ha venido la noticia de Suspención de Armas. Y prosiguiendo en lo demás digo.

Por que mi ánimo no es hacer diario riguroso sino referir el estado de las Yslas he dexado de intento de decir lo que por fuera sucede hasta no haver referido como en esta Ciudad se han terminado estas diferencias y reducido a composición. Pero ya diré lo que hasta aora pasa fuera de esta Ciudad. Pocas horas antes que fuessa asaltada esta Ciudad salió de ella el Sr. Dn. Simón Anda y Salazar Oydor menos antiguo de esta Real Audiencia con el destino que dixe; y apenas avría llegado a Bulacan quando ya empezaron a pasar y muy sentidos con la pérdida de esta Capital y otras infidelidades que en muchos experimentaron los Yndios de Bulacan y Pampanga y otros que se bolvían a sus Pueblos y quando discurriría alguno que los Yndios se darían los parabienes por verse libres de los Españoles y que a estos los tratarían con la mayor inhumanidad se ve la mayor prueba de fidelidad y amor al Rey de España y a los Españoles. Pues viendo

THE SIEGE AND CAPTURE 103

en Bulacan los referidos Yndios a dicho Señor Oydor y aunque sin fuerzas, sin armas, sin Compañía de Españoles, y solo en fin con un Español Alcade y un Religioso Doctrinero le miran con la mayor veneración y entendido el intento de su salida de Manila, le reconocen con dificultad y con mucho gusto por su Superior expresando que querían gustosíssimos obedecerle y que los governase en nombre del Rey de España en cuya obediencia sujeción y fidelidad querían permanecer ofreciendo en obsequio de su Magestad hasta su propia vida.

Con tan feliz principio animado dicho Señor Oydor pasó a publicarse Governador y Capitán General de todas las Yslas en virtud de dos Reales Leyes que determinan que la Audiencia se conserve en un Oydor y que voscando el govierno de estas Yslas por muerte o otra causa suceda la Audiencia en el Govierno, cuyo todo se conservaba solo en dicho Señor por haver sido hechos prisioneros todo el Govierno y Audiencia con la toma de esta Ciudad por cuya causa hallándose solo libre devía recaer en el Superior Govierno y conservarse en él la audiencia de modo que gozase una y otra authoridad. Y aviéndolo reconocido por estos títulos hasta el día 8, el Pueblo de Bulacan y los inmediatos en el referido día ocho despachó sus mandamientos y ruegos y encargos a los Señores Obispos y a los Provinciales Regulares a los Alcaldes mayores. Y por estos a cada uno de los pueblos de Yndios corriendo con tanta felicidad y siendo por todos recibidos con tanta fidelidad que en pocos días fue reconocido en todas las Yslas añadiendo todos al común obedecimiento otras expressiones proprias para su feliz continuación y que se den en mayor bien de la justíssima causa que defendía en especial de todas las Yslas y sobre todo en servicio de Dios y del Rey.

Después de esto recogió dicho Señor la Caxa Real y dio otras muy acertadas providencias para que no se perdiesse el Navío *Philipino* para que se asegurasen las fuerzas y castillos de las islas para que dispusiessen para la defensa los Indios y todo con singular acierto y tan a gusto de todos que no parece ha avido en las Yslas a excepción de Manila y sus inmediaciones novedad en el Superior Govierno; mandó atajar los pasos de los ríos próximos a Manila y Cavite ya empezaron a reparar los Yngleses en que avía fuera quien los pudiesse inquietar; unos echaban la culpa a los Religiosos, otros creían que los Yndios se avían puesto en libertad. Mayormente aviéndose publicado el Bando en el día 8, en estos extramuros por orden de los Generales indultando a los Yndios de tributos y otras cargas que decían les avían impuesto los Expañoles. Y que oyeron los Yndios con muy poco amor y aun sucedió que en Pasig contra dicho Bando de unos Generales victoriosos publicó en adelante y aun los escribió

H

a los dichos gefes el governadorcillo otro, obligándose en él y con él todos sus Yndios a dar más Tributo y á otros mayores obsequios al Rey de España, con otras expressiones que manifiestan que el tributo corto de cinco reales no les es gravoso a los Yndios como los Extrangeros conciben, creyendo que por tributo se les exige algunas muy crecidas cantidades.

Sucedían a estas noticias cada día otras, de modo que el día 15 oyeron los Yngleses que ya tenía en su poder dicho señor Anda la Caxa Real. Empezaron a experimentar que no eran tan Señores como se discurrían pues cada día avía muertes de soldados, y que este despreciable enemigo ya les ponía en algún cuydado por lo qual en el día 21 ya meditaban alguna expedición para aniquilarlo aunque la dexaron de hacer creyendo que con mandarse el Señor Arzobispo que se retirarse se vendría; por lo qual a instancias de dichos Generales en el día 23 le escrivió su Sa. Illma, mandándole se restituyese a Manila y de orden de los mismos se escrivió a los P. P. Agustinos de Bulacan con especialidad al Ministro de Doctrina que se viniesse a Manila lo qual respondió este que no podía ausentarse de su Pueblo y el Señor Anda respondió el 31 de este mes al Señor Arzobispo negándose a reconocerle Superior por prisionero cuyo superior cargo y authoridad en todas las Yslas gozaba el dicho Señor Oydor por aver recibido en él, de modo que se legitimaba Governador lo qual no pudo menos de aver sido muy sensible a su Sa. Illma. y más a los Yngleses, a quienes devió participar dicha respuesta. Por lo que en el día 3, en el Bando que se mandó publicar de Yndulto a los Yndios se les ordenaba se apartasen de dicha Obediencia por ser dicho Oydor rebelde como lo declaraban contra el Rey de España por averse declarado Governador. Y los Padres Agustinos antes fueron declarados traidores. Pero los Yndios más afectos al Señor Anda y más fieles al Rey en lugar de reconciliarse con los Yngleses se atrevían a estos matándolos con inhumanidad. En este estado estaban las Yslas quando tomó posesión de Manila el nuevo Governador Ynglés.

Empezó este su Govierno con su Consejo en el día 1 de Noviembre cuyo Tribunal se compone de Mres. Drake, Esmith, Broch, Rossell, Johnson.[7] Los Ministros de la Audiencia loablemente se abstuvieron de concurrir a la posesión y de los demás concurrieron algunos. Ya en el primer día expresaron su enojo contra el Señor Oydor Anda y los demás Ecclesiásticos y Seculares que se hallan fuera, y haciendo varias amenazas a esta que llaman parcialidad. Ynstan desde oy a que se complete el millón, y que en falta de plata acuñada supla la labrada, para cuyo efecto despachó oy el Señor Arzobispo decreto en el que manda esto mismo.

[7] For Drake, Smith, Brooke, Russell and Johnson.

DIA 2. Se empezó con vibeza a hacer este último esfuerzo pero siendo imposible completar un millón hasta el día 5, que últimamente se estendió el plaso, han hecho los vecinos una representación alegando esta misma imposibilidad. Prosiguen oy las amenazas contra el Señor Oydor Anda que ya respondió antes de ayer, diciendo que no solo no vendría a los llamamientos sino que hacía saber que estaba obligado a permanecer y servir al Rey en el Oficio que tenía y quiera Governador y Capitán General de las Yslas. Esto ha irritado notablemente assí a los Yngleses como a los que sienten mal de su fidelidad. Y los Yngleses prometen quien dispensablemente mandaran gente a Bulacan pronuncian traydores a todos los que le siguen, llaman con este título a los PP. Agustinos amenazan que derribarán sus conventos y confiscarán sus posessiones por solo el motivo de ser doctrineros los de esta Religión en los pueblos a donde se ha retirado el dicho Señor Oydor. Ni falta quien de los nuestros aprueben o ni fieran estas comminaciones que lastimosamente veremos en adelante efectuadas. Por otra parte en el.

DIA 3. No se oye más que continuas avenidas de Yndios sobre estas inmediaciones, que el Señor Oydor cada día se refuerza más que los Yndios hacen muchas muertes, se llevan muchos desertores que no se ven más que incendios, que el Alcalde de la Laguna dieron muerte el 27, del pasado por creer que era afecto a los Yngleses que el Señor Oydor se ha visto obligado a remover a otros Alcaldes, para condescender con los Yndios, que se quejaban que los dichos adolecían de esta pasión. Y a la verdad, la mayor dificultad que el Señor Anda ha tenido en su comisión no ha sido el carecer de un todo en ella y no tener a su favor se dio la Justicia de la Causa, y del afecto de los naturales; ha sido empero el encontrar las provincias por lo general precididas por Alcaldes de infeliz conducta, que no solo no podían cooperar a mantener en el amor y servicio a el Rey las Yslas, antes si sus irregulares procedimientos han podido prejudicar muy mucho. Por esta causa dicho Señor Oydor ha removido a muchos Alcaldes. Oy salen como 100 soldados de la Plaza a contener según dicen los malévolos que infestan estas immediaciones. Y se empieza a disponer el General Draper para regresarse a Europa con este motivo solicita el Señor Arzobispo que vaya persona que dé a su M.C. la noticia de lo sucedido, parece consentía en ello Draper. Pero discentía mucho en las relaciones el Señor Arzobispo y Oydores, querían estos conbenirse, comunicando la suya con la del Señor Arzobispo, que no se consiguió, pero Draper removió por ahora estas ideas negándose a permitir fuesse con él Español alguno.

DIA 4. Acábase oy la entrega de la plata, que finalmente no ha podido llegar a un millón, y aun le faltan más de 300,000 pessos y se efectúa un Bando, que con solemnidad se ha publicado por los Extramuros, que es del tenor siguiente.

COPIA DEL BANDO

Que como su Sa. Illa. el Capitán General de las Yslas Philipinas de la M.G. C. en compañía y consorcio de los Señores Oydores de la Real Audiencia, y los demás Ministros etca. Bajo de sus firmas han cedido a la Corona de la Gran Bretaña la Ysla de Luzon con todas las Yslas adyacentes pertenecientes a dicho Gobierno, celebrada entre Don Samuel Cornish, escudero Almirante, y Comandante en Gefe de la Esquadra de su Magd, en las Yndias Orientales; y Don Willermo Draper Comandante en Gefe de las Fuerzas de Tierra de S.M.B. en esta Expedición contra los Españoles. Y estando el Govierno de Manila conferido (por orden de S.M.B.) a nosotros Don Daussone Drake y su Consejo; Hazemos saber a todos los Yndios habitantes en la Provincia de Tondo que les concedemos el libre exercicio de la Religión Cathólico Romana y que sean libres de todos los Tributos y servicios personales que los Espanoles les tenían impuestos y que en todo modo gozarán de los privilegios y libertades que obligaren los súbditos de S.M. Británica con condición que ellos renuncien immediatamente la sugeción y obediencia que tienen dada al Señor Oydor Don Simón Anda y Salazar que ha presumido inviolación de la capitulación hecha entre los sobre dichos Generales y Comandante con el Illmo. Senor Governador y Capitán General de la Real Audiencia de estas Yslas, declarándose por sí mismo Governador y Capitán General de todas las Yslas sin authoridad alguna, y aora quede declarado rebelde e inobediente contra las dos M. Gs. por los dos partidos; pero portándose los Yndios con paz y quietud no se les hará por nuestra parte violencia ni agravio alguno y se les dexará el trato y comercio libre como antes le tenían al contrario, sino obstante esta nuestra declaración fueren obstinados en seguir el partido de dicho Senor Oydor serán tratados como rebeldes y inobedientes a ambas M. Gs. Real Palacio de Manila y Noviembre 4 de 1762 años.

A todos ha sorprendido la expresión de que el Senor Anda queda declarado rebelde y inobediente contra las dos M. Gs. por los dos partidos. No podemos comprehender en quienes subsista el partido de los Españoles con authoridad para declarar por rebelde y inobediente al Rey de España un Ministro que le procura servir y obedecer con tanta fidelidad. Los Oydores niegan haber hecho tal declaración, por otra parte debemos suponer la hecha por alguno, pues no es creible se citara en el Bando con la solemnidad, y dexando más profunda investigación, decimos que en el siguiente.

DIA 5. Se cumple el término concedido para completar el millón y muchos de nuestros vecinos se hallan afligidos por no poder satisfacer la parte que los toca porque teniendo fuera el resto que les ha quedado de plata no permiten los Yndios que se traiga para entregarla. Con este motivo prehusen alguna rigurosa persona execución que a algunos quasi se ha pronunciado y ha sido con mayor fundamento temida por el Marqués de Monte Castro por lo que se ha procurado salvar con la fuga abandonando su Cassa y lo que aun le restaba en esta Ciudad.

DIA 6. Se advirtió esta fuga y convocando a Junta los Generales despreciaron en primer lugar una humilidad de representación que hicieron los de Ciudad pidiendo espera para completar el millón, y en segundo lugar pusieron pressos a quatro de los más principales vecinos y al Señor Oydor Decano y fiscal privándoles de comunicación. Se estranó muy mucho que estos dos Ministros fuessen igualmente pressos con los demás por una cossa en que no pueden ser culpables. Pero no para en esto nuestra desgracia.

En el mañana de este día entró una fragata que con un Navío de linea Yngles avían ido a coger al Navío *Philipino*; trae la noticia de haber apresado en su lugar al Navío *Trinidad*.

Salió de esta Baía el día 3 de Septiembre y hallándose en la altura de como 300 leguas fuera del Embocadero. En los días 2, 3, 4, de Octubre padeció mucho dicho Navío *Trinidad* con unos recios temporales; por esto y por haver los pilotos atezado demasiadamente la jarcia, perdió todos los palos quando todos se havían echado a morir, empezó el carpintero de dicho Navío a trabajar con valor e inteligencia hasta que aseguró las vidas con las bandolas que puso y con 18 tortores, que le facilitó la arribada: assí entró en el Embocadero el día 29 sin tener montada la Artillería ha visto por la tarde una vela que se juzgaba ser galera o champán: por la noche se le arrimó la fragata Ynglesa y empezó el combate en que se defendió nuestro Navío con solo tres cañones que tenía montados, de modo que maltratada la dicha fragata y muerta mucha parte de su gente, se retiró antes de dos horas, haziendo 5 palmos de agua y avisó al otro Navío que estaba en los Naranjos en cuyo intermedio se montaron algunos Cañones el la *Trinidad*; pero los accidentes pasados, los muchos tortores y la ambición no pudieron facilitar un buen safarrancho, y el que se previniese mexor para la defensa. Como a las 8 de la mañana del día 30 lo empezaron a balear los dos Navíos Yngleses y duró el combate hasta las 11, que arreó la Bandera después de aver aguantado cerca de 20 cañonazos que no hizieron daño en el casco del Navío, pero murieron como 20 y huvo más de 40 heridos, de los quales han muerto después como 18 o 20. De parte de los Yngleses entre muertos y heridos huvo en los dos combates más de 70.

DIA 7. Huvo en el extramuro un grande Yncendio intentado por los Yndios.

DIA 8. Se ha intimado a todos los Conventos, que no permitan en ellos ni en sus Yglesias a los Franceses para evitar la deserción que de estos experimentan. Y en esta tarde ha avido una gravísima turbación y alboroto, de modo que desampararon los soldados el fortín, por creer que el Señor Oydor Anda venía con 6000 Pampangos no aviendo sido otra cossa que una riña de un Macasar y un Sangley.

DIA 9. Determinan los Yngleses que de nuevo vayan dos Navíos por el Navío *Philipino* con Comissarios de la Ciudad y cartas para que se les entregue la plata que trae a su bordo, y señalan para esta comissión a los dos Ministros de la Audiencia pressos aunque los vecinos lo procuran impedir ofreciéndose en su lugar.

DIA 10. Advirtiendo la Ciudad y Comercio que en virtud de lo Capitulado el Navío *Trinidad* no debe ser pressa, han presentado un escrito al General a este fin pero enterado el General de su contenido lo tiró, bolviendo las espaldas a los diputados sin darles más respuesta que este desprecio.

DIA 11. Salió de esta Baía el General Draper para bolverse a Londres.

DIA 12. En este día entró el Navío *Trinidad* remolcada de un Navío Ynglés de Guerra que lo apressó, cuyo Capitán es Mr. Pacher.

DIA 13. No huvo cossa especial más de aver muerto los Yndios 4 soldados a tiro de fucil de la Muralla y averse descolgado por la muralla 14 soldados franceses con dos Yngleses y aunque estos últimos fueron cogidos, los demás prosiguieron a Bulacan.

DIA 14. Citaron a Junta General a que devían concurrir los Ecclesiásticos y seculares españoles y oy tomó posessión del Corregimento de Tondo un Irlandés radicado y cassado en Manila, con despacho en forma del Govierno Británico.

DIA 15. No hubo cossa especial fuera de un alboroto en Binondo.

DIA 16. Se tubo la Junta aviéndose tardado el Señor Arzobispo fué llamado con precision, y desprecio: llegado fue introducido al Consejo y colocado debajo de dosel a la derecha del governador con quien y sus Consejeros estuvo como dos horas, después de las quales fueron mandados entrar al parlamento todos los concurrentes. El assumpto de esta Junta fue tratar de muchas cossas.

Primeramente leyose un Bando muy difuso cuyo extracto es declarar al Señor Oydor Anda traydor a las Magestades Británica y Cathólica, rebelde, reo de muerte, se concede facultad y crecido premio a cualquiera que lo entregue vivo, se manda pena de la vida que ninguno le obedezca, se confiscan sus bienes y eza. por averse

THE SIEGE AND CAPTURE 109

levantado sin título con el Govierno de las Yslas, héchose obedecer en las provincias contra lo Capitulado en esta Capital. Sobre cuyos excesos ha sido requirido se le ha prometido indulto y otras gracias que ha despreciado y eza.

En segundo lugar se declara rebelde, y etca. el Superior de los Agustinos Calzados se declara no poder vivir en las quatro immediatas provincias, se confiscan todos los bienes, posessiones, conventos, cassas y tierras de su Provincia, se privan de las doctrinas que administran, encargando al Señor Arzobispo las provea de otros Ministros y por reconocer y ayudar a dicho Señor Oydor.

Leyose otro Bando contra el Marqués de Monte Castro con las mismas penas que se imponen al Señor Oydor, por averse ausentado sin licencia. También se imponen en dicho Bando iguales penas si no comparecen hasta el día 22 del corriente al Señor Oydor Galván, a Don Joseph Yriarte Castellano de Cavite, a Don Carlos Velarde, Yerno del Marqués.

Tratose sobre los compromissarios que devían yr abordo de dos Navíos que han de salir para que se entregue el Navío *Philipino* con 1,300,000, que se trahe y con que se completan los dos millones que quieren recibir.

Diose carta por el Señor Arzobispo para este efecto, en cuya margen se pondrían los compromissarios que se eligiessen a la tarde en Junta que para esto se havía de hacer después que desistieron de defuesen con este cargo los dos ministros de la audiencia con aun se hallan pressos, sin saberse porque.

Empezóse a tratar sobre el Navío *Trinidad* si era o no pressa, cuyo assumpto no prosiguió, impidiéndolo el Señor Arzobispo que reservó para sí este tratado para después.

Después se dirigió la plática a los Prelados Regulares sobre los asumptos siguientes.

Primero para que hagan que los Governadores de Naturales de los pueblos que administran viniesen a prestar obediencia al Rey de la Gran Bretaña.

Segundo para que contribuyan con lo que puedan de plata para el cumplimiento del millón, pues sin embargo de aver entragado la plata de sus Yglesias y otras muy crecidas cantidades, esto dicen es plata de Obras pías o del culto divino, no de los conventos y provincias de los quales últimos se pide aora de lo que puedan como miembros que son de esta Ciudad, y que igualmente logran del Beneficio de la generosa capitulación.

Tercero que presenten lista de todos sus Religiosos, Conventos, Yglesias, Doctrinas, y etca.

Acerca de todos estos puntos se disputó y replicó larga y

peligrosamente monstrándose los Religiosos muy constantes en negarse a todos.

A lo primero, que los Religiosos ni podían, ni devían encomendarse de lo que se les encargaba por ser fuera de su Ministerio, contra la práctica de este Superior Govierno, que para semejantes cossas usaba de sus Alcaldes y otros Ministros seculares, no de los Religiosos Doctrineros que no devían los Religiosos exederse en más observancia hacia su M.G. Británica, que la que devían por el juramento, el qual no les obligaba a esto. Ynstaban que devían hacer lo que se les encargaba o retirarse de los pueblos. Los que no eran prelados provinciales decían que ellos no podían mandar sobre los que estaban en los pueblos. Ynstaban que no era infidelidad al Rey de España predicar a los Yndios obedeciessen a S.M.B.

Si respondían los Religiosos que sería infructuosa cualquiera persuasión por estar los Yndios obedientes al Señor Anda no lo creían si devían en los Pueblos los Ministros aun en lo que pertenece a su oficio no pueden cossa alguna sin el auxilio de los Alcaldes y de los Ministros y Justicias Yndios lo desmentían y assí en fin no se podía concluir este punto hasta que pretextando la dificultad de explicarse por Ynterprete se pidió ordenasen esto mismo por escrito, y cesando en él se pasó al segundo.

A este respondieron excusándose con la probreza a que avían quedado reducidos que no pudieran aver entregado la plata labrada de sus Yglesias si tuvieran otra con que averla redimido. Que los depósitos que se avían entregado eran los bienes de Conventos y Provincias, pues sus productos se destinan en favor de ellos mismos con otras cosas que sobre añadieron en su respuesta.

Y a lo tercero, en fin respondieron que no podían dar razón de sus Provincias por no ser Provinciales sino Superiores sólo de los Conventos de esta Ciudad.

Sobre todas estas cossas se hablaba y preguntaba a cada uno en singular, y aunque la respuesta de todos fue una el Prior de los Agustinos fue el solo penitenciado mandándole se quedase preso en Palacio, de donde después fue llevado a su convento con 13 soldados, privado de comunicación.

DIA 17. En esta noche pasado ha avido de la otra parte del río un Yncendio que abrazó más de 400 cassas, muchas de ellas muy ricas, y en esta mañana se han publicado en los Extramuros y fixado los Bandos contra el Señor Anda y los demás que referí ayer.

DIA 18. Aviendo llegado a esta Ciudad algunos de los que iban en el Navío *Trinidad* refieren como también cogieron los Yngleses los pliegos que llevaba dicho Navío, pues aunque se echaron al agua no se hundieron por no poder penetrar al agua a lo interior. Con este motivo se han publicado los despachos que iban para Europa. Se han leydo los informes, los pleytos y otras cossas, que manifiestas en la Ciudad, fomentará la divición que siempre ha reynado aquí y que aora más que nunca es muy perjudicial.

A allegado tambien oy un Religioso Agustino acompañando a una Tropa de Malabares que viene de Cavite, siendo dicho Religioso presisado a esto por el Almirante Cornish para que viniese con seguridad, imponiéndole la pena de ser él el primer muerto en caso de alguna emboscado o irrupción de los Yndios.

DIA 19. Salieron dos Navíos con los quatro señalados Compromissarios en busca del *Philipino*.

DIA 20. Ya finalmente oy sale tropa a deshacer el Govierno de Señor Anda consta de cerca de 500 soldados con dos cañones, peltrechos y etca. y gran multitud de sangleyes que sirven de cargadores y faginantes. Dirígese contra el Pueblo de Pasig no por el río como se esperaba, sino por tierra por dirección de algunos nuestros o avergonzándose de guiarlos y dirigirlos en compañía de un mestizo un tal Zapata, corregidor que fue de Tondo y bastantamente conocido aun en Madrid por sus iniquos procedimientos. En esta noche una patrulla de Yndios se vino al arrabal de Sta. Cruz y uno de ellos se entró en Cassa de un Ynglés que vive en dicha Calle con su Cuerpo de Guardia y queriéndolo detener el centinela lo mató y asegurado immediatamente por dos que ocurrieron, se libró de ellos dándoles la muerte con indecible celeridad.

DIA 21. Se sabe que en Cavite ha sido preso el Cura por discurrirlo autor de una conjuración que se discurrió cierta contra los Yngleses de aquel puerto, que después fue llevado a un Navío y aclarada la verdad se le ha dado livertad. Oy ha salido una embarcación con viberes para la tropa y se ha vuelto sin poder proseguir por imperdirlo los Yndios que con algunos pedreros y un cañon guardan la subida del río.

DIA 22. Se han visto bajar tres Yngleses muertos por el Río y se sabe de cierto que aviéndose adelantado de la tropa el Conductor Zapata con algunos pocos ha sido encontrado por el Capitán Don Joseph Bustos y entendida su comisión le ha dado muerte, y a algunos Malabares.

DIA 23. Se ven pasa por el río otros vestigios de muertos.

DIA 24. No huvo cossa especial.

DIA 25. Una patrulla de Yndios se atreve a entrarse hasta cerca del fortín. Sale un piquete de soldados, de estos matan seis, se llevan siete franceses y también a un oficial español, que avía salido a pasearse. En esta noche salen de su prisión los Ministros y Españoles.

DIA 26. Se ha sabido lo sucedido en Pasig a donde se dirigió la tropa que salió el día 20. Es este Pueblo de Pasig como los demás de los Yndios en los quales no hay más cassa de piedra que la Yglesia y Casa del Doctrinero que se dice Convento: Consistía su fortalesa en dos trincheras, una en el Calzada de Mariquina, y otro junto a un puente por donde se passa al pueblo que se halla aislado de ríos. Tenían los dos trincheras cada una seis Cañones de diversos calibres que guardaban los Yndios solos sin español alguno, aunque el la del puente estaba el Rey de Joló con su familia es una y otra parte lograron aprovechar algunos cañonazos, pero haviendo huido el Yndio principal que governaba a toda aquella gente por estar ganado según dicen por los Yngleses, se suspendió el disparar; por otra parte el principal artillero era uno que avían hecho desertar de la Plaza, que con pretexto de asegurar el tiro dió lugar a que montasen la trinchera. Con esto se desordenó toda aquella gente, desamparan al Rey de Joló, y se ven todos precisados a huir, pues no alcanzaban con las flechas adonde eran muertos con el fusil. Assí tomaron dicho Pueblo aviendo muerto de los Yndios poco más de 50, los más de estos al pasar el río, otros hallándose refugiados en una Hermita de parte de los Yngleses murieron como 80 hombres. Fue hecho prissionero el Rey de Joló con su familia, y se disolvió por otra la muchedumbre que enfestaba al río y impedía bajasen los bastimentos.

DIA 27. Fueron presos en su Convento de esta Ciudad todos los PP. Agustinos por atribuir a ellos los Yngleses la resistencia que expressan los Yndios en admitirlos. El Señor Arzobispo oy celebra una Junta en que trata de que hipotequen los vecinos sus alajas y bienes a favor de los Yngleses para el cumplimiento del millón.

DIA 28. Vinieron los Yndios de Parañaque a someterse al Govierno Británico.

DIA 29. Vinieron a rendir la obediencia a los Yngleses los del Pueblo de Tambobo y también hubo fuego en Binondo.

Hemos sabido en este día que ayer remitieron los Yngleses a todos los Conventos una carta que traducida al castellano es del thenor siguiente:

Rdo. Padre:—Sabiendo al gran influxo que su Orden tiene y debe tener en las diferentes provincias y persuadidos del deseo que tiene de que vuelva la paz y tranquilidad esperamos y nos prometemos con el modo más eficaz para que se consiga fin tan deseado, que V.R. pondrá todo connato en aconsejar a los Yndios que se avengan a la presente mudanza del govierno asegurándoles que podrán gozar de su Religión y Hazienda y en todo lo demás tendrán la misma protección y amparo como quando se hallaban baxo el Govierno Espiritual y para que los bien dispuestos no padezcan entre los alborotadores del paíz que podrá V.R. conseguir el que los principales de los pueblos vengan para darse a reconocer y aquí reconozcan a M.G.B. Al mismo tiempo hemos reparado con sentimiento que V.R. no ha hecho tanto casso, como se devía de la Capitulación que dio a los havitantes las vidas y otras muchas gracias contribuyendo su parte a los 4 millones estipulados por un favor tan grande: con solo mentar esto nos persuadimos que tendrá el efecto correspondiente. Pedimos que V.R. nos envie una lista de los particulares de su Comunidad, señalando los lugares de su manción y las Yglesias donde celebran sus Oficios.—Quedamos—R.P.—Sus más obedientes siervos—Daussonne Drake—Y.L. Smith—Henrríque Broke—Claudio Russell—Samuel Johnson.[8] Manila 26 de Noviembre de 1762 años.

A esta Carta han respondido los Religiosos discreta y sabiamente reproduciendo la imposibilidad de poder influir en los Yndios lo que se les ordena como en la Junta lo hicieron, confesando que el Señor Oydor Anda es Governador de las Yslas; que los Religiosos no tienen influxo eficaz sin la ayuda de los Ministros del Rey y a quien en su Governador el Señor Anda obedecen todas las Yslas. Que no pueden contribuir más, ni assimismo dar lista de los Reliogiosos y estado de sus provincias por las mismas razones con que en la Junta se excusaron.

DIA 30. Celebraron los Escoseses que ay en la Tropa Ynglesa el día de S. Andrés con música por las Calles, por la tarde entraron unos 50 soldados Europeos Yngleses con un official que traían preso al Prior del Pueblo de Parañaque Agustino Calzado contra esta Religión están notablemente irritados los Yngleses porque en todos sus Ministerios próximas a Manila no quieren los Yndios sugetarse al nuevo Govierno Británico: al medio día ahorcaron a tres Yndios que cogieron la noche antes cerca de las Cassas donde se prendío el fuego: Por la tarde entraron en la Plaza dos Sipayes muertos y uno mal herido de resulta de una boruca que huvo con los Macasares que estaban en S. Fernando cuydando de sus efectos de comercio. Por la noche a las 8, al disparar el cañón que precede a la retreta, se encendió la Pólvora que estaba en la garita de la Fuerza de Santiago, el estrago que hizo al volarse dicha garita, fue haver muerto tres soldados o artilleros y haver quedado mal heridos otros tres; y entre ellos un oficial a quien las piedras maltrataron todo su cuerpo.

DICIEMBRE

DIA 1. No huvo cossa especial a exepción de aver mandado incendiar el Corregidor de Tondo un Cazerío en la otra parte del río sin permitir sacasen sus dueños lo que tenían dentro.

[8] For Dawsonne Drake, John Smith, Henry Brooke, Claude Russell and Samuel Johnson.

DIA 2. Aviéndose publicado que a los Religiosos Agustinos de esta Ciudad los querían embarcar para Bombain,[9] presentó el Prior un Escrito con el fin de impedir el Embarque pero sin provecho porque el.

DIA 3. Fueron llevados a los Navíos 7 Religiosos después cogieron y embarcaron a los Padres de Guadalupe y Taguig y a otros Religiosos de esta Orden que se hallaban en Cavite.[10] En este día y mañana.

DIA 4. Han baxado muerto por el Río 5 o 6, Yngleses y Sipayes.

DIA 5. No huvo cossa especial, lo mismo el siguiente.

DIA 6. A exepción de haberse puesto sobre las armas y presos a los Yndios que entran en la Ciudad para valerse de ellos.

DIA 7. Desde que lleban a bordo de los Navíos a los Padres Agustinos hasta oy no han cessado de yr y venir al Convento de S. Agustín muchos oficiales Yngleses a solicitar de tres Legos Viejos que han quedado donde podrán encontrar plata escondida. Se han valido para esto de los Yndios Sirvientes, y un Lego flamenco de la misma Orden a cooperado para que ayan podido acertar con los lugares adonde avían ocultado plata Labrada y acuñada hasta cantidad de 30,000 pesos según unos o de 60,000 pesos según otros, aviendo sido lo más sensible que para aprovecharse de la plata de los muchos Relicarios que en un mismo Altar curiosamente se guardaban ayan sido iradas las Sagradas Reliquias, algunas de ellos Cuerpos o partes muy principales; tantos motivos de dolor para los Agustinos se añade la miseria con que los tratan en los Navíos, pues son iguales con los grumetes en la ración pero no en la livertad de poder buscar otra mexor o recibir lo que les mandan.

DIA 8. Han entrado en la Ciudad el Rey de Joló, su Hijo y familiares a quien han obsequiado muy mucho el Governador y Consejeros disparando la artillería a su entrada con otras expresiones honoríficas con la que le dan a entender que será más feliz con ellos que con los españoles.

DIA 9. Salieron dos Compañias de la Plaza para la Loma, donde dicen que se han reagregado muchos Yndios: pero se han vuelto sin aver obrado cossa alguna, pero al anochecer ha traido un Yndio una Carta para el Governador de la Plaza con la firma *Los Pampangos*. En la que le dicen que es Governador sólo de Manila por que la ganaron, y de Cavite porque sólo entregaron, pero no de las Yslas; de las quales es el Señor Don Simón de Anda a quien todas veneran y servirán en prueba de su lealtad al Rey de España hasta morir, que con esta deliberación han venido a estas immediaciones que

[9] For Bombay.
[10] See Document 118 for Cornish's version.

THE SIEGE AND CAPTURE 115

si los quiere destruir como se lisonjean lo pueden hacer que con facilidad lo conseguirán con solo salir a donde los esperan, y etca. Ha causado la mayor irritación este aviso y desde la hora de su recivo no han cesado de disponer lo necessario para salir mañana. Han se traido esta noche 200 marineros que suplan aquí y dispuesto todo lo necesario al siguiente.

DIA 10. Como a las dos de la madrugada empezaron a salir de la Plaza la tropa reglada de Europeos y Sipayes y los que conducían tres Cañones, dos Carros de Peltrechos y Pólvora que en todos serían muy pocos menos de mil hombres, tan seguros de el prompto despacho y buelta que no llebaron alguna provición de boca. La gente a que iban a derrotar serían en todos como otros tantos, pues aunque no distaba mucho del sitio muchedumbre de Pampangos, fueron inservibles no dando lugar a que se hallasen con los demás sino que huviessen, la infidelidad de que los Comandaba por hallarse sobornado por parte de los Yngleses a diligencia de un español infiel. La porción restante se dividió en tres trozos, el uno de quien era cabecilla un mestizo llamado Matheo, o Coronel, se componía de fuciléros hasta 70 estos eran los más franceses desertores, los demás españoles de la tierra y Mexicanos y algunos Europeos, y Yndios los quales ocupaban el camino y antes de estos se hallaban cada uno de los otros dos trozos emboscados. El uno de estos eran flecheros muy diestros comandados por un Pampango llamado Joseph Manalastas, el otro los más eran de a cavallos, y lanceros y algunas con armas de fuego, de todo género de gente. Quando llegó la tropa estaban en esta disposición y dexándolos seguir a los que ocupaban el camino quando estos dexaron de retirarse afectando que huían y se bolvieron contra la tropa todos a un tiempo acometieron y causaron un total desorden con una mortandad increibles en el poco tiempo que duró, pues desordenados los seguían los Yndios a su arbitrio con espada y lanza ocultándose unos y huyendo otros que desde la hora en que sucedió, que sería cerca de medio día no cesaron de verse venir huyendo a la heshilada y sin armas, unos sanos, otros heridos hasta la tarde que se divisaban ya mayores porciones de las quales a las siete de la noche ordenaron los Oficiales Yngleses dentro de la calle de Sta. Cruz un cuerpo de hasta 200 hombres que en esta noche entró en la Plaza con la Pólvora y provición de comida que se les mandó por la mañana dexando los heridos en Meyhaligue que está junto al arrabal de Sta. Cruz. De parte de los Yndios sólo han muerto 8 hombres y 7 cavallos; y de parte de los Yngleses se tiene por cierto que no baxan de 400 los muertos, y los heridos de flechas han sido muchos. La dedrota [derrota] ha sido innegablemente desordenaba [desordenada] y tal qual no se podía esperar. Cuentan los mismos Yngleses que aviéndose empeñado un piquete de granaderos en recoger a tres Yndios que se hallaban en una cassa les mataron estos 8 y al último se escaparon ilisos. Por esso en esta noche se han traydo de los Navíos más Marineros y prohibido la entrada en la Plaza a los Yndios y Guachinangos, con este nombre se distinguen aquí los Españoles Mexicanos. En la Cassa de Maysilo que quemaron después quando formándose los que pudieron recoger los Oficiales se retiraron los Yndios quemaron según dicen como 70 cadáveres; y allí cogieron algunos títulos que el Señor Anda avía dado a algunos de los que avían convertido en dicha función, de cuyo contexto se han indispuesto mucho los Yngleses pues en ellos son tratados de ladrones, piratas y otros títulos abominables que refería el Señor Anda para estimular a los Yndios al servicio del Rey. Pero estas indecorosas expressiones fueron al parecer supuestas por el interprete; pues el día siguiente ya no expresaban sentido sino confesaban su buena conducta y que los Yngleses avían errado el publicarlo rebelde, sirviendo dicho Señor a su Rey con tanta fidelidad.

DIA 11. No huvo cossa especial prosiguen apareciendo algunos más Yngleses a Meyhaligue.

DIA 12. Mataron los Yndios a un oficial Yngles en Binondoc y de Meyhaligue ha salido para la Loma la Tropa que allí se ha quedado sin entrar y aunque se ha retirado todo el gruesso de los Yndios que pelearon antes de ayer aun han quedado algunos flecheros, por lo qual se han vuelto a Meyhaligue los Yngleses.

DIA 13. Después de aver salido algunos Yngleses de la Plaza a la deshilada para el sitio de Meyhaligue se han juntado estos con los que allí estaban y entrado formados en la Plaza. Oy ha sucedido que aviendo llamado a un Padre Dominico para confesar a uno que avían de ahorcar, como lo detuviessen mucho al padre sin permitirlo llegar a donde estaba el presso, procuró hablar con el official de guardia pero no entendiéndolo este llamaron a un negro que parece sabía Castellano con el qual empezó a hablar al Padre para que dixesse al official le permitiese confesar al presso para que avía sido llamado. Al mismo tiempo entró a otro Official superior y por verlo solo hablar con el negro sin otra diligencia lo puso presso, después lo subieron al Consejo y de allí lo bajaron a ponerlo delante de un cañón para donde lo llevaban ya con mecha encendida, pero observado por el mismo negro el paso, suplicó no prosiguessen, subió y declaró lo que avía passado y se suspendió la execución quedando todos muy sorprendidos de ver un orden judicial tan irregular.

DIA 14. Llevaron presso a Palacio al sargento mayor de la Plaza por solo la deposición falsa de un Sangley, pero enterado el gobernador de quien era y la verdad lo mandaron libre.

DIA 15. Salió de la Plaza un trozo de como 70 soldados que bolvieron a la tarde trayendo presso al Vicario de Tambobong, Religioso Agustino, porque dicen que acogió en su convento a un Desertor, ni el lo ha negado, pero dice que el no devía hacer otra cossa, pues era exponerlo a la muerte, que no devía hacer.

DIA 16. No huvo cossa especial.

DIA 17. Han muerto en Pasig a algunos Yngleses.

DIA 18. Por la mañana salió un piquete de soldados, y trajo preso al Prior de San Sebastián, Agustino Recoleto, porque dicen que alabó a un Yndio el hecho de aver muerto a un Sargento Yngles días pasados. Esto dicen, lo dixo el mismo matador que estando para ahorcarlo se escapó, de modo que no se puede averiguar la verdad, tan ligeramente como esto se procede oy día contra los Ecclesiásticos. Pero los Religiosos son el objeto de la indignación todo lo sagrado padece violencia y en esta Ciudad, donde se padece, no hay consolación. Pero sirve de consuelo muy grande el padecer por servir a Dios, al Rey, a la patria, siguiendo al Señor Anda, que mantiene la authoridad Real.

Oy ha llamado el Governador Británico al P. Fr. Antonio de Luna Guardián de S. Francisco de Manila, y le ha hecho cargo por que no baja vino de los Montes de la Laguna. Dicho Padre le ha respondido que sabe de cierto que baxa aunque impide llegue a Manila los mismos Yngleses y que aunque no baxe, no lo hagan los Yndios, no pueden ser compelido a estos por los Religiosos Doctrineros como cossa agena de sus officios fuera de ser V.oluntario en los Yndios, el hacerlo o dexarlo de hacer sin poder ser compelidos a esto por ninguna potestad, como con efecto jamás lo han sido aunque en algún tiempo lo hayan dexado de hacer y mucho menos debe ser responsable el Guardián de Sn. Francisco por esta omisión, pues ni es dueño de los cocales de los Yndios ni tiene ninguna obligación a este o otro abasto. No obstante esto ha sido amenazado de que el y sus frayles serán embarcados, que sus Conventos serán confiscados y derribados si no escrive para que los padres de su Orden estimulen a los Yndios a que hagan y bajen vino a esta Ciudad. Oprimiendo así a los pocos inermes que están en Manila quieren los Yngleses subiugar todas las Yslas. Pero sucede al contrario, pues no se cautiva la voluntad con semejantes procedimientos.

DIA 19. Dieron livertad al Vicario de Tambobong y al Prior de San Sebastián le pusieron grillos y desde este día y en los siguientes.

DIA 20, 21, 22, 23. No ha avido cossa especial a excepción de ordenar de las calles se iluminen desde la 8 de la noche, que los criados no puedan entrar y salir sin pasaportes; pídese razón de las Cassas y familias y etca. También de averse visto un Barco de dos palos fuera de Marivelez que últimamente se sabe es uno de este Comercio que venía de China ignorante que la Ciudad estaba tomada por los Yngleses; pero aviéndolo sabido al entrar, se ha podido salvar, retirándose a Zambales.

DIA 24. Se avistaron belas fuera de Mariveles que han constenado mucho a esta Ciudad; pues como desde Septiembre se habla de que es factible venga aquí alguna Esquadra ya francesa de la Costa, ya Española por la costa del Peru, según indican las noticias que por una y otra vía han llegado, se ha recelado no fuesse alguna de ellas. Añádense a estos las irrupciones que diaria y abiertamente hacen los partidarios del Señor Anda que molestan mucho a la tropa con las continuas alarmas y salidas que hacen y se destacan en los arrabales. Han celebrado oy los Yngleses la Pascua de Navidad con enrramadas, salva, mússica, conbite y comunión sub utraque en la Capilla Real que de aquí en adelante servirá a la Nación Ynglessa.

DIA 25. Prosigue oy el temor y prevenciones que ayer.

DIA 26. Se ha disipado el temor aviendo sabido que eran Barcos de los Yngleses.

DIA 27. Salieron para Bombain los Navíos que llevan a los Padres Agustinos va en ellos un español para dar quenta al Rey nuestro Señor de la toma de esta Plaza. Pero los españoles no pueden disimular el sentimiento que han concebido viendo elegir para esto a uno de quien no tienen la mayor confianza y que este tal se aya negado a llevar carta de ningún otro que su Sa. Illma. por quien dicen se halla ligado con excomunión para no admitir carta alguna.

DIA 28. Mataron en Bonondoc de un flechazo a un oficial Ynglés.

DIA 29. Se ha sabido por cierto lo sucedido en un pueblo cerca de Bacolor en la Pampanga a donde a la sazón estaba el Señor Anda. Desde el día 25 no cessan de entrar Sangleyes en el Parián o Alcayzería aunque lo admirabamos no sabiamos la causa, y entendemos oy vienen huyendo de la muerte. El crecido numero de Sangleyes, que sin duda pasa de 7,000, residentes en el Parián y esparcidos en las provincias desde luego que se tomó Manila se inclinaron a los Yngleses; y últimamente o por orden de estos, o con independencia de él han determinado conjurarse contra el Señor Anda, los españoles, Religiosos y Yndios de las Provincias de Bulacan y Pampanga. Para este efecto fueron concurriendo los más exforzados al Pueblo de Guagua en la Pampanga donde se armaron e hicieron trincheras con el pretexto de guardar aquella parte de los Yngleses. Pero aviendo los Yndios interceptado unas cartas en lengua y caracteres Sinicos, aun sin entenderlas se sospechó de ellas que contenían alguna maldad: por esto se procuró por el Señor Anda apremiar a los portadores que con la esperanza de la vida dixeron su contenido que también interpretó un Sangley fiel. Averiguando por este y otros mestizos todo lo que conducía a esta conjuración que se devió efectuar la noche de Navidad, matando en Bacolor al Señor Anda y los demás españoles Ecclesiásticos y Seculares, practicando lo mismo en otros pueblos a los quales se avían también de incendiar. Enterado de todo el Señor Anda procuró componerlo por bien y con efecto lo creyó compuesto, por la fixión con que hablaron los Chinos a un Religioso y la credulidad de este. Pero yendo en persona a dicho Pueblo el Señor Anda se desengañó en sí mismo de la continuada trayción, pues en estando a tiro le dispararon y se declararon abiertamente enemigos. Visto esto acudió la gente de armas que allí se hallaba con sus cavezas, los nombrados Manalastas y Coronel. Aseguran la Persona del Señor Anda y empiezan a vencer dificultades y una resistencia increible. Un puente defendía primero a los rebeldes, y pasado este un grande brincherón. No pudiendo los Yndios vencer el Puente de donde los hicieron retirar muchas vezes, pasaron por otra parte y los atacaron y aunque experimentaron la misma resistencia; después de seis o siete horas de trabajo finalmente los asaltaron y los deshicieron a cuchilladas a los más, matando a más de 80 y cogiendo pressos como 208 que promptamente fueron sentenciados a muerte. De toda esta chusma solo confesaron 8 o 9, los demás rehusaron el querer confesarse, diciendo que para que era confesarse si avían ya de morir, otros rogados en Nombre de María Santíssima lo hiciesse decía que para que servía ya Sta. María y aun algunos dixeron que si tenían fortuna en muriendo se convertirían en diablos. Dentro del lugar donde estaban encerrados se hallaron 18 ahorcados y se cree se huvieran ahorcado los más si huvieran tenido cordeles y sitio executose este suplicio mandándoles salir una a uno y dándoles la muerte y como a lo último no quisiessen ya salir desde la puerta se acabó con el resto matándolos a balasos. Encontrárónseles peltrechos de pólvora algunos fuciles y lanzas y todos los muertos avran sido más de 400; de parte de los Yndios han muerto 11, y ha avido bastantes heridos. Ha despachado orden su Señoría para que passen a cuchillo a todos los Sangleyes que se encuentren que en muchas partes se ha executado después huyendo los demás a refugiarse en el Parián de Manila. Son dignas de admiración en este casso la Providencia Divina en primer lugar que ha librado a los españoles y Yndios de este peligro, después la fidelidad de los Yndios en defender tan fiel y valorosamente al Señor Anda a los españoles y assimísmo; por el contrario causa horror el referido proyecto por parte de los que lo han influido y executado. Dícese se avía prometido a los Sangleyes la mitad de la plata de la Capitulación que son dos millones, si por este medio conseguían el sujugar las Provincias de Pampanga y Bulacan. Otros dicen que los Sangleyes con pretexto de sujugarles para los Yngleses querían señorearse de ellas. Acabando primero con los españoles y después si podían con los Yngleses: Nada puedo asegurar sólo el que los Sangleyes Mercaderes y de combeniencias parece que no se han mesclado en esta conjuración. Oy echaron de su convento a tres o quatro Religiosos que quedaban.

DIA 30. En estos días passados y oy con más biveza se habla de que irá tropa a Bulacan aunque los Sangleyes que avían prometido yr se escusan ya.

DIA 31. No huvo cossa especial.

49. *Terms for surrender proposed to the British, 6 October 1762. A.P.T., I, fos. 26–7.*

Proposiciones, que hace a los Excelentísimos Señores Generales de su Magestad Británica el Arzobispo Governador con acuerdo de la Real Audiencia, y Cavildo de Ciudad, y Comercio.[1]

Primera. Que se concedan a la guarnición de esta plaza, y a la del castillo de Santhiago, y igualmente a los ministros de S.M. Cathólica, y al vecindario los honores militares, y los demás correspondientes a la graduación, que cada vno tenga salbas sus haciendas y personas con livertad, y franqueza, como la han tenido hasta aquí.

2^a. Que se mantendrá y conservará la religión cathólica romana en el egercicio, y funciones de su ley evangélica por su pastor, fieles y ministros.

3^a. Que se puedan restituir las familias que se han retirado de esta plaza y las demás que se hallaren dispersas, indemnizadas sus personas y bienes.

4^a. Que esta misma indemnidad, franqueza, y livertad se entienda por todas las personas de ambos sexos hauitantes en la ciudad, sin que se les perjudique, moleste, ni aflixa en su comercio interior.

5^a. Que considerada la entera satisfacción y política de los ex-

---

[1] When Rojo realized that the British attack on the breach opened near the Bastion San Diego had been successful, he retired with a few advisors to Fort Santiago, showed the white flag of surrender and began drafting terms for capitulation, which he personally gave to Draper when he entered the fort. See 'Rojo's Narrative', B.R., 49: 213.

THE SIEGE AND CAPTURE 121

celentísimos señores generales británicos, dauan la más efectiba, y egecutiba orden, para evitar los desórdenes y mantener la quietud de la plaza, y arrabales, castigando a los agresores y contraventores a sus superiores ordenes.

6ª. Que se permita el que quede libre, y franco el comercio de dicha ciudad, y sus avitantes de la misma manera, y como antes le tenían, y que para ello se les conceda a su tiempo los pasaportes correspondientes.

7ª. Que asimismo quede franco, y libre el trafico y comercio de víveres, y vtensilios de los naturales del país, sin que se les haga oposición, ni extorción alguna pagándoseles, como hasta aquí se ha hecho, sin alteración lo que importaren.

8ª. Que el govierno eclesiástico quede indemne, y libre para la instrucción de sus fieles expecialmente de los patricios naturales.

9ª. Que el vso, y egercicio del govierno económico de la ciudad quede en su franqueza, y livertad.

10ª. Que para los negocios políticos, civiles y de derecho quede a su authoridad como antes la real audiencia, a fin de que por su m[. . . ?] se eviten los desórdenes, y que los insolentes, y culpados queden respectibamente castigados.

11ª. Que dichos ministros y offiziales reales han de ser indemnes sus personas y bienes, manteniéndose en sus honores, y con la congrua suficiente a su manutención, y decencia, siendo responsable S.M. Cathólica a la satisfación, quedando por este medio dichos ministros bajo la protección de S.M. Británica, como los demás vecinos y naturales.

12ª. Que las familias y demás personas del vecindario de esta plaza puedan salir a vivir fuera de ella como les convenga. Que en consideración de la decadencia grande de este comercio, que es notoria, ofrece la cantidad de trescientos mil pesos por la indemnización de las personas y bienes de los ciudadanos y havitantes para subvenir a los gastos de la esquadra británica con la calidad que los señores generales hacen se restituyan los saqueos, que con gran dolor se han experimentado aun en las iglesias, casas y palacio real, y arzobispal, pues avnque por dichos señores ofiziales de S.M. Británica se han proporcionado las providencias para evitarlos, efectibamente se han padecido.

Real Palacio de Manila, y Octubre 5 de 1762.

  Manuel Antonio Arzobispo Governador y Capitan General de las Islas Philipinas.

Firmada del Arzobispo Oidores y demás sujetos de ciudad y Comisario.

Es copia de la Capitulación para la rendición cuio original fue firmado por S.S. Ilustrísima. Señores Oydores, y demás concurrentes en la fuerza hoy cinco de octubre de 1762.

Monroy

50. *Reply of the British Commanders to the Spanish Proposals, 7 October 1762. A.P.T., I, fo. 33.*

Proposals made to their Excellencies His Britannick Majesty's Commanders by Sea and Land, by His Excellency the Archbishop, Captain General of the Philippine Islands, the Royal Audience, the City and Commerce of Manilla.

Article 1st. That the Effects and possessions of the inhabitants shall be secured to them under the protection of his Britannick Majesty, with the same liberty they have heretofore enjoy'd. (Granted)

2d. That the Catholick, Apostolick and Roman Religion be preserv'd and maintain'd in its free exercise and functions by its pastors and faithful ministers. (Granted)

3d. That the families which are retir'd into the country may have free liberty to return unmolested. (Granted)

4th. That the same indemnification and liberty may extend to all persons of both sexes, inhabitants of the city, without any prejudice or molestation to their interior commerce. (They may carry on all sort of commerce as British subjects.)

5th. Having great confidence in the manners and politeness of their Excellencies the Britannick Generals, hope they will [use] their best endeavours in preserving peace and quietness in the city and suburbs, chastizing all people who shall dare to oppose their superior orders. (Granted)

6th. That the inhabitants of this city may enjoy the same liberty of commerce as they have had heretofore, and that they may have proper passports granted them for that end. (Answer'd by the 4th Article.)

7th. That the same liberty may be granted to the natives of the country for bringing in all manner of provision etc., according to their usual method, without the least opposition or extortion, paying for them in the same manner as hath been heretofore practiced. (Granted. NB. Anyone coming in with arms will be put to death.)

8th. That the Ecclesiastical Government may be tolerated and have free liberty to instruct the faithful especially the native inhabitants. (They must not attempt to convert any of our Protestant subjects to the Popish faith.)

9th. That the use and exercise of the Oeconomical Government of the City may remain in its same freedom and liberty. (Granted)

10th. That the authority as well political as civil may still remain in the hands of the Royall Audience, to the end that by their means a stop may be put to all disorders and the insolent and guilty be chastized. (Subject to the superiour controul of our Government.)

11th. That the said ministers and royall officers, their persons and goods may be in full security and be maintain't in their honours, with a stipend sufficient to support them, His Catholick Majesty being answerable for the same. Upon these conditions the above mentioned ministers will be under the protection of his Britannick Majesty, in the same manner as the rest of the inhabitants. (His Catholick Majesty must pay for their support.)

12th. That the inhabitants may have liberty to reside within or without of the city, as shall be most convenient for them. (Still subject to the revocation of our government, if they find it necessary.)

S. Cornish, William Draper
Done at Head Quarters in the City of Manilla this seventh day of October: One Thousand seventeen hundred and sixty two.
Charles Pemble, Aid de Camp and Secretary.

51. *Conditions offered to the City of Manila by the British Commanders, 6 October 1762. A.P.T., I, fo. 28.*

Manila, Octo. 6, 1762.
Conditions on which the City of Manila shall be preserved from plunder, and the inhabitants preserved in their religion, goods, liberties and property under the government and protection of His Britannick Majesty.[1]

The Spanish officers of every rank shall be esteemed as prisoners of war, upon their parole of honour, but shall have the liberty of wearing their swords; the rest of their troops of every degree and quality must be disarmed and disposed of as we shall think proper; they shall be treated with humanity.

All the military stores and magazines of every kind must be surrendered faithfully to our commissary and nothing secreted or damaged.

---

[1] In an initial period of pillage lasting six hours, much of the city was plundered, including churches and private houses. Both Chinese and Filipinos joined the troops in the pillage. Another thirty-hour period of pillage followed which Draper was powerless to prevent. *Ibid.*, 214–15. See Documents 52–6 for sworn testimony on looting.

His Excellency the Governor must send immediate orders to the Fort of Cavite and the other forts under his command and dependent upon Manila to surrender to His Britannick Majesty.

The propositions contained in the paper delivered on the part of His Excellency the Governor and His Council will be listened to and confirmed to them upon their payment of four millions of dollars, the half to be paid immediately, the other half to be paid in a time to be agreed upon [and hos]tages and security given for that purpose. S. Cornish, William Draper.

52. *Proposals of their Excellencies His Brittanick Majesty's commanders in chief which are agreed to by the Most Illustrious Governor of these Islands as likewise the Royal Audience, the City and Commerce, with the clergy both secular and regular.* [*P.R.O., Adm. 1/162 (2), fo. 44.*]

1. That the governor would give immediate orders for the delivering up the Port of Cavita with its fortifications, which has been executed by an order to the Castilian of the said port which was shown to their Excellencies and sent to the Serjeant Major of the said port. 2nd. To satisfy the four millions of dollars which are immediately demanded by the aforementioned commanders in chief, all the capitals of the public funds, such as the Misericordia, the Ordentercera, and the religious communities, as also what belongs to the archbishop which shall be found in being; and what shall be wanting of the complement of the said four millions shall be made up by the capitals which the ship *Philipina* shall bring in with condition that if the said ship should be taken by His Brittanick Majesty's ships before the time that the advice dispatched by His Excellency the Governor shall arrive to her, ordering her to come into this bay, or if the capital therein should not be sufficient to compleat the said four millions, they will give a bill on His Catholic Majesty and if the said ship should not be taken with the capital therein contained at the time that the commander of the ship *Philipina* may receive orders to conduct her here, the whole shall be given up to make up the sum of the said four millions. But in case there should not be sufficient to make up the whole sum, they will give bills on the treasury of His Most Catholic Majesty.

In this manner the said proposals are agreed to on the part of His Excellency the Governor and his Council and confirmed by their Excellencies the Brittanick Chiefs, according to the fourth proposition of their Excellencies bearing date the sixth day of October 1762.

THE SIEGE AND CAPTURE 125

Signed by the Archbishop and the Ovidores of the City of Manila.
Counterpart signed by Rear Admiral Cornish and Brigadier General Draper
(A true copy, S. Cornish)

53.. *Testimony asserting that the house of Josepha Agustiana de Larraguiver was pillaged of 7,000 or 8,000 pesos in clothes, jewels and religious objects of devotion. On the second day of the pillage Draper killed a man in the house whom he caught in the act of looting. Binondo, 31 January 1763. A.P.T., III, fo. 57.*

Doña Josepha Agustina de Larraguiver, vezina de la ciudad de Manila, viuda del capitán don Martín de Echeverría y suegra del capitán don Joseph Raphael de Azevedo, digo bajo de juramento que lo hago por dios nuestro señor y una señal de la cruz: Que es verdad que en el día que entraron los ingleses dentro de la dicha ciudad me saquearon y robaron los dichos mi cassa por quatro vezes en donde me mantube hasta el dicho día del saqueo y me llevaron quanto encontraba dentro de ella como baules enteros con alajas y vestidos, imágenes adornadas y casi todos los omenajes de ella destruidas e inservibles me dexaron como consta a los vezinos de la dicha ciudad y al almirante Drapert que el día siguiente mató a uno dentro de la dicha mi casa que entró a robar[1] y salí de ella en cuerpo sin poder llevar cosa alguna ni un manto con que cubrirme ni ropa que poner, y todo lo que me saqueó importara siete o ocho mil pesos poco más o menos. Así lo declaro y ratifico debajo del dicho juramento. Bin[on]doc y henero 31 de 1763 años. Josepha Agustiana de Larraguiver.

54. *Testimony asserting that the Dominican province lost 7,870 pesos in the attack on Manila and that English soldiers and sailors took sacred vestments and silver ornaments from their churches. Manila, 4 February 1763. A.P.T., III, fo. 63.*

Fray Pedro Luis de Sierra del Orden de Predicadores, Vicario Provincial de esta provincia de Manila, certifico y juro *in verbo sacerdotis* que en el saqueo executado por las tropas terrestres y

---

[1] Draper's act was not an isolated incident. The jails had been opened by the Spanish to provide more soldiers for defence and many of the criminals took to looting. Some were apprehended and executed without trial by the British. Agustín de Santa María said that the criminals were hung from window gratings like bananas. B.R., 49: 215, note 137.

marítimas británicas con la ocasión de haver tomado por asalto a esta ciudad de Manila, perdió efectivamente esta provincia del Santísimo Rosario la cantidad de siete mil ochocientos setenta pesos en esta forma: en plata acuñada, cinco mil trescientos setenta y tres pesos; en plata labrada de sus iglesias, dos mil quatrocientos noventa y siete pesos; toda la qual suma pillaron y llevaron los soldados y marineros ingleses. Ittem, certifico y juro en la misma forma y solemnidad que las mismas tropas saquearon y llevaron gran multitud de ornamentos de tela de plata y oro en los quales y en los galones de lo mismo que los ortaban se contenía una gruesa y más que considerable suma de pesos la que no me atrevo a expresar por no ponerme a peligro de perjuicio respecto a no contestarme con evidencia y por ser verdad para que conste lo firmo de mi nombre en este colegio de Santo Tomás de Manila en quatro días del mes de febrero de mil setecientos sesenta y tres años. Fray Pedro Luis de Sierra.

55. *Testimony asserting that the Jesuit College of San Ignacio was pillaged; the amount taken in chalices, church ornaments and coin totalled 3,836 pesos. Manila, 4 February 1763. A.P.T., III, fo. 50.*

Joseph León de la Compañía de Jesús, Procurador del Colegio Máximo de San Ignacio, digo que por quanto don Alexandro Varela y don Alberto de los Reyes de orden del illustríssimo señor arzobispo, don Manuel Antonio Roxo, pidieron a mi colegio razón jurada de los que importó el saqueo que padeció el dicho mi colegio, declaro que entrando los cálices y demás cosas de iglesia lo que saquearon en dinero y alhajas de plata y oro importa tres mil ochocientos treinta y seis pesos por ser así verdad lo firmo y si fuera menester lo juro oy 4 de febrero de 1763 años. Joseph León, IHS.

56. *Testimony asserting that the Convento of San Nicolás was pillaged for three days. 70,000 pesos in silver and gold ornaments and coin was taken. Manila, 7 February 1763. A.P.T., III, fo. 47.*

Fray Juan de la Concepción, ex-provincial y prior de el convento de San Nicolás de recoletos de nuestro padre San Agustín certificó en la major forma y juró *in verbo sacerdotis* conformándome con el decreto de el señor arzobispo metropolitano que el saqueo de este convento en los tres días que le toleró así en plata acuñada como labrada, oro y pedrería importara como setenta mil pesos a juicio prudente sugún puedo formar en la inteligencia que me administra su manejo; y para lo que convenga doy la presente en este dicho convento de San Nicolás en seite de febrero de mil setecientos sesenta y tres. Fray Juan de la Concepción.[1]

57. *Testimony asserting that the bells from several Franciscan churches were taken by British troops and later sold back to their owners. Manila, 12 March 1763. A.P.T., III, fo. 158.*

El Guardián del convento de nuestro padre San Francisco en obedecimiento al ruego y encargo del Illustríssimo Señor Arzobispo Gobernador y Capitán General sobre que de razón del número de campanas que se llevaron los ingleses de las iglesias de la Orden de Nuestro Padre San Francisco y las cantidades en que se rescataron y a quien se entregaron, Digo: Que de la iglesia de nuestro convento de Manila sacaron una campana la que después se redimió en doscientos sesenta y seis pesos, dos tomines y ocho granos; de la iglesia de la Orden Tercera una, la que se redimió en ochenta pesos; de la iglesia de las monjas de Santa Clara, tres, las que se avaluaron por los ingleses en quinientos y sesenta pesos; de la iglesia del pueblo de Sanpoloc extramuros tres, las que así mesmo se avaluaron por los mismos en setecientos pesos, las quales cantidades componen la gruesa de un mil seiscientos y seis pesos, dos tomines y ocho granos, de cuya cantidad se entregaron al comandante de la artillería la cantidad de trescientos quarenta y seis pesos, dos reales y ocho granos en que se compuso el rescate de las dos campanas de esta iglesia y tercera orden, quedándose las demás sin redimir. Y para que conste en virtud de lo mandado en dicho ruego y encargo doi el presente que es fecho en este convento de San Francisco de Manila en doze de Marzo de mil setecientos y sesenta y tres años. Fray Antonio de Siena.

[1] The large Augustinian convento and church of San Pablo were pillaged as well. A portion of the looted library was put up for sale at Sothebys, London, in June 1966. The London *Times* report of 29 June said, 'Yesterday a voluminous collection of papers relating to missions to China and Japan, and to the history of the Philippines, from the Convent of San Pablo in Manila, was sold in 17 lots for £13,065. This collection was looted from Manila in 1762 and later was acquired by Alexander Dalrymple, hydrographer to the Navy . . . It is believed to be one of the most important collections of source material for Philippine history outside the Archives of the Indies in Seville.' Most of the material dealing with the Philippines was acquired by the University of Indiana, Bloomington, Indiana, U.S.A., and is now on deposit there.

PART III
AFTERMATH OF CONQUEST

58. *Decree of the governor of the* Philippines *ordering General Blanco to give the silver and treasure of the* Philipino *to the British, 6 October 1762. A.P.T., I, fo. 32.*

Atento el rendimiento de esta ciudad y capitulaciones convenidas con los señores excelentísimos gefes británicos sobre la contribución de quarto millones para redimir esta ciudad, e islas de este sucesso;[1] sin embargo de qualesquiera ordenes en que vuestras mercedes se hallen, se lo doy efectivo y estrecho, de que si al recibo de esta carta, que va con la seguridad del pasaporte dado por dichos excelentisímos señores no está apresado ese navío con sus caudales por los baxeles británicos, que fueron a este destino, conduzgan vuestras mercedes en el expresado navío *Philipino*, si está capaz de navegar, todos los caudales, que trajo de Nueva España para hazer entrega de ellos a los nominados excelentísimos señores para el cumplimiento de los expresados quatro millones sobre las cantidades, que aquí se rejuntan: y de no estar capaz dicho navío para conducirlos, harán formal entrega de los enunciados caudales a los oficiales del navío inglés, que para conducirlos a este puerto se presentare.

Dios guarde a vuestras mercedes muchos años. Manila, y Octubre 6 de 1762.

Manuel Antonio Eugenio Arzobispo de Manila

Señores Don Juan Antonio Blanco, General del Navío el *Philipino*, y Don Joseph de Góngora su Maestre de Plata.

59. *Meeting of officers of the* Philipino *to decide on disembarking the silver cargo, Palapag, 6 November 1762. A.P.T., Junta Celebrada, fos. 1–3.* [*On arriving at Palapag the* Santa Gertrudis *was sent to Manila to announce the arrival of the galleon* Philipino. *The advice ship was captured and on 5 November the* Philipino *still had no official word of the capture of Manila, only reports from missionaries. For protection 1500 men were requisitioned from the area, but only about 200 came. The silver was kept in the fort of Palapag.*]

[1] After deliberation, Rojo and his advisory council agreed to the terms of surrender. To raise the four million pesos demanded by the British they agreed to use whatever funds were available in Manila and the silver from the *Philipino*. The rest, they said, would be paid by Madrid.

Fuerza de Palapag en la ysla de Samar y Leyte en seis de noviembre de mil setezientos sesenta y dos anos.

Don Juan Antonio Blanco de Sotomayor Comisario General del Patache *Nuestra Senora del Rosario, y San Juan Baptista* alias *el Philipino* que el año pasado de sesenta y uno, se despachó a su cargo, del puerto de Cavite al de Acapulco Reino de la Nueva España por el situado, y con el permiso de las islas.[1] Haviendo llegado al embocadero de ellas de torna buelta, a principios de septiembre del siguiente año de sesente y dos, después de un viage de catorze meses, e infinitos trabaxos, y no poder por los vientos contrarios seguir a su último destino de dicho puerto de Cavite, motivándole estos, y la nezesidad de víveres, la arrivada e invernada a el puerto del expresado Palapag, trayendo consigo la noticia de la declarada guerra contra el ynglés, en auxilio del franzés, desde diziembre de dicho año proximo pasado, que el excelentísimo señor Marqués de Cruillas Virrey de la Nueva España, le avía dado, la que promptamente notició al superior govierno de Manila, y otras brebes providencias a los alcaldes mayores y governadorcillos de todas las immediatas jurisdiziones y pueblos, para que se le embiase víveres por havérsele acavado los respectives dados en Acapulco, sin que todas estas providencias al cavo de cinquenta días tubiesen efecto ninguna hasta el quatro día de octubre que reziuió dicho comandante las órdenes de aquel superior govierno que van insertas en esta justificazión, con la deplorable noticia de estar trece navíos yngleses en el bloque de la plaza de dicha ciudad de Manila ordenándole irremediablemente que luego se desembarcase la plata en tierra, internándole en el parage que se reconociesse más seguro, lo qual promptamente mandó poner en execución dicho comandante en la fuerza del expresado pueblo de Palapag, reforzando con artillería del navío y componiendo los tres baluartes que tiene aunque no de resistenzia tal para el enemigo, y solo hechos de tierra para la defensa de los moros que tiene la considerazión de menos cuidado, y otras varias diligencias de faenas p[?] asta aquí en este ser, para asegurar el thesoro de cu[?] el navío, y la galera nombrada *San Augustín*, que avía venido para su conserva, con otra asimísmo nombrada *Santa Gertrudiz*, que a la boca del puerto según lo constante ordenado, le tenía dejado con quatro cañones en dicho navío y treinta hombres de su dotazión y guarnizión, para en caso

[1] The *situado* was the yearly subsidy sent from Mexico to pay expenses incurred by the government in running the colony. The *permiso de las islas* was the quota of Mexican silver permitted to merchants engaged in buying Chinese goods in Manila for resale in Acapulco. The quota varied over the years but at this time it was 500,000 pesos.

de que se avistase el enemigo ayudase a la defensa con la expresada galera y aconteziendo aprieto, se le diese fuego u barreno, teniendo antes por conveniente dicho comandante despachar la referida galera *Santa Getrudiz*, con pliego al expresado govierno, noticiándole el estado en que se hallaba todo, y el que no avía tenido razón alguna de los primeros despachos, para que se verificase esta formal y prezisa diligencia, omitiendo embiar los pliegos del real servicio, por no exponerle con tan poco resguardo, y haviendo llegado del veinte y dos a veinte y tres de septiembre del presente año a la Bahía de Manila a tiempo que ya se hallaba allí el enemigo, fue apresada por el, aunque salvando dicho pliego, recurso vnico para que le hubiesen llegado a dicho comandante las expresadas ordenes, sin tener más noticia formal del estado de dicho plaza, ni por el dicho superior govierno, audiencia, ciudad y comisario ni otro particular alguno, para determinar algún recurso.

En este estado hasta el día cinco siguiente de noviembre se hallaba el comandante y solo sí con algunas noticias de religiosos de su immediazión que dezían se avía perdido dicha plaza el cinco de octubre, finalizado el ataque en solos trece días, y siguiente a esta, otras noticias por los mismos, de que ya se hallaban fuera del puerto de San Jazinto, y en demanda del de Palapag tres navíos yngleses, y una galera, para apresar el thesoro; viéndose pues dicho comandante en este summo conflicto, sin víveres, gente, y aun muy poca pólvora y balas, por haverse pasado en el viage, y por lo tocante a gente, y dichos víveres, tener hecho repetidos mandamientos, pidiendo a los immediatos pueblos como mil y quinientos hombres, de los que no concurrieron ni docientos por más instanzias hechas por medio de los alcaldes, reverendos padres de la Compañía de Jhesús, ofreciéndoles premios, sueldos crecidos, y la indemnización de tributos, y todo lo demás que se concibe devía executar en semejante aprieto, y nada fue equivalente, así por la peste y mortandad, que apenas dejó cien hombres de armas en cada pueblo, y estos enfermos, como por la falta enteramente de alimentos, y no obstante todo ello, practicó dicho comandante el último exfuerzo para resguardo del enemigo, y de su cargo, y descargo en todo tiempo del real haver, y demás intereses de aquel comisario, como asimismo de todos los ofiziales, pasageros y demás transportados del expresado patache, juntando las dos fuerzas del navío y galera, formando con ellas una fortaleza en un peñón que se halla en el monte, a la frente del puerto en considerazión de que siempre el enemigo con los tres navíos y galeras que aseguraban traer, avía de apresar uno, y otra, y el poco resguardo de la gente, teniendo también dispuesto otras tres trincheras en los extremos del río, para estorvarle el passo de la fuerza, donde se hallaba el thesoro, y a prevenzión, para más resguardo, y retirada, mandado limpiar el río y camino de unos montes inasessibles llamados Mesas de Palapag, pero distantes como dos leguas y el río de poquísima agua, para el trasporte de las embarcaziones con la plata, y aunque se hizo un viaje con alguna, se reconoció ser imposible la brebedad de ponerle arriba antes bien se ocuparía en ello muchos días, y que por la noticia que se tenía no podian tardar tres días en llegar los expresados navíos del enemigo y los víveres, y pocos o muchos, que era prezisso también trasportar a aquella magnitud, con los otros recursos de menos tiempo que se podían finalizar en el refuerzo de dicha fortaleza, y trincheras y mas reconociéndose la misma [?] de ser apresados en las messas a poco tiempo, por la necesidad del hambre. Por todo lo qual, determinó dicho comandante se mantubiese el thesorero en dicha furza, juntando la poca gente y víveres, para la defensa en los expresados puestos, a fin de hazer el mayor exfuerzo posible, pero por la ineptitud de providencias de Manila, de las Provincias inmediatas, aunque destacó ofiziales para ello, por ser el parage de Palapag ysla aparte sin recurso ninguno poder remediar las necesidades, que en breve tiempo le amenazaban de ruina.

En el estado de toda esta justificazión se halló dicho comandante el día cinco de noviembre de dicho año y adelantando el recurso por junta de todos sus ofiziales, y demás trasportados, recogiendo sus firmas para si el enemigo le apresase, formarle testimoniado en resguardo suyo, y de todos, en consideración de que podía, y aun se hallaba más próximo a la ruina general, y que tal vez siendo prisioneros, o fugitivos por desastrados caminos y calamidades, no podría formar dicha justificazión en resguardo del honor de todos, quienes unánimes, advirtieron el riesgo inmediato, así por hallarse el navío imposibilitado de jarcia, velas y todos peltrechos, para poder salir a Reino extraño sessionado primero los inconvenientes que aun podía executar esto, se reconocían en todos inmediatos Reinos las expuestas órdenes de lo contrario, la falta de dicha gente, y víveres, y en un todo zerrado, quantos arbitrios se discurrían en tal estado, lo que firmaron para la constanzia y resguardo donde convenga etca. [Signed]

Juan Antonio Blanco de Sotomayor. Joseph de Góngora. Joseph Antonio Salgado. Mariano Tovias. Antonio Latinos. Raymundo Español. Phelipe Forcada. Joseph Gómes Cervantes. Manuel Nauarro. Anto. He. Le Marie de Vamont. Joseph de Arévalo. Pedro Fernándes Valensuela. Remigio Lagunas. Francisco Reina. Joseph Antonio de Origuela Y Zavala. Domingo de Norragaray. Manuel Gómez de Cariaga.

AFTERMATH OF CONQUEST 135

60. *Rojo to Draper, Manila, 9 October 1762. A.P.T., I, fo. 29.*

[Rojo says that he cannot deliberate over the surrender of the fort at Cavite because his military officers cannot be called together for a meeting. He says he surrendered the city in good faith, on condition that all his ministers be freed. He protests against the sacking of the city.]

Exme. Domine: Ut deliberationem capiam circa castellum de Cavite impossibilitatus sum eo quod non possum convocare consilium officialium militarium propter ea [blank in MS.] cum, erroremve, quod omnes officiales notati sunt uti capt[blank in MS.]est, prissioneros de guerra.[1] Cum tamen non ita de [blank in MS.] a Vestra Exa. cum ut te loquerer bona fide venissem de for [blank in MS.] B. Jacobi vulgo ciudadela obstrictus a tuis officialibus qui nullum tempus reditionis admittere volebant quin meae replicae non sufficerent ut ad te portarent propositiones meas in scriptis; et cum securitate honoris egressus sum e ciudadela et post tempus et salutationes ad tuam instantiam et signis benevolentiae jussi renditionem bona fide ut cum honoribus militaribus omnes omnino ministri regii et officiales una mecum liberi omnino essent.

Quare peto atque obsecro Ex. V. ut digneris ita declarare et pro infecto habere verbum honoris quod equivoco ductus tribunus tuus militum D. Monson facere jussit et accepit. Ita spero ex tua benignitate, justitia et peritia militaris officiales comprehensi cum comprehendi non debuissent habentur in conjuncta nota.

Exme. Dne: possum testes hujus rei producere ipsos Barnabal et Piñon. Insuper enixe flagito ut pillaje caeterae exortiones cessent omnino, nam querelae multiplicantur et omnes domus spoliatae imo ecclesiae et Aula Regia quod adhuc experior. Exme. Dne. Vestras osculatur manus urbaniter. Emmanuel Antonius, Archiep. Manilensis, Gov. Insularum.

[To] Exme. Dne. Generalis Dux Willerme Draper.

61. *Rojo to Draper, Manila, 23 October 1762. A.P.T., I, fo. 34.*

[Rojo acknowledges receiving the propositions sent by Draper. He asks that Draper use an interpreter who would assist in explaining Rojo's answers. The oath which supposes the surrender of the city was delivered. Rojo asks that Draper listen to his side of the case.]

---
[1] Notice the slip into the Spanish *prisioneros*. Also it is to be noted that surrender had been made of the city, not the entire archipelago.

K

Exme. Dne. Tradidit mihi D. Joannes Hesduard ex parte V. Exa. propositiones quibus respondeo sinceritate et veritate quae meo genio et characteri sunt congeniti. Rogo Ex. V. ut bene docto ac perito interprete utaris ut in suo sensu intelligatur ingenua ac vera responsio mea. Ittem D. Hesduard tradidit formulam juramenti quae supponit deditionem insularum; in qua nisi me audias Iesus est meus honor et rex meus redarguet et increpabit me. Precor et obtestor clementiam et patientiam tuam, Exme. Dne., ne tale permittas neque me obstringas quin prius audias rationem et legem quae mihi favet, et tunc bono suo judicio et ratione res haec juste dirimatur. Deus te servet incolumem; deosculatur manus tuas urbanissime. Emmanuel Antonius, Archiepiscopus, Guvernator Insularum.

[To] Exme. Dne. Dux Generalis Willerme Draper.

62. *Reply of the governor of the Philippines to the British, Manila, 25 October 1762. A.P.T., I, fos. 35–6.*[1]

[1. It is impossible to know how much silver was sent from Mexico. In the treasury are funds from individuals dying intestate and funds entrusted to the government by individuals. The subsidy sent yearly from Mexico supports the church and state in the Islands. 2. No sales taxes are paid, only an anchorage fee which helps support the government. 3. Money borrowed from the British for maintaining the Philippine government will be repaid either from the yearly subsidy or by letters of credit drawn on the Spanish treasury in Madrid. 5. Dispersed Spanish soldiers will be ordered to come to Manila. 6. Payment will be made when the ship *Philipino* arrives.]

A la 1ª: Es imposible a la memoria quenta exacta del thesoro real el qual según la necesidad de las islas se pide a México y le llamamos situado; y éste se distribuya en sus destinos. Y en la actualidad una corta cantidad que deve aver existente, y la mayor, que en tiempo del sitio se mandó sacar para las urgencias de la plaza. Y una y otra quanta cantidad sea ignoro aora su punto fixo, pero lo sabré con alguna diligencia; estas pues cantidades contienen las de espolios de los obispos e yglesias, depósitos y bienes de difuntos ultramarinos; las que se recojen en la real caxa para distribuirlas a su tiempo, a quien según justicia pertenezcan.

Todo el thesoro de las caxas reales consiste en lo que se remite de las caxas de México anualmente para subsistencia del arzobispo,

[1] Apparently this letter is in answer to one of Draper, the gist of which can be assumed from the reply.

obispos, curas, misioneros, yglesias, ministros reales y oficiales militares y tropa; porque de esta tierra mui corta ayuda sale para esta subsistencia; y ni ahora, ni en ningún tiempo sale un maravedí para el Rey que solo mantiene esto por el zelo de la religión catholica, y no por interez alguno, que no lo ay. Esta es la neta, y pura verdad.

El monto, o importe de una y otra cantidad, la hará entregar el arzobispo governador a quenta de los quatro millones: y en este caso le prestaran sus excelencias la cantidad, que se necesite para el pagamento de sus ministros, oficiales y demás que tiene que mantener de quenta de Su Majestad Católica y de lo que se le prestare, dará libranza separadamente contra Su Majestad Católica.

A la 2ª: Aduana ha sido nombre odioso para la tierra, y para Su Majestad Católica en estas Yslas, que ni pagan alcabala, ni diezmo, ni ninguna otra pensión. Los tributos son con tanta equidad, tantas excepciones, y reservas, que solo se cobra por reconocimiento del vasallaje, y aun mas de las tres partes en efectos proprios de los paizes, donde se pagan, y se convierten a beneficio común según las necesidades ocurentes, y de los mismos naturales; sin ningún lucro de parte de Su Majestad Católica. Ay la pensión del vino, y del que llaman Buyo, y del almojarifazgo, o anclaje, que asimismo se convierte en la manutención y subsistencia de estas islas. Esta es tan pura verdad, como la antecedente.

A la 3ª: Los oficiales con su distinción, que faltasen por asentarse, se manda por el governador que se den por el maestre-campo, y en su defecto por el habilitado de la plaza.

Para la subsistencia de estos, quando necesite el arzobispo governador de algunas cantidades, las pedirá a los señores gefes en préstamo, y se las pagará de lo que viniere de la Nueva España, o se librará contra Su Majestad Católica en la forma que va expresado. Y en esta forma le parece más claro, y desembarazado el punto de la 3ª y 4ª proposición.

A la 5ª: Se darán los ordenes más estrechos para juntar la tropa desperdigada: y su subsistencia correrá como va referido respective a los oficiales: Y esta subsistencia, que es mayor, y más importante para los ministros del rey correrá en la forma predicha.

A la última: No está en arbitrio humano; pues corre al de los tiempos, y del dueño soberano de ellos, el afixar el tiempo del pagamento convenido: pues quien puede saber, si el *Philipino* llegará dentro de vn mes, o más tiempo, y si estará, o no en disposición de navegar, y por esto se pidió el orden a sus excelencias de que los navíos que fueron en su solicitud, recibiesen sus caudales, si el dicho Philipino estaba imposibilitado de conducirlos; y así se dio el orden de parte de dichos señores, y de mi parte.

Y por lo que mira a los reales existentes, consta notoriamente los ordenes del arzobispo governador tan estrechos para sí: entrega: y así se ha executado en quanto ha sido posible. Y demás la prevención, en que se está de entregar quanta plata labrada tienen las iglesias, y en primer lugar toda la plata, o vajilla del arzobispo governador sin reserva de ninguna de sus pectorales. Y a la hora que gustasen los señores gefes se hará la entrega de la referida plata. Todo lo expresado es la verdad neta, y liquida, y quien algo contradijere, será un ignorante, y mentiroso, y se le deberá castigar.

Esta es la buene fe, con que procede el arzobispo governador pues solo tiene por objeto de su honor el temor a Dios, la lealtad a su rey, y el cumplimiento de lo que promete, o en que conviene.

Y suplica encarecidamente el arzobispo, governador a los señores gefes de Su Majestad Británica que para claridad, y distinción de las cosas, y que no se confundan unos puntos con otros se sirvan sus excelencias lo primero de responder, a firmar los dos capítulos últimos mucho tiempo ha convenidos: y a la instancia, que tiene hecha sobre el rendimiento, y la Fuerza de Cavite, pues ha procedido en la buena fe de los honores. Lo segundo, que se nombre uno, o dos sujetos de parte de sus excelencias y del arzobispo governador para concordar todos los puntos, que incidieren, a fin que todas las cosas se concluyan llanamente sin confusión, y de buena fe.

NOTA

Las preguntas a que se satisface su señoría ilustrísima en el antecedente se las remitieron los gefes británicos por medio de Don Juan Eduars escriptas como apunte en un pedasillo de papel sin firma ni otra solemnidad alguna y así su señoría ilustrísima las respondió como consta de dicha copia antecedente sin firmarlas sino en la misma manera que consta de la dicha copia por cuia razón solo consta acomulada a esta pieza la respuesta a ellas, y no las dichas preguntas por hauerse traspapelado dicho papel lo que noto para la inteligencia. Manila y octubre veinte y cinco de mil setecientos sesenta y dos años.

Monrroy

63. *Complaints made by the British to the Spaniards over failure to comply with surrender conditions, and stating that by the end of the month the Spaniards should have contributed one million pesos towards the ransom of the City, [28 October 1762]. A.P.T., I, fo. 37.*

Ya ha tres semanas, que el destino de la guerra puso a vuestras mercedes en poder nuestro al arbitrio de nuestra discreción; hemos embiado a vuestras mercedes las condiciones, sobre cuyo pie hemos de permitir sus vidas, bienes, y libertad; pero en vez de dar cumplimiento a la satisfacción de la contribución estipulada por medio de una prorata conveniente y conforme (según razón y equidad) a los bienes de cada uno, nos han exhibido las piadosas obras fundadas por últimas voluntades, robando iglesias, y pobres, para evadir sus bienes particulares; pero ya ponemos término a este procedimiento; respecto a que para el día último del mes que corre deberán vuestras mercedes computando el dinero ya recebido, completar un millón de pesos. Las fortificaciones, y lugares dependientes de Manila serán entregadas immediatamente, y despachadas ordenes para este efecto a los comandantes, y alcaldes respectivos, a quienes se concederán los honores militares. La condición de que los soldados españoles se desarmasen, y quedasen a nuestra discreción (pero que serían por nos tratados con humanidad) no ha sido cumplida por negligencia de sus oficiales; y al presente se hallan armados, cometiendo robos en el país. Los oficiales españoles son considerados como prisioneros de guerra sobre su palabra de honor, y por eso no se exige de ellos juramento alguno; pero de el resto así de eclesiásticos, como seculares, se exigirá un juramento de submisión temporaria a S.M. Británica, como es común uso, y costumbre en las ciudades, que por conquista mudan de soberano.

64. *Draper to Rojo, Manila 28 October 1762. A.P.T., I, fo. 38.*

[Draper tells Rojo that he will leave shortly for England. He asks that the rest of the ransom for the city be paid and threatens Manila with pillage unless the other islands are ceded.]

Illustrissime et Excellentissime Domine: Paucas intra dies in Britanniam profecturus sum.[1] Itaque Excellentiae Vestrae dico, si omnia vestra salva esse velis, noli cum victoribus vestris contendere ne verbis etiam, durum enim est. Quartam argenti partem quam postulavimus, solve. Ego, Domine Illustrissime, (quod potui) ferocitate nauticae et militari modum quendam imposui, sed imperii non sunt adeo patientes aut mandatis obedientes, quin vereor ne in vos omnes impetum faciant si conditiones a nobis data vestra infructuosa pertinacia non sint ratae.

Omnes hasce insulas Philippinas Manilae sortem sequi, et victas sese fateri necesse est. Neque aliter urbs vestra excidio liberata erit. Dicta tibi est lex. Non enim imperii Britannici Majestati convenit, vilissimae cuique insulae bellum inferre. Novi bene miseram istarum

[1] Draper left Manila on November 11.

insularum conditionem tale longe imparem certamini victas agnosce istas, et nostrae ditionis. Hoc solum exposco. Valeas Illustrissime Domine, benedictionem tuam precatu. Sui cultor observantissimus, William Draper, Britannicarum copiarum terrestrium Praefectus Manila datum Oct. 28, 1762.

65. *Draper to Rojo, Manila, 28 October 1762. A.P.T., I, fo. 39.*

Most Excellent and Illustrious: The priviledges granted by the Admiral and I [sic] to your city are so great that I believe considering your situation they are beyond all example given in history and I am most certain His Catholic Majesty cannot but be pleased at your conduct, as you have saved such multitudes from misery and destruction by giving up a few paltry places, not one of which could hold out 24 hours siege. Are these *bicoques* of any consequence in consideration of the blessings you are suffered to enjoy by the preservation of your religion, liberties, commerce, possessions, convents and churches etc. Those people who would persuade you from a false notion of honour not to give them up are answerable for the consequences and answer them they shall with their lives and confiscation of effects unless they alter their way of thinking. Let them consider before mercy and compassion grow tired. The Oyedores must sign directly. Your most sincere friend, W. Draper.

66. *Announcement of Rojo to the inhabitants of the Philippines that surrender of the Islands has been made, and respect and obedience were due to the British. Santa Cruz, 28 October 1762. A.P.T., XVII, fos, 9–10.*

A los fieles naturales y sus cavezas de estas Islas Philipinas.

Hijos mui amados, os escribo como padre y pastor príncipe de la iglesia cathólica, avnque mui indigno; y como el primer ministro del rey cathólico nuestro señor Don Carlos III de gloriosa memoria, que como su governador capitán general y presidente de su real audiencia represento (aunque indignamente) su real persona. Sabed, que se rendió esta plaza, y capital de Manila por asalto en el 5 deste a la fuerza poderosa, y victoriosas armas del rey de la Gran Bretaña, después de nuestra defenza vigorosa, y valiente. Los generales británicos son enemigos, pero generosos, y cultísimos en todo género de policía y humanidad. Y han atendido nuestras capitulaciones con tal qual restricción, permitiéndonos libre, y franca nuestra santa religión la libertad, vidas, haziendas, y comercio interior, y exterior y con algunos honores militares, bajo de una contribucción de quatro millones con las calidades estipuladas: y con la ley del rendimiento de todas las fortificaciones de nuestras Yslas, bajo los honores militares a los alcaldes y oficiales, y nada más desean, sino que quieta, y pacíficamente os conserveis a su dominación, como en depósita, para devolverlo todo según que los reyes español y británico convinieren, y se concordaren. En esta inteligencia vuestra instrucción en nuestra santa fee y exercicios de nuestra religión está libre: vuestra sujeción interinariamente es al rey de la Gran Bretaña cuya protección os mantendrá en quietud y con arreglo a la justicia, y vuestro deber, hasta que vuelva dentro de algún tiempo el imperio español.[1] Sabeis bien con quanta equidad y amor nuestro rey atiende vuestro bien, y si en esto ay algún descuido de sus ministros inferiores, los castigan los superiores, y a estos el rey que tanto en sus leyes, ordenes, y zédulas, recomienda vuestra vida christiana, y política: todo a fin de que logreis la vida eterna después de vuestra muerte, en los cielos. A este paternal amor deveis corresponder, y dexaros guiar, y obedecer a vuestros padres ministros para vuestra salvación, que es lo que sobre todo importa. Nada teneis que temer, ni extrañar de este desgraciado sucesso de nuestro vencimiento, porque Dios Todopoderoso, es dueño, y quien da las victorias. Y oy somos vencidos, otro día seremos venzedores, pero tan generosos, y nobles como estos británicos triumphadores. Esta es la buena correspondencia y armonía entre naciones políticas como la española, y anglicana. Estamos pues, y estais vosotros en la precisa obligación de no ofender, ni hazer daño alguno a nuestros contrarios: Se acabó la batalla por aora hasta que los reyes determinen: y sería barbarie, y contra la justicia, y razón qualquiera ofenza en el estado presente: porque esto es de gente vil, cobarde, y traidora: en la batalla se experimenta el valor, y la nobleza, pero no quando las cosas están convenidas; y los venzedores, y venzidos yá compuestos. Proseguid sin rezelo, ni temor, sino con total seguridad en vuestro tráfico, y comercio: nada os defraudaran los venzedores, y si algún soldado de ellos tiene la osadía de maltrataros, o quitaros algo, los oficiales, y sus gefes o desagraviarán, y los castigarán. Mirad, hijos mios, que os hablo la verdad, y como vuestro padre manteneos en paz y sosiego, nada alboroteis, sed obedientes a nuestra santa ley y a los padres, que os enseñan el camino del cielo. Obedeced también a los alcaldes, si en algo os agraviaron,

[1] It is apparent from this remark that Rojo and the Spanish officials understood that the occupation of Manila and the British possession of the Philippines was to be temporary.

serán castigados: Pagad a Dios el vasallaje de vuestra fee, y de vuestro corazón, guardando su santa ley: y pagar al rey lo que le pertenece, que es vuestro obediencia, y en reconocimiento el tributo, en la manera que podais: pues bien sabeis la equidad, y reservas, con que se cobra. Y os digo de verdad, que todo este tributo, se convierte en vuestro proprio bien, y de las yslas, aunque no lo percibais, pero yo como governador muy bien lo sé: y que ni un quartillo va a nuestro rey, antes de sus thesoros, remite anualmente mucho caudal para conservar estas tierras sujetas a Dios, y que sus gentes logren el fin último de la gloria, para el qual fueron criadas. Amad a un rey, que es mas vuestro príncipe, que señor vuestro: pero por aora estad subordinados a la Gran Bretaña como os llevo dicho.

En fin, hijos mios, nadie como yo, como vuestro pastor se interesa en vuestro verdadero bien, y felizidad. Si me creyeredes, y executareis lo que os llevo prevenido, sereis buenos christianos, y buenos vasallos de nuestro rey. No creais a gente vulgar, rústica y necia, y ignorante de estas materias, que con aparentes y falso zelo os desasosiegan, y perturban, y os harán cometer atrocidades indignas de la humanidad y de gente noble y valerosa.[2] Si lo hicieredes como os lo exhorto, y prevengo, tendreis de Dios el premio: y por el contrario el castigo. Y sereis, si esto observareis, buenos vasallos de mi rey y mis fieles hijos: Cuidad vuestros hijos, y mugeres, y vosotros como Mapuinoes nobles, enseñad a los vuestros la lección, que os he dado. La qual os darán mis hermanos los señores ilustrísimos obispos, como santos y sabios en vuestras costumbres, y ley: Creedles, y no a los idiotas y necios. Dios guarde en su fee, y amor, y en vuestra lealtad.

Santa Cruz y octubre 28 de 1762.

Manuel Antonio Arzobispo de Manila, Governador y Capitan General de estas Islas.

Juan Monrroy.   Ramon de Orendain

67. *Decree of Rojo ordering that the religious orders contribute their church silver towards the amount needed for the ransom of the city. One million of the four million dollars was to be handed over by October 31. Manila, 29 October 1762. A.P.T., III, fo. 22.*

[2] Apparently the reference is to Anda who was sent by Rojo on the night of 3 October to maintain the Filipinos of the provinces faithful to Charles III and the Spanish. Rojo thought he overstepped his commission by organizing a guerilla army and by maintaining a state of war against the British, in spite of Rojo's surrender.

Muy Reverendos Padres Provinciales de las sagradas religiones de las Islas Phelipinas o a quienes su lugar tubieren. El Illustríssimo señor arzobispo metropolitano, presidente gobernador y capitán general de estas Islas Phelipinas: Instado de la eficas instancia de los señores gefes británicos en punta de que para el día treinta de el corriente se explete un million de pesos fuertes quarta parte de los quatro milliones que se piden y ofrecieron pagar los estados de esta república tiene ordenado por su superior decreta de oy de la fecha se haga la entrega de la plata labrada de el culto de las iglesias del clero y las sagradas religiones incluyéndose en ella toda la del servicio de su señoría illustríssimo y sus pectorales para que desnuda su santa spossa quiere voluntariemente desnudarse de esta adorno y que pesada dicha plata labrada (excepto los basos sagrados) se ennegue con la devida quenta y razón del oficial británico comisionado para su recivo, lo que por esta noticia a VV. PP. MM. RR. de quienes quedo rogando a Dios les guarde muchos años. Besa las manos de VV. PP. MM. RR. Su más seguro servidor, (Monrroy).

Rosario y Octubre 29 de 1762 años.

68. *Draper's conditions for the surrender of the Philippines. Manila, 30 October 1762. A.P.T., I, fo. 41.*

Sir: All the islands subordinate to Luconia and (?) Manila its capital (such as are at present under the dominion of his Catholic Majesty) must be ceded to his Britannick Majesty who must be acknowledg'd sovereign till the fate of these islands is decided by a peace between the two kings. Their religion, goods, liberties and properties and commerce shall be preserved to the inhabitants of these islands who are subjects of Spain in as ample a manner as they are confirmed to the inhabitants of Manila and this island of Luconia. All the governors and military shall be assured the honors of war but give them parole as the officers have done at Manila and Cavite not to serve or take up arms against his Brittanick Majesty. William Draper.

Manila, October 30, 1762.

The Archbishop and the Oyedores must sign this agreement.
[Signed by]

Manuel Antonio, Arzobispo de Manila, Governador y Capitán
 General de las Philipinas.
Francisco Leandro de Viana
Francisco Henríquez de Villacorta
Manuel Galbán y Ventura

69. *Cornish to Clevland, on board the Norfolk, Manila Bay, 1 November 1762. P.R.O., Adm. 1/162 (2), fos. 50–1.*

Sir: At the time I received their Lordships secret instructions for attacking Manila, it will appear by my former letters that I was at Trinconomale endeavouring to refit the squadron in the best manner I could to enable me to proceed when the season would permit to give them the necessary repairs at Bombay, being in extream bad condition; and indeed nothing but the necessity of the service and my earnest desire to execute their Lordships commands could have justifyed my proceeding with them on the expedition, for during my passage to this place every day produced new complaints which gave me great uneasiness and I was apprehensive that many of the ships would not be able to return. But to my great satisfaction, after the conquest of Manila and the surrender of the town and Port of Cavita, I found myself in possession of a fine dock yard with a large quantity of excellent timber and stores of all kinds, many good artificers, a very convenient hospital with plenty of provisions and vegetables. As the number of troops that came on the expedition is not sufficient to garrison Manila and Cavita properly, I have been obliged, tho' five hundred short of complement, to give them the assistance of the marines and the government and peace of the country not yet [being] properly established, the continuance of the squadron sometime longer is absolutely necessary; and con[sidering] that I should be able to refit the ships in a much [blank in ms.] manner and at a less expence to the government than in any port in India, I have come to a resolution of refitting as many of them here as possible. The *Elizabeth* and *Weymouth* being examined by the carpenters of the squadron, report them to be so weak in their upper works as not to bear heaving down. I intend therefore sending them to dock and refit at Bombay, with orders to stop at Pulo Timaon and convoy the first of the China ships thro' the Streights of Mallacca of which Mr Drake, the Governor of Manila,[1] has advised the super-cargoes at China and has recommended to them to order the latter ships to call at this place by which time I hope to have the ships with me refitted, and taking them under my protection see them safe into the ocean, after which I shall proceed directly to Madras Road.

If on my return to India I find the enemy's naval force is not

[1] Dawsonne Drake was the representative of the East India Company who was assigned the task of governing Manila once it had been captured. He became governor when Draper departed.

encreased, I intend in the favourable season to send the *Weymouth* and *Elizabeth* to England on a presumption it will be agreeable to their Lordships to send home the old ships. I have ordered as many of the invalids on board the *Sea Horse* as she could conveniently receive but from the want of more frequent opportunity to send them home (The President and Council of Madras having refused me a passage for any of them in the ships from there) their numbers are considerable and I am induced from the principles of humanity to acquaint their Lordships that the few men remaining who came out in the ships under Vice Admiral Watson from their long service in this country are worn out and become quite infirm. I must further presume to recommend to their Lordships consideration the distresses of the inferior officers and seamen serving in India, who by the late Act of Parliament are deprived of any means to procure their pay for the several ships they have served in many years in this country and from the want of which they labour under the greatest difficulties and distress.

The complement of marines being reduced and consequently a great disproportion of officers, I have given leave to Captain Cox and Lieut. Mc Leod to return to England, their healths being so much impaired as to be incapable of doing their duty.

I have enclosed the state and condition of His Majesty's ships on the expedition against Manila and am, Sir, Your Most Obedient Humble Servant, S. Cornish.

70. *Draper to the Secretary at War, Manila, 2 November 1762. P.R.O., W.O. 1/319, fos. 405-13.*

Sir: I do myself the honour of sending you the returns of our little army employ'd in the siege and conquest of Manila and have the additional satisfaction to inform you that we took it with a trifling loss, excepting the death of my first major, More, a valuable, good officer. The Spaniards did not defend it with that virtuous and laudable bravery that might have been expected from men who were fighting *pro aris et focis* and so rich a prize. The strength of the place, its great numbers of people and warlike stores might have bid defiance to an army of ten times our force, had they known their business, but as it was their first war, their inexperience was accordingly. Our greatest good fortune consisted in coming upon them before the news of the war had reached Manila, as a fortnight's preparation on their side must have defeated our enterprize. As it was, could they have burnt their suburbs and destroy'd two churches that stood without the walls, the rains alone would have obliged us to retire, for the South West monsoon broke upon us the very day we landed and made it impossible to encamp.

The conduct and bravery of the officers and troops have done great honour to themselves and the nation and well entitle them to every good office in my power which extends no further than to request for them your patronage and protection and a favourable representation of their services to His Majesty. But although I have so much reason to be pleased with their behaviour, mine, I fear has not been equally pleasing to them. My method of dividing the prize money has given much offence and made me very unpopular with the captains and subalterns. I must therefore beg leave, sir, to state the case to you and desire you to lay it before His Majesty.

The sea and land forces had so near a connection and cooperated so fully and cordially upon this service that I thought the best way of dividing any prize money that might be taken by us would be to adhere to those rules which His Majesty has thought proper to fix for the sea services and that the officers should share in their respective ranks according to those proportions. The distribution was made in this manner. The field officers shared with the captains of the squadron, our captains of foot and marines with their lieutenants, and so on with the subordinate classes. Since His Majesty has been pleased to settle the method in which He would have the prizes taken at sea amongst the officers of different ranks, I hope I cannot be thought partial in acting by that rule, especially as the sea officers agreed that we should share with them in any prizes taken at sea during the time of this joint enterprize and a captain of foot has certainly no more rank than a lieutenant of a ship of war. The case of prize money is so rare in the land service that I believe no particular laws have been hitherto ascertained for that purpose amongst us and I was glad to embrace those already pointed out for gentlemen of similar ranks at least subject to objections. There are some rules mentioned in a Spanish author of name, the Marquis of Santa Cruz, which seem not unreasonable and which I would have made use of had we acted separately from the navy. But the captains of foot have thought the disproportion of prize money between the field officers and them to be too great (a field officer receiving nine times as much as a captain.) Yet this is the case in the navy and as the King has not judged or orderd otherwise, I cannot think I could have acted better. However, sir, as this is the grievance complained of, beg you will receive His Majesty's commands thereon; am in hopes it will not be thought I have acted from any self interested motives, as I am myself a great loser by this method, sharing only as a subordinate flag officer to Mr. Cornish instead of dividing as the Commander in Chief at Land.

You will perceive, sir, by the returns of my regiment that I have not deviated from the regular succession but have posted the officers to the several vacancys according to their seniority, as they all well deserved it. The great loss of officers has been such since the regiment left England that four of the present captains were serjeants, whose merit and bravery have fairly entitled them to this great preferment. Serjt. Spenser, the last made Ensign, was the first person who mounted the breach and I took the liberty in His Majesty's name to promise rewards to all who should distinguish themselves, and all have behaved so well that I am at a loss whom to name or recommend first. Lieutenant Russell of my regiment led on the volunteers with great valour and I have appointed him Town Mayor at Manila. As I know, sir, that it is impossible for the regiment to be kept up at the peace, most humbly beg leave to recommend the half pay officers to your protection that they may be provided for when occasion shall offer. All the favour I can presume to ask at present is some little distinguishing mark for their past services. If His Majesty would do them the honour to name them the Royal Asians, a mere feather in their caps, they would esteem it more highly than any pecuniary reward whatsoever. I can venture to assure you, sir, that no corps has endeavour'd to merit His Majesty's approbation more than the 79th. 23 officers with upwards of 800 men have lost their lives in this severe service, of which they have constantly bore the chief and foremost share. Most of the old officers now remaining have been wounded.

The great extent of Manila and its suburbs with near one hundred thousand inhabitants and the importance of the Cavite will prevent my sending back any part of the regiment to Madras, as we have no troops besides who can be depended upon. The Sepoys are ill-disciplined, the rest of the company's people, scarce 300, of which 2 thirds are French deserters, so that it is impossible to trust a place of such consequence in their hands. The Admiral will, I hope, leave the marines. The contingent of Sepoys which the governor and council at Madras promised to assist me with, was 2,000. They gave me only 600, the half raw and new raised. It was not difficult to discern their motives for this shameful behaviour. They had sent a ship to Manila to trade clandestinely under Moorish colours, the cargo valued at £70,000, most of it the property of the chief people at Madras and Bengal. They were afraid their ventures would suffer by the loss of Manila and took every method in their power to discourage the attempt. I must except Mr Pigot as a man of better and more generous principles. They prevailed upon Mr Lawrence to give a negative to the expedition under the pretence of an invasion expected from the French who have neither troops or a fleet of any consequence in India. They affected weakness tho at the same time they were negotiating with the King of Candia to send him a body of troops as his auxiliaries in order to dispossess the Dutch of their settlements in the island of Ceylon, which step must infallibly have occasioned a war here between us and that nation and perhaps in Europe, but these mercenary people consider nothing but their own immediate profit. They had the impudence to divert me from obeying His Majesty's instructions, to propose an attack upon the King of Tanjour, under pretence of arrears of tribute due to their nabob, in whose name they murder and rob and pillage the whole country to the great scandal of our nation. By these proceedings they will infallibly force that king and the other princes of those parts into the arms of the French who with such an alliance may soon retaliate the barbarous destruction of Pondicherry. I saw through their artifice and treated it with a proper contempt when General Lawrence mentioned the subject. Am sorry to be obliged to add, that Mr Lawrence is so much influenced by Mr Palk, now governor, that he too often forgets that he has a commission from His Majesty and to say the truth, his lethargick complaints and asthma render him totally unfit for his station. He is certainly a very honest man but has no ideas of his own. Colonel Monson is the properest man in India to be invested with powers from the Crown, to preserve its honour and to have some coercive authority over these gentlemen, especially at the peace.

The returns will explain, sir, what sort of troops were given me to succeed in an enterprize that was so strongly recommended to them by His Majesty. I believe few officers in my situation would have proceeded in this business. But I had Monson with me who is so brave, cool, indefatigable and sensible, *ut nihil supra*. In my letters to the Secretary of State I have taken the liberty to name those gentlemen I had the greatest obligations to, as the most publick way of expressing my acknowledgements, may I presume, sir, to request your good offices in their behalf. Lieutenant Colonel Scott, Major Barker who commanded the artillery, the Engineers, (Capt. Stevenson, Cotsford and Mr. Barnard) Captain Fletcher, Major of Brigade, the Captains Moore and Pemble, my Aides de Camp, have acted with such great merit in their several departments as much facilitated my good fortune, to which the kind protection of you and your family gave the first rise. Permit me, therefore, sir, to return you my sincerest thanks and to assure you that I am, sir, with the deepest sense of my obligations to you, Your most Obedient and Faithful Servant, William Draper.

P.S. We have taken a galeon worth four hundred thousand pound call'd the *Santissima Trinidad*[1] and are in quest of the *Philippina*.

71. *Cornish to Draper, Cavite, 2 November 1762. P.R.O., Adm. 1/162 (2), fo. 97.*

Sir: I have just seen a letter from Captain Pemble to my secretary wherein you desire him to acquaint me that you have delivered up the City of Manila to Dawsonne Drake Esq., agreeable as you say to His Majesty's instructions.

I find myself necessitated to acquaint you that I think you have been rather premature in this act as the conditions of the capitulation are not yet complied with nor are the military stores as yet taken an account of which by His Majesty's instructions should be deliver'd up with the government. Neither do I think the conquest sufficiently compleat as yet to resign the power from the military to the civil. I must further observe that from my rank here in His Majesty's service I ought to have been consulted before this cession had been made. This step of yours is so very extraordinary that I must represent it home to the Lords of the Admiralty.

I propose dispatching the *Sea Horse* in a few days for England and in case you continue your resolution of taking passage in her, will send her over to take on board your baggage and retinue with that of the other gentlemen who are to proceed in her.

I am, with perfect regards, Sir, Your Most Obedient Humble Servant, S. Cornish.

72. *Rojo to Draper, Manila, 8 November 1762. A.P.T., I, fo. 43.*

[Rojo pleads for the release of the oidores from jail.]

Exmo. Senor: No se moleste vuestra excelencia y su noble consejo de mi instancia por mis Oydores presos, para que les conceda la libertad. Oigame vuestra excelencia un momento, y tenga paciencia. Estos son ministros de mi rey, magistrados superiors, que no son, ni se reputan ciudadanos, pues un tiempo los tiene el rey aquí, y en otro tiempo los remite a otros de sus dominios; porque su oficio es administrar justicia, y hazer que todas las cosas esten bien ordenadas.

[1] See Document 80 for a description of the capture of the galleon *Santisima Trinidad*.

Los magistrados de las ciudades, son los que se pueden tomar en prendas en semejantes casos; no dichos oydores, que ni tienen domicilio, ni pueden aquí casarse sin expresa licencia.

Estos oydores no tienen culpa en este millón; antes han puesto las mismas, y maiores diligencias que yo para colectarlo. Ni tienen culpa sobre la imaginada huida del Marquéz de Montecastro; el qual juzgo que oprimido de su congoja fue a traher a su muger, y alhajas, para pagar por su parte lo que se le asignó. Ni tienen culpa en el caso del Oydor Anda, quien llevado de su zelo, y opinión, tomó esse tumultuario rumbo: El dicho Anda no tiene dada palabra de honor: pero estos oydores si, y como nobles, y buenos ministros no pueden faltar a ella: y la darán de ayudarme en sosegar los tumultos, en no partirse de aquí, y en que se procure colectar quanto se pueda del millón. Es del todo infructuosa su prisión, y antes será danosa a los intentos referidos.

Y así suplico, y espero de la justicia, y benignidad de vuestra excelencia y de su noble consejo, que mande darles libertad, lo qual parecerá bien a los reyes de la Gran Bretaña, y de las Españas.

Dios guarde a Vuestra Excelencia muchos años. Santa Cruz, y noviembre 8 de 1763.

Exmo Señor: Suplico a vuestra excelencia que el interprete que explicare esta carta se instruya muy bien de su contexto para perfecta inteligencia de lo que expongo.

73. *Rojo to Draper, Manila, 8 November 1762. A.P.T., I, fo. 42.*

[Rojo argues that the oidores in prison did their best to collect the ransom money. Most of the wealth of the city was invested in the galleon *Philipino*, and what little remained in the city might have been buried. The wealthiest citizens have fled the city.]

Exmo. Señor. Don Guillermo Draper General de las Armas Británicas por Tierra. Exmo. Señor: Me rezelo de causarte fastidio, y molestia repitiendo mil vezes una misma cosa: pero es necesario oportuna, y importantemente instar, y rogar. Oye pues benigna, y pacientemente. Son del todo inocentes mis oydores en lo que mira del millón en cuia colectación tienen el mérito de aver puesto toda su diligencia: juntaron a los vecinos, les instaron y fixaron la distribución. Pero muchos se escusaron por la miseria en que han quedado del saqueo el despojo de todos sus bienes; y los tres riesgos, que corren sus caudales actualmente en la mar; ofreciendo lo que les ha quedado del poco adorno de sus mugeres. Si ay algunos pérdidos y mentirosos (que sucede en todas las ciudades del mundo) que ayan ocultado su dinero;

que comparescan los denunciantes, los que de mentir sean castigados: y si descubren las personas y lugares, donde están escondidos, sean premiados; y conseguimos el intento de hallarse el dinero, con lo que se completara el millon. Es mui cierto, que los que son ricos pueden dar alguna cantidad: pero son pocos, y andan los más de ellos fugitivos fuera de la ciudad, contra estos se ha hecho diligencia por los oydores, y se seguirá eficasmente sin embargo que los tumultos de los pueblos impiden que pasen las cosas a esta ciudad. Me averguenso de muchas cosas, que tenemos entre manos: y no puedo persuadirme aya hecho una vergonzosa fuga el Marqués de Montecastro, y solo juzgo que oprimido de sus cuidados, y de que los suyos no podían remitirle las alhajas que pedía se puso en camino para irlas a traher, y volverse con ellas: esto es lo que pienso de un cauallero mui honrado, y que es título de Castilla: le tengo escrito para que buelva. Y en este punto de ningún modo son culpados los oydores. Como tampoco en el caso de oydor Anda: pues este Oydor lleuado de su zelo y opinión se piensa lo que se ha voceado y da sus ordenes, y el no ha dado palabra de honor; pero estos otros la tienen dada, y como nobles, y ministros del rey no pueden faltar a ella. Yo por este motivo les debo estimar y honrar. Yten repito mis ruegos encarecidos para que salgan libres: Esta gracia será laudable, y la apreciara mi mismo rey. Estos magistrados no son como otros magistrados de la ciudad son más estimables, que militares según su graduación, y no se computan en el número de los ciudadanos porque no tienen propiamente domicilio en esta ciudad, ni los permite el rey casarse con las mugeres de aquí, sino es con causa y lizencia expresa. De ningún efecto es su prisión, antes perjudica para que puedan ayudarme y auxiliarme estarán promptos para dar palabra de honor para no salir de los contornos de la ciudad y para trabajar conmigo a fin de sosegar los tumultos y sediciones espero excelentísimo señor que en este justísimo ruego no quede defraudado mi instancia y trabajo. Dios guarde a V.E. muchos años. Besa las manos de Vuestra Excelencia su obsequentíssimo siervo. Manila y noviembre 8 de 1762. (Firmada la original por su señoría ilustrísima)

74. *Rojo to Draper, Santa Cruz, 29 October 1762. A.P.T., I, fo. 40.*

[Rojo explains that he is doing everything possible to obtain the money demanded for the ransom of the city. He asks Draper to be patient.]

Exme. Domine: Nulla in me mora est ut praesto sit quarta argenti pars apud V. Exam. quem scio intra paucos dies petiturum

Britaniam. Milites etiam praeexigere solutionem ac perurgere. Tantisper expecta prudens ac clemens triumphator. Incolae enim nullum non movent lapidem ad collectionem tantae quantitatis ex reliquiis pecuniarum et supellectilium peragendam. Quin ego res quascumque argenteas (exceptis ad sacra per[blank in MS.]cienda pernecessariis) ecclesiae meae et meas simul omnes demptis nullis crucibus pretiosis quae pectoralia dicuntur paratus sum traddere. Non enim vir uxori sed uxor viro circumornata esse debet; dedecet certe sponsum divitiis prefulgere, sponsae depauperatae. Quin exemplo res erit meis fidelibus subditis et posteris imitationi; hoc certe a majoribus accepi verbis et operibus confirmatum.

At vero humanissime domine deditionem insularum per duo fere saecula comparatarum a regibus catholicis immensis divitiarum summis et sine numero suorum hispanorum sudoribus et sanguine redundantium nunc illico et ni ictu (ut ferunt) oculi fieri, transmutata de repente dominatione, nemo sanae mentis compos in stuporem raptus non demirabitur, portentum imo pene miraculum pleno ore vociferabitur. Dicta haec lex est; inficias nullus ibit, sed pace tua victor egregie hanc legem fas, jus, ratio, aut e medio tollunt aut dispensationi subjiciunt. Nec alium ni temetipsum prudentissimum et sapientissimum judicem compello, aequissimus tu. Excellentissime Domine, rerum aestimator, dijudica.

Attamen taceant omnia, tuba triumphalis canit, districti enses, gladii acutissimi, tormenta bellica minitantur nobis cladem, urbi excidium, insulis conturbationem; commovebuntur barbari, Indi jam mansueti ac bene morigerati (dubia inter spem et metum res est) humanitatem ex[i]vent, induent pristinam ferocitatem. Quid amplius? Res sacra et catholica (heu Deus immortalis) in discrimine exit periclitabitur, corruet. Quid sub tanto periculo devicti qui christiano nomine censentur tremebundi cogitent, clamitent, aspirent? Honoris verbo plures, juramento plurimi ne arripiant arma in victores etsi ad manus arma adessent, obstringuntur. E regione vero adest militibus multis et bellicosis armorum copia; ducibus, tribunis ac prefectis supremis adsunt animi, generositas et peritia militaris. Proh me miserum Archiepiscopum, imbellem et debellatum ducem generalem. Una salus victis nullam sperare salutem; fallitur tamen poeta, falluntur poetae sectatores; anchora est firmissima salutis; primo in omnipotenti universi orbis conditore, [blank in MS.] gitore regnorum, unoque arbitro victoriarum; deinde sub regio nomine ac protectione ipsiusmet Georgii III Magnae Britaniae ter optimi maximi; hunc triumphatorem, justissimum clementissimum regem appello, advoco, imploro sub que tanto capite generosam gentem, nationem scilicet anglicanam (angelicam dixerim) fortitudine, cultissima politia, veloci ac veluti pennata in scientiis, facultatibus, rebus universis naturalibus perspicacitate politam. Haec si apud te, fortis ac clemens prefecte anglicane ne valent (uti credo) plurimum valere; deditionem insularem praeterire ac remittere necesse est.

Enim vero si ex recta belli trutina sequela est legitima deditio haec ac pars triumphi et victoriae separationem exosa decerno sine cunctatione deditionem millies protestatum et imparibus viribus vi erutam; quousque hoc grande negotium regis britanici et hispani Caroli III, Georgii III ad amicum redigatur foedus aut pro utriusque regio libito dirimatur. Interim pacifice res omnis conquiescat; neophitorum instructio et summisio evangelicis ministris conservetur; religio catholica ex integro firmissime tutetur; nullus nisi cujus justitia exigerit sanguis effundatur; honor militaris rectoribus et officialibus insularum decernatur; quaecumque tua patria stipulatu admissa et obfirmata sunt salva omnia consistant.

Pro coronide dicam, tua pace, domine, patientiam habe in me et omnia reddam tibi; nulli non parco labori; nulla me praetervolat investigatio nec cogitatio ut res finem offendat optatum. Vereor ne tibi stomachum moveat ne sit nauseae atque fastidio longa haec et impollita scriptio. Calamus certo certius haud valuit bene exprimere quod angustiis cor opressum eructavis. Valeas diutissime et funaris triumphis et beata pace. Deosculatur manus tuas Exme. Dne., tui obsequentissimus servus.

Datum in oppido Sanctae Crucis, Oct. 29, anno 1762.
[To] Exme. Dne. Guillerme Draper, Strenuissime Britan. copiarum terrestrium Prefecte.

75. *Rojo to Draper, Manila, 31 October 1762. A.P.T., I, fo. 24.*

[Rojo states that he is still searching for the slayer of Lieut. Fryer. However, witnesses say that no violation of the truce took place. Rojo affirms that he will resist to the end.]

Exme. Domine. Vellem dux egregie uti par est tibi illico manifestum facere quantum diligentiarum adhibitum fuisse ex mandato meo strictissimo ut execrabilis agresor invenire. [blank in MS.] senatore Regio Auditore bellico ad normam [blank in MS.]pparet plena indigatio; quid ex ea an [sic] demonstretur videat justificatio Vestre Excellentie nam ex meis non cognoscitur infractio signi pacis ex oculatis multis testibus.

Ex tribuno militum Marchione de Villamediana aliquales videt presumtio adversarii desertorem Ramirez qui ut reperiatur nullum non moveo lapidem nec parcitur investigationi. Utinam hic habeatur ut comprobata re dignum decernatur suplicium non a me sed actis sive visis et crimine vere et clarissime purificato; remisus tunc agresor a V. justitia mutetur paena promerita. Non posum silentio olvolbere Exe. Dne. quod ex militia tua dignocitur; nam utibur etiam pulvere tormentorio; surdo qui tronitum non facit; est loco metralle utitur non ositata [. . . ?] collumne aeres. De quo certiorem te facio ut aplicet vestra generositas oportunum mandatum; procedimur nobili et ingenuo bello uti par est genti hispane et britanice.

Peto ex vestra ut dignetur epistolam meam mitere exelso maritimo duce domino Cor[nish] Almiral britanico; ex meo beneplacito [blank in MS.]illi pusillum obsequiem sobrinus meus Ant[blank in MS.]i frater Antonis qui pene mortuus vivit oportuna medicamina.

Valeas Exme. Dux jubeas et in bello fortissimo prosequaris paratus ego ad sanguine usque resistere.

Postridie Kalend. Oct anno 1762.

Ex. Dno. Guill. Draper.

76. *Rojo to Draper, 9 November 1762. A.P.T., I, fo. 45.*

[Rojo says that he will willingly write letters authorizing the transfer of the silver from the *Philipino* to the British. He also says that many wish that Draper and Cornish declare that the galleon *Santissima Trinidad* was not legitimate booty.]

Excellentissime Domine: Do libentissime sinceritatis et fidelitatis meorum hominum testimonium optimum quod ita vocas et petis. Mitto scilicet literas quibus iterum secundo jubeo tradditionem omnis argenti navis *Philippinae*. Liberentur ergo Auditores mei et suo loco abeant ad investigandam navem duo incolae principaliores qui proprius et oportunius rem hanc conficient. Nescio, me hercle, ubinam navis sit; stare debet juxta mea mandata in Palapa.

Intelligo etiam hoc remedio non amplius exigendam ad impletionem exactae quantitatis ad quam praesentes incolae ultra vires exhibitionem fecerunt, exhibitio jam pridem omni ornato argento ecclesiarum. Adversus divites tenaces et absentes fac quod melius et justius judicaveris; deficiunt nobis vires ad illos compellendos. Si autem adhuc ad implendam talem quantitatem est progrediendum, non superest nisi mens omnis navis *Trinitatis* ex qua deducatur aestimatio completiva quartae partis exactae.

AFTERMATH OF CONQUEST 155

Cuncti omnes incolae clamant ad me ut declaretur ab Excellentia Vestra et D. Ex Cornist et D. Guvernatore cum suo concilio navim [sic] Trinitatis non esse legitimam praedam, commercio jam multo ante libere concesso. Hoc certe negotium spero justissime et aequissime decidendum; fac ut representatio adjuncta pro merito et jure aestimetur.

In me Excellentissime Domine non nisi (uti par est nobili viro et episcopo catholico) veracia et ingenua verba et opera invenies.

Bona pace ac valetudine potiaris ex opto et gestio. Deosculatur manus tuas urbanissime tui observantissimus servus. Emmanuel Antonius, Archiepiscopus, Guvernator Insularum.

Datum Nov. 9, anno 1762.

[To]
Exme. Dne. D. Willerme Draper, Brit. Cop. terr. Supreme Praefecte.

77. *Rojo to General Blanco, Santa Cruz, 9 November 1762. A.P.T., I, fo. 46.*

[On 24 September Rojo ordered Blanco to disembark the silver and official dispatches of the galleon *Philipino*, and defend them in the fort of Palapag. On 6 October he reversed this order after Manila surrendered. Rojo has not received an answer from either of these orders.]

En 24 septiembre di el orden que ese navío *Philipino* se internara en Palapa donde se hallaba, y echara la plata y pliegos a tierra, fortificándose bien para defenderla; la qual fue la resolución de mi acuerdo y vezindario. Y por la misma resolución en 6 de octubre di el orden depués del rendimiento de Manila que se condujessen los caudales para entregarlos a quenta de los quatro milliones convenidos con los excelentísimos generales británicos y si el navío *Philipino* no estaba capaz de navegar se entregasen dichos caudales al capitán de uno de los navíos británicos que avían salido en solicitud del *Philipino*, para lo qual se dio pasaporte y orden por los generales británicos. Hasta el día presente no tengo alguna noticia del recibo de mi carta y mandato. Y urgiendo mucho el cumplimiento de esta entrega vuelvo a dar a vuestra merced orden de que con toda fidelidad, buena quenta y razón se efectue la entrega de los caudales: y a este intento se despacha por los excelentísimos generales su nave, y en ella a dos, o más sujetos de los nuestros.

Dios guarde a vuestras mercedes muchos años. Santa Cruz, y noviembre 9 de 1762.

Manuel Antonio Eugenio, Arzobispo de Manila

Domingo Gómez.	Alexandro Rodríguez Varela.
Antonio Díaz Conde.	Juan Francisco Solano.
Luiz del Villar Gutierrez.	Francisco Casañas.
Doctor Domingo Neyra.	Doctor Santiago de Orendain.
Juan de Otal.	Joseph Francisco de Ocampo.

[To]
Señor General Don Juan Antonio Blanco, y Maestre de Plata Don Joseph de Góngora.

78. *Draper to Rojo, Manila, 10 November 1762. A.P.T., I, fo. 44.*

[Draper states that the Judges of the Audiencia will be freed only if Rojo sends letters ordering the transfer of the silver from the galleon *Philipino* to the British vessels. The judges under British guard are to transmit these letters. If the silver has been already captured, it is to be considered justly acquired booty.]

Excellentissime Domine:
Necesse est ut Auditores Regales cum nostris navibus abeant ad investigandum *Philippinam*, et habeant literas ab Excellentia Vestra scriptas quibus mandata vestra comportentur ut omne argentum secundum conventionem fideliter nobis redatur. Haec sola conditio est propter quam Auditores Regales liberati erunt. Hoc erit fidelitatis et sinceritatis vestrorum hominum testimonium optimum.

Si praelio capta sit navis *Philippina* non ut pars solutionis sed praeda legitima ex jure belli existimabitur. Fac precor ut sine mora haec jussa nostra Auditoribus nota sint. Valeas precor. Sum tui observantissimus cultor, W. Draper. Manila, November 10th 1762.

79. *Cornish to Clevland, on board the* Norfolk, *Manila Bay, 10 November 1762. P.R.O., Adm. 1/162 (2), fos. 53–4.*

Sir: In my letter of the 31st of October I acquainted you of my having sent Captain Parker with the *Panther* and *Argo* in quest of the galleon *Saint Phillipina* from Acapulco bound to Manila.[1]

[1] Cornish confuses the names of the two galleons. He refers here to the *Philipino* which was en route from Acapulco. The *Santísima Trinidad* had been forced to return to the Philippines by a storm. Compare this account with Document 80.

The 7th instant Captain King in the *Argo* returned with a letter from Captain Parker acquainting me that in consequence of my orders, having the 30th October got the length of the Island of Capul near the entrance into the Embocadero[2] in pursuit of the *Saint Phillipina* where the *Argo* had come to an anchor, (and which he intended to do for that night) just as the day closed saw a sail, upon which he immediately dispatched two boats to dog her and a third to Captain King with orders to get under sail and stand to the northward; at eight in the evening he got sight of the chace about two leagues to leeward, but unluckily by the rapidity of a counter current, to what the chace was in, was drove among the Narango's in the utmost danger of being lost and obliged to anchor. The frigate having escaped the danger got up with the chace and engaged her near two hours, but was so roughly handled that Captain King was obliged to bring too to repair his damages. By this time the current slackend which enabled Captain Parker to get under sail with the chace in sight; about nine the next morning he came up with her and after battering her two hours within half musket shott, she stru[ck]; the (quarry?) made but little resistance trusting [to the] immense thickness of the sides of their ship which the *Panther's* shott was not able to penetrate excepting her upper works. Captain Parker was no less disappointed than surprized when the general came on board to find that instead of the *Saint Phillipina* he had engaged and taken the *Santissimo Trinidad* who departed from Manila the first of August for Acapulco and had got three hundred leagues to the eastward of the Embocadero but meeting with a hard gale of wind was dismasted and had put back to refit. She had eight-hundred men on board and pierced for sixty guns, but when Captain King engaged her, had only six mounted and but thirteen when taken. She draws thirty-three feet water and is a much larger ship than the *Panther*. I cannot ascertain the value of her cargo but there is to the amount of one million and a half of dollars registered and she is reputed to be worth three million.[3]

Captain King left the *Panther* with her prize at an anchor about three leagues south of the Corregedore, at the mouth of this bay, and as I have sent a reinforcement of men with launches and warps, I hope very soon to have them in safety.

As the taking this prize prevented Captain Parker from pursuing

[2] The Embocadero of San Bernardino where the galleons entered and left the archipelago.

[3] The *Santisima Trinidad* was a giant of a vessel. It was never returned to the Spaniards and on 9 June 1763 it entered Plymouth Road. The *Scots Magazine* announced that it was one of the largest ships ever seen in Britain, upwards of 2,000 tons burthen and drawing twenty-eight feet of water. William L. Schurz, *The Manila Galleon* (New York), 1959, p. 341.

the *Saint Phillipina* and as he informs me the navigation is very dangerous for large ships, I shall dispatch the *Argo* and *Seaford* who has just cleared to take possession of the treasure on board her agreeable to the capitulation; for which purpose some officers will be sent properly authorized, by the Archbishop, late Governor General. I flatter myself this blow will have consequences agreeable to His Majesty's intentions as it will efectually destroy the commerce of Spain in these parts. I am, Sir, Your Most Obedient Humble Servant, S. Cornish.

80. *Declaration of General Meylan on the capture of the* Santísima Trinidad, *11 January 1763. A.P.T., VIII, fos. 1–2.*

[*The Santísima Trinidad* was forced to return to the Philippines by a storm which struck on 3 October. Near the Naranjos the damaged galleon was attacked by the *Argo*. Later both the *Argo* and *Panther* captured the galleon which was brought to Cavite on 12 November.]

Manila y henero 10 de 1763. Respecto a el fatal systema actual y ser necessario el dar quenta a S.M. (Dios le guarde) de la pérdida de la nao la *Santísima Trinidad*, que apresó viniendo de arrivada el enemigo inglés en la altura de el embocadero de San Bernardino; para poderlo hazer con la formalidad a que da lugar el estado presente procedase a hazer sumaria averiguazión del referido hecho por el presente secretario de cámara, examinando los oficiales de dicho navío que puedan ser havidos, y hecha en la parte que baste a comprovar la referida pérdida y sus circumstancias dará quenta para lo que aya lugar. M[onrroy].

Declaración del General don Francisco Vicente Meylan. En la ciudad de Manila en onze henero de mil setecientos sesenta y tres años yo el presente secretario de cámara en el superior decreto de esta foxa y usando de la comisión que en el se me confiere hize comparecer ante mí a el general don Francisco Vizente Meylan de quien reciví juramento que lo hizo por Dios Nuestro Señor y vna señal de cruz en forma de derecho y so cuio cargo prometió decir verdad en lo que supiere y fuere preguntado y siéndolo al tenor del superior decreto antecedente enterado dixo: Que como general de la nao la *Santísima Trinidad* de Vergas en alto para viajar a la Nueva España montado en su buque se hizo a la vela en el puerto de Cavite en demanda de su viaje el día primero de agosto del año proximo pasado de mill setecientos sesenta y dos, y aunque se hicieron los esfuerzos posibles por ser los vientos contrarios no pudieron conseguir el desembocar por la boca de Mariveles hasta el tres de septiembre que abonansaron los tiempos y seguió la derrota del embocadero hasta el puerto o ensenada de San Jazinto, donde dieron fondo en el siete de dicho mes para remplasar el aguada, leña, y otros vtencilios consumidos en serca de quarenta días de navegación y recevir varios efectos necesarios para el viage, y evaquada esta diligencia salieron del dicho puerto a la vela en procecusión de su derrota en el día doze de septiembre, la que con variedad de vientos continuaron hasta el dos de octubre por la noche, que el nornordeste les obligó a ponerse a la capa y a el amanecer del día tres de octubre se hallaron con vn fuerte temporal por el nordeste que preciso a recoger las belas y a quedar solo con el trinquete marcado y como crecía la fuerza del dicho temporal, a las siete de la mañana empesaron a faltar varios cavos de labor que se remplasaron con la promptitud posible y avnque se pretendió dar andar a el Bazo faltaron a vn tiempo la escota e inmediatamente faltó el palo del dicho trinquete y su estay, y consecutivamente el palo mayor en menos de vn quarto de hora, quedando la nao como vna boya combatida de las olas esperando ser sumergida por instantes; lo qual no obstante esforsándose la gente se puso toda diligencia en cortar la obencadura y cavos para largar los palos que estavan pendientes de ellos y atormentavan los costados, y se dieron trece tortores a el buque que se yba abriendo en lo que se trabajó todo el día y la noche presedente a el día quatro de octubre en la que se reconoció hacía mucha agua el buque de la nao lo que preciso a el continuo trabajo de las bombas e insesantemente a formar bandolas para darle govierno a el buque lo que se consiguió el día seis de octubre navegando de arribada para estas yslas, hasta el veinte y ocho de dicho mes que avistaron el cavo del Espíritu Santo, con lo qual determinaron tomar el puerto de Palapa lo que no se efectuó por su dificil entrada y se tiraron para el de Bagatao, y navegando en su demanda en el veinte y nueve por la tarde bieron vna bela que no se pudo determinar si era de barco, galera, o champan, pero que la noche de dicho día hallándose en la altura de los Naranjos, la vieron más cerca pero sin poder dicernir todavía la naturaleza de su buque; por lo qual a precaución avnque no havía más de siete cañones montados estubieron sobre las armas hasta que a la vna y media de la noche se les bino acercando por la popa y se reconoció ser fragata enemiga, porque avnque se le reconoció no quiso responder y por fin les empesó a hacer fuego pero que no pudiendo la nao *Trinidad* governar para el combate, aguantaron su batería hasta que les dió el costado por el barlovento en cuio tiempo se le hizo fuego el más vivo que se pudo de suerte que en tres horas que duró el combate hallándose bien maltratada dicha fragata y con mucha gente muerta se retiró y según despues se reconoció fue a pedir favor a vn navío ynglés de lignea de sesenta y quatro cañones nombrado el *Panter* que estava postado detrás de los Naranjos en cuio tiempo dió el que declara la orden de ponerse en defensa montando seis cañones y enbarcándose para resguardo de su gente, que a poco mas de las [*MS. torn: about a line missing*] . . . Navios, y tomándole la Popa la empesaron a hacer vn vivo fuego por serca de dos horas de suerte que las belas de las bandolas las hicieron vn arnero que luego buscaron el costado continuando la batería a la que se les correspondió con la artillería montada que pudo servir para dicho efecto respecto a la falta de govierno que padecía que estando conbatiendo, el capitán de navío y piloto mayor vinieron a el que declara a pedirle que arrease la bandera, exsagerando el número de gente que les matava el enemigo (que no llegavan a veinte hombres) que el declarante no quiso condecender y llamando a el contra maestre y artilleros, los exortó a que se animasen continuando el combate en el Nombre de María Santísima y seruicio del rey a lo que se ofrecieron y se continuó el combate con vn vivo fuego hasta ora de las dies que bolvió dicho capitán de navío y piloto mayor pidiendo la rendición por cuio hecho si se hiciese cargo ellos responderían y que se hiciese junta para arriar la bandera en la que todos acordes fueron de parecer se devía arriar, y haviéndose hecho el enemigo ynglés se apoderó de la nao rendida y hicieron pricionera a toda su guarnición y gente, y los condugeron con la nao apresada a el puerto de Cavite a el que llegaron el doce de nouiembre del año proximo passado. Que es quanto sabe y puede declara sobre la pérdida de dicha Nao, y es la verdad so cargo del juramento que tiene fecho en que se afirmo y ratifico declarando ser de hedad dispuesta por derecho y lo firmo de que doy fee.

Francisco Vizente Meylan

Antte mí: Juan Monrroy

81. *Statement by Manila merchants protesting that since the capitulation of the city took place on 6 October, guaranteeing them their possessions, the British seizure of the galleon* Santísima Trinidad *was illegal. n.d. A.P.T., I, fo. 47.*

Excelentísimos Señores Generales y Señor Governador de las Yslas Philipinas. La ciudad y vezinos comerciantes de Manila rendidos y sumisos ante vuestras excelencias y señor governador hacen presente a su rectitud que están en pocesión del derecho de religión de su libertad, vidas, vienes y comercio, según lo convenido y concedido por vuestras excelencias desde el día seis, veinte y cinco, veinte y ocho, y treinta de octubre, y constando que el navío de *Trinidad*, fue

AFTERMATH OF CONQUEST 161

cogido al treinta de dicho mes se han de dignar vuestras excelencias declarar por no legítima dicha presa, y por vienes nuestros todo lo que incluya dicha nao, para que desta suerte se guarde justicia y se obcerve la firmesa de lo convenido. Firmada de los concurrentes a la junta del dicho día.[1]

Monrroy

82. *Parker to Rojo, Cavite, 21 November 1762. A.P.T., XVII, fo. 15.*

[Hyde Parker grants the former General of the galleon *Santísima Trinidad*, Meylan, permission to live in Manila.]

Noviembre 21 de 1762.

Ilustrísimo y Reverendísimo Señor

Con la carta que vuestra señoría se dignó enbiarme por mano de Don Francisco Milan reçibí muchísimo gusto; la consideración de lo que debo a mi caracter a mi grado y a mi familia, será siempre motibo suffiçiente para obligarme a hazer todos los buenos officios que pendan de mí, al general y demás ofiziales de la *Santa Trinidad*, con todo que siempre he sido llebado de estos principios por ser buenos, no siento menos la aprobación tan honorífica de vuestra señoría como persona de grado tan distinguido (y lo que aprecio más) de un carácter tan distinguido y tan conozido por su mucha virtud y otras eminentes preheminencias.

Don Francisco Meylan (como vuestra señoría lo pride) tiene plene libertad de vivir en Manila con su mujer y de [su] familia, y por los demás señores para quienes vuestra señoría se interesa, hacer lo que pudiere para que el almirante les conceda lo mismo.

Acerca de los papeles que vuestra señoría habla luego que se encuentren, estarán entregados a vuestra señoría y si vuestra señoría gusta de señalar persona para registrar los que tengo en mi poder y

---

[1] The complaint that the capture of the *Santísima Trinidad* took place after the capitulation was signed was heard in the Admiralty Court. The report of James Marriott, Advocate General, to the Earl of Halifax, stated rather surprisingly that only the *Philipino* fell in this category, and if it was taken after, then 'it may be a consideration that may effect the demand of the British Commanders for bills drawn for the surplus of the ransom on the King of Spain'. *Calendar of Home Office Papers*, no. 1486. The *Philipino*, of course, was never even captured. Cornish sent someone after it but there was neither crew nor cargo to be found. To prevent its further use, it was put to the torch. See *Rojo's Narrative*, B.R., 49: 251.

cuidar los que puedan importar a vuestra señoría no abrá dificultad de mi parte de entregarselos.

Quedo de vuestra señoría ilustrísima el mas humilde obediente servidor

Firmado: Hyde Parker

Cavite y noviembre
21 de 1762 años.

83. *Cornish to Rojo, Manila, Cavite, 22 November 1762. A.P.T., XVII, fo. 16.*

[Cornish states that he would not object to release the officials and captain of the galleon *Santísima Trinidad*. He also informs Rojo that the official dispatches were thrown overboard by the Master of the silver when the galleon was captured. If any are recovered they will be handed over to Rojo.] Noviembre 22 de 1762

Ilustrísimo Senor:

Tube el honor de recibir la carta de vuestra señoría ilustrísima hecha el día 18 del presente, en donde me suplica conzeda lizencia a algunos de los ofiziales appresados en el galeon la *Santísima Trinidad* de venir a Manila, como se halla tanta gente actualmente que reside en esa ciudad, el governador me escribió luegó que llegó dicho galeón a la baya, mandando que no se dexase saltar en tierra a los misioneros, sin embargo consentió que saliesen en Cavite, y si el señor Drake lleba a bien que dichos señores para quienes vuestra señoría se empeña vengan a Manila, por mi no abrá la más mínima dificultad.

Acerca de los papeles que vuestra señoría me pide, debo informarle que el mastre de plata los echó al agua con otras varias cosas de valor, lo que dize aber hecho de orden de vuestra señoría sin embargo en caso que se encuentren algunos de los papeles que escaparon, que puedan ser útiles a vuestra señoría daré orden que se le entrieguen, y estimaré que vuestra señoría me embié a Cavite persona que pueda conozerlos.

De Cavite en 22 de noviembre de 1762 años. Quedo con respecto y veneración de vuestra señoría ilustrísima. El más humilde y obediente servidor. Firmado S. Cornish. A su Excellencia don Manuel, arzobispo de Manila.

AFTERMATH OF CONQUEST 163

84. *Rojo to Parker, Manila, 6 December 1762. A.P.T., XVII, fo. 18.*

[Rojo asks Parker to help recover the silverware destined for the king, which was on the *Santísima Trinidad*.]

Diziembre 6 de 1762.

Tube el gusto, y satisfación de la respuesta de vuestra señoría a mi carta: pero no lo tuve de verle en esta ciudad, y quando tuve el gusto de saber hauer estado en ella vuestra señoría ya auía regresado para su nauío. Pero espero se ofresca otra ocación en que logre conocer, y tratar a persona tan estimable y de las altas prendas de V.S. nada puedo al pressente pero en qualquier fortuna me dedicaré al obsequio de V.S.

Passa allá a diligencia propia el capitán Don Miguel Gómez a quien estimo por su vella conducta y modales, y va encargado de recoger los pliegos como antes escriví a vuestra señoría debiéndole su favor.

Si entre ellos hallare alguno que mire a la cargo del nauío tendré buen cuidado de remitirlo, que era la limitación, que el Señor Almiral me ponía sobre este punto. Y aora añado a su excelencia y suplico a vuestra señoría su influxo que las pocas alhajuelas que se destinaban a mi rey se me debuelvan cuio precio de lo que se estimaren estaré prompto a entregar. Y también le hago la súplica al señor Almiral, y a vuestra señoría sobre un criado mio Andrés de Castañeda mestizo casado aquí que se halla en el nauío nombrado *America*.

Soy de vuestra excelencia con la mayor voluntad y afecto.

Manila y diciembre
6 de 1762. [Copy signed by Monrroy]
S. E. Comandante General Hyde Parker.

85. *Rojo to Cornish, Manila, 6 December 1762. A.P.T., XVII, fo. 17.*

[Rojo is sending Miguel Gómez to collect any papers salvaged from the galleon *Santísima Trinidad*. Rojo also inquires about a case of knives, spoons, forks, and some walking sticks, all sent to Charles III. Rojo is willing to buy them back if they have been found.]

Diciembre 6 de 1762.

Exmo. Señor

Supuesto el favor con que vuestra excelencia me honrra sobre la entrega de papeles podrá el capitan Don Miguel Gómez recibirlos dignándose vuestra excelencia de mandarle entregar los que huviere: pues considero que para vuestra excelencia serán inútiles, y los que de otras personas vinieran a mi mano se los haré entregar. Y si ya no están separados los que pertenecen a la carga del navió, si los encuentro los que vinieren, los debolveré a vuestra excelencia.

Es cierto que el maestre de plata tiene el orden general de botar los caxones al agua corriendo peligro de ser apressado el nauío, y la confusión no le dio tiempo a poner el lastre conveniente, pero me ha dicho que los echó al agua antes de sauer que el nauío estaban rendido y es sugeto de verdad y honor.

En uno de dichos caxones sin que el maestre lo supiese iba el caxoncito como tan pequeno de thenedores, cucharas y cuchillos para mi rey, que el governador difunto le dejó en su testamento.[1] Y en otro caxón largo, y angosto de poco volumen iban quatro bastones, que yo remitía a S. M. y al príncipe.[2] Si vuestra excelencia lo tuviere, a bien y fuere de su agrado, daré el precio en que se estimare todas estas alhajillas por respetar la soberana, y real personal, a quien se destinaba.

Vn criado mío mestizo que se llama Andrés de Castañeda se halla a bordo del nauío que se nombra *América* estimare a vuestra excelencia se sirua mandarle dar livertad por ser aquí casado.

Doy a vuestra excelencia mi obediencia y me ofresco muchas vezes con todo rendimiento a sus ordenes.

Manila y diciembre 6
de 1762.

[To] Exmo. Señor Almiral Don Samuel Cornish

86. *Parker to Rojo, Cavite, 11 December 1762. A.P.T., XVII, fo. 19.*

[Parker reveals that Admiral Cornish has the official Spanish papers taken from the galleon *Santísima Trinidad*. He thinks that the private letters taken should be burned, and assures Rojo that the recovery of the silverware sent to the king should not be difficult.]

Diciembre 11 de 1762.

Ylmo. Señor

Mi negocio a Manila, no hubo otro objeto sino el de ir ponerme a la obediencia de V.E. pero a mi llegada a esa ciudad me dixeron que estaba indispuesto y mudando su residencia de Santa Cruz a la ciudad. La multitud de embarasos en que considere V.E. xircundado no me

---

[1] The former governor, Pedro Manuel de Arandía, left these for Charles III.
[2] The canes were made of bamboo with delicately carved handles on which were depicted the royal arms. They were destined for both Charles III and the prince. 'Rojo's Narrative', B.R. 49: 247–8.

permitieron de añadirles los de una fuera de sazón y impertinenta visita, sin embargo tomaré ese honor la primera ocasión que yo encuentre.

Los papeles relativos al govierno están en las manos del Admiral; las cartas perticulares, creo que V.E. será de mi parecer que es mexor quemarlas que debolberlas porque si el contenido de varios de ellas llegaba al conocimiento de qualquier de menos virtud y entendimiento que V.E. ocasionaría mucha mala sangre y perturbancia; no faltaré a recoxer y conservar todas las que encontraré que pueden ser de algunas vtilidades a V.E. pero es un trauajo que pide tiempo.[1]

Discurro que V.E. no encontrara dificultades ningunas en el recoximiento de los regalos para S.M. ni en ninguna otras cosas en que yo tenga poder de sirvir a V.M.

Exmo. Señor
Soy de V.E. el más obediente y más humilde servidor
Cavite, 11 diciembre   Hyde Parker
1762

87. *Rojo to Parker, Manila 13 December 1762. A.P.T., XVII, fo. 20.*

[Rojo informs Parker that the papers are in Cornish's possession and that Cornish thinks that the gifts sent to the king can be recovered. Rojo states that the *Santísima Trinidad* also carried marble sculpture, and furniture destined for the cathedral of Mexico.]

Diziembre 13 de 1762.

Muy señor mío: mucho estimo la honorable carta de V.S. y siempre seré de gran gusto mío tener oportunidad en mejor fortuna para dedicarme al obsequio de vna persona de tal mérito, y prendas, como V.S. Aunque sigue mi dolencia, me será de consuelo la visita de vuestra señoría quando buenamente la franquee la ocasión.

Pues los papeles relativos al govierno están en tan buenas manos como en las del Señor Almiral, espero deber a V.E. me los remita quando fuere de su agrado. En las cartas particulares apruebo, y alabo la discreción tan prudente de V.S. de que sin perdonar alguna se den al fuego, para que se impidan las resultas temibles, que al alto juidio de vuestra señoría mui bien considera. Está bien, que se sirva V.S. de recoger los papeles que se puedan, pertenezcan, lo que demanda trabajo y tiempo.

Quedo entendido, de que no avrá dificultad sobre los regalos mencionados, que eran destinados a S. M. C. y avnque no tengo

---
[1] They were never returned. *Ibid.*, 248.

contestación del señor Almiral, pero me es mui bastante la de V.S. No pocos regalos eran los que yo destinaba a sujetos de México en piezas de marfil. Y las que corresponden al Facistol, que remitía para aquella cathedral, pero no hablo cerca de esto, ni quero onerar a V.S. sino en el preciso caso de que con gran facilidad se pudieron recoger dando el precio en que se estimasen.

Esta carta lleva el capitán Don Miguel Gómez persona de mi particular aprecio, y espero deber al favor de V.S. que le patrocine para su pretención.

Lo que siento, señor, es, la desbaratada fortuna en que me hallo porque no tengo todas las facultades, con que de la mejor voluntad obsequiaría y serviría a V.S.

Soy de V.S. mui afecto y rendido servidor.

Manila y diciembre 13
de 1762.

Al Señor Comandante D. Hyde Parker.

88. *Parker to Rojo, Cavite, 19 December 1762. A.P.T., XVII, fo. 21.*

[Several Englishmen were displeased that the Spanish governor had ordered the cases of walking sticks thrown overboard. This made the English less inclined to return the other gifts now in their possession. However, they were returning the chorister's bookstand, destined for the Mexican cathedral.]

Muy Ilustre y Reverendísimo Lord y Señor:

Antes hubiera reconocido el honor que V.S.Y. me haze por su carta de 13 si lo pudiera hauer executado con más satisfacción de V.S.Y. y mia propria pero en la compra de los presentes destinados a S.M.C. he encontrado con dificultades no preuistas. La malicia de arrojar al mar los basttones que no se puede escusar con el pretexto de ser relatibos a los despachos públicos ha indispuesto tanto los espíritus de algunos caualleros, que me ha impedido la fortuna de redimirlos.

Se han señalado personas propias para el abaluo de el legado, que el Mariscal don Pedro Manuel de Arandía hizo a la reina el que se debouerá quando se le aya fixado precio.

El Almirante y demás caualleros interesados suplican a V.S.Y. se sirua acepttar el facistol como testimonio de la alta estimación y conceptto, que tienen de la persona de V.S.Y. e yo cuidaré de remitirlo a Manila.

Si no diera a la cultura de V.S.Y. lo que le es proprio me varía en peligro de que sus obligantes expresiones me inchasen de vanidad pero suponiendo lo real de sus sentimientos, es grande interés mio el conseruarme distante de su ilustre persona, porque vibo combencido de que su profunda penetración hallaría gran disminuzión en mi mérito siempre, que me conociese más de serca. Siempre que reflexiono en la piedad charidad y desgracia de V.S.Y. baxo la caueza con admiración y reuerencia por las dispocisiones de aquel supremo ser, cuios juicios son imprehensibles. Quiera este mismo ser pretexer y preseruar la mui ilustre vida de V.S.Y. en todas ocurrencias. Yo soy Milord. de V.S.Y. mui obediente y mui humilde seruidor. Parker.

Cauite, diziembre 19 de 1762.

[To] Muy Ylustre y Reverendísimo Señor Don Manuel Antonio Roxo.

89. *Drake and Council to Rojo, Manila, 12 January 1763. A.P.T., I, fo. 48.*

To His Excellency Don Manuel Antonio Roxo, Archbishop of Manila.

Illustrious Sir: Having received letters from the superior of the Jesuits and the other religious orders desiring that a conference may be held by your appointment for considering of ways and means for making proportionable contributions towards compleating the four millions.

We therefore desire you will cause such conference to be held in your presence to fix on some method for raising such contributions, apprehending that those sums already advanced by the different orders are pious donations and not any part of the funds belonging to said orders. We are with esteem Illustrious sir, Your most obedient humble servants, Dawsonne Drake, J. L. Smith, Henry Brooke, Sam. Johnson.

90. [*Rojo to Drake, Manila*], *19 January 1763. A.P.T., I, fo. 49.*

[The Archbishop of Manila met with the superiors of the religious orders to discuss means of raising the ransom of four million pesos. Neither the Franciscans nor the Hospitallers of St. John could contribute because of their poverty. The Dominicans and Jesuits have contributed but their farms and estates have been destroyed, and they have stripped their churches of silver ornaments in order to contribute to the ransom of the city.]

Excelentísimo Señor: En conformidad de la carta de vuestra excelencia de 12 del corriente se juntaron en mi presencia los prelados de los ordenes religiosos, y conferenciando sobre la contribución para los millones prometidos, están imposibilitados a ella. San Francisco, que por su professión jamás tiene, ni maneja dineros. San Juan de Dios, que por su hospitalidad, y la suma pobresa para sobstenerla, era necesario socorrerle. Los padres recoletos antes del asalto estava su provincia muy pobre, y en el asalto perdieron lo poco que tenían. Santo Domingo concurrió a la contribución, con quanto pudo, y tiene la obligación de mantener su convento, colegio, y beaterio, y deue mucha cantidad á Keneri. La Compañía fuera del depósito, que tenía, y entregó importa lo que ha dado, y perdido una crezida suma, y se halla, con la obligación de mantener sus misioneros y escuela, sin tener sino muy escasa cantidad por ello. Asegura, que sus haueres los hará constar por sus libros, y la razón también se puede saber por las cartas a su General, que se han cogido en la *Trinidad* y las haziendas, o estancias de ambas religiones se hallan destrozadas por los malévolos. Todas la referidas religiones exhivieron la plata de sus yglesias, y Santo Domingo, y la Compañía han escripto a vuestra excelencia y su consejo haziendo veer lo mismo, que han espuesto ante mí.

En esta inteligencia hallo por imposible mayor contribución de parte de las religiones que la referida y antes si que son dignas de compasión las miserias a que están reducidas. Y anado que siendo lo capitulado exhivirse lo existente de las obras pías que está complido y el resto pagarse del *Philipino* sobre que lo se han repetido ordenes para verificarse lo prometido y sobre ello lo más que se restare averse de librar a su majestad católica no parece quedar arbitrio sino de esperar dicho navío para que nada quede por cumplirse.

Soy de vuestra excelencia y su real consejo con todo rendimiento y voluntad.

Henero 19 del 1763.

[To] Excelentísimo Señor Governador Y Real Consejo de su Majestad Británica.

91. *Rojo to Charles III, Manila, 18 February 1763. A.P.T., I, fo. 55.*

[Rojo informs the king that since the silver from the *Philipino* was not available, he was drawing two million pesos on the Madrid treasury to pay Cornish the amount agreed upon to keep the city from being plundered.]

Señor: Haviéndose el día cinco de octubre del año pasado de mil setecientos sesenta y dos en que por asalto fue tomada esta plaza, para librarla de las hostilidades de su rendición pedido por los gefes británicos quatro millones de pesos, los dos efectivos, y de prompto, y otros dos sobre seguridad por los fundamentos que consta de las diligencias, y expedientes de que he dado separadamente quenta a V.M. se ofrecieron por el comercio, ciudad, vecindario, real audiencia y por mi los quatro millones cuya entrega se havía de vereficar en la exibición de los caudales de obras pías, y de los que conducía el *Philipino*, librándose el resto a la real thesorería de V.M. en que debiera tener efecto el cumplimiento de los quatro millones sobre lo exibido en esta ciudad en caso de no hazerse la entrega de los caudales, que conducía el dicho navío el *Philipino*; y porque aunque se expidieron por mí las correspondientes ordenes para que el *Philipino* se transportasen los caudales, y aunque a ello se repitieron las providencias en dos fragatas inglesas que salieron en busca de dicho navío, no se ha savido, si se han recivido estos ordenes; y las diligencias que se hicieron con las fragatas, no tuvieron efecto, porque los malos tiempos contrarios embarazaron, que en tres meses encontrasen a dicho navío, y estando el Almiral Don Samuel Cornik para regresar a su destino con su esquadra, me he allanado, y convenido con el referido Almiral en dar libramiento de dos millones contra el real thesorero [*sic*] de V.M. y que por los otros dos millones, sobre lo ya exibido ajustada, y liquidada la quenta se completen de los caudales, que condujere el *Philipino*, a cuyo fin se reiteren las ordenes para su venida, y repitan las más vivas diligencias, que con embarcaciones coadyubaran el govierno, y consejo británico para que así tenga efecto la tal entrega; y si efectuada faltase algún resto al cumplimiento de dos millones, por el descubierto se dará libramiento contra la real thesorería de V.M. en inteligencia, y execución de lo referido confiado en la real clemencia de V.M. en cuya real protección estriba todo el bien de estas islas, y sus moradores, y especialmente la religión cathólica, y disciplina eclesiástica, y demás, que he elevado a la real consideración de V.M. Doy según las circunstancias presentes este libramiento de dos millones de pesos a favor de dicho Almiral Don Samuel Cornik contra el real thesorero de V.M. y espero que la católica piedad de V.M. mande que se cumpla a satisfacción de el referido Almiral o de la persona a quien lo consigne para la recíproca observancia y custodia de la buena fe, altos y justos fines que h[MS. torn]do a la mira para este libramiento el qual doy por triplicado para que uno cumplido los otros dos no valgan.

Dios guarde la Cathólica Real Persona de Vuestra Majestad como la Christiandad necesita. Manila y Febrero 18 de 1763.

92. *Bill for the payment of two million pesos drawn on the Spanish treasury in Madrid. Manila, 18 February 1763. A.P.T., I, (no folio page).*

Manila 18 de febrero de 1763. *Copia*

Libranza para dos millones de pesos.[1]

Excelentísimo Señor: A los treinta días de esta mi primera letra de cambio, o libramiento no estando pagado ni el segunda, tercero, ni quarto del mismo thenor, y fecha, sírvase vuestra excelencia de pagar a su excelencia Don Samuel Cornish, Rear, o tercero almirante de la esuadra blanca de la armada de Su Majestad Británica, o a quien sus poderes tubiere la cantidad de dos millones de pesos españoles, siendo parte de la cantidad de quatro millones de pesos que se estipuló pagar por la capitulación hecha, y convenida entre mi, la Real Audiencia, esta ciudad, su comercio, y estado eclesiástico, y los gefes comandantes de las tropas de Su Majestad Británica por mar y tierra, conforme la carta de abiso que remito con esta libranza a S.M. Cathólica, Nuestro Señor y quedo a la obediencia de vuestra excelencia. Firmado por su señoría ilustrísima.
Quatriplicado.
Al Excelentísimo Señor Thesorero Maior de Su Majestad Católica. En Madrid.

93. *Report to the British on ransom money, 20 February 1763. A.P.T., I, fos. 50–3.*

[Half was to be granted immediately; the other half from funds of the Misericordia, from the treasure on the galleon *Philipino* and from bills drawn on the Madrid treasury.]

Excelentísimo Señor: Hago presente a vuestra excelencia y a su real consejo la serie o total de lo capitulado para manifestar que por mi parte y de los buenos españoles no se ha faltado a lo prometido sobre la contribución de los quatro millones pedidos por los generales. Las propocisiones o capitulaciones con fecha de cinco de octubre (que fue

---

[1] This bill of payment was never honoured by the Spanish treasury. Madrid argued that Rojo was not authorized to draw such a sum, nor could he cede the Philippines to the British. The British government insisted on being paid, but the Marqués de Grimaldi, the Spanish chief minister, thought it was insane, 'una locura', to imagine that such a bill was valid. Marqués de Grimaldi to don Julián de Arriaga, San Ildefonso, 13 September 1765, A.G.I., Filipinas, 718. For the English requests see *Calendar of Home Office Papers*, nos. 1026, 1116 and 1179. As late as 1767 there was talk of exchanging the English occupation of the Falkland Islands for payment of the Manila ransom.

el día del asalto) de parte del arzobispo y vezindario se entregaron a los generales como a las once del mismo día y en el último artículo se ofrecían trescientos mil pesos, para los gastos de la esquadra, y para indemnisar los bienes de los ciudadanos y que se restituiese el saqueo. Las condiciones de los generales entregadas al arzobispo el mismo día cinco en la tarde fecha de seis (por llevar un día adelantado los británicos) y en que expresan sería la ciudad reservada del saqueo etc. Concluyen que las propocisiones arriva dichas serán atendidas y confirmadas sobre el pagamento de quatro millones la mitad inmediatamente, y la otra mitad dando seguridad. A estas condiciones se respondió el día seis con la propuesta firmada del governador y de todos, que se satizfarían los quatro millones con los caudales de las obras pías etc. y lo que faltara se completaría con los caudales del *Philipino*, y que su resto se libraría a su magestad cathólica. La qual propuesta se lleuo a los generales, a que dixeron, que si el *Philipino* ya era presa no deuía entrar en esta quenta y que si no era presa de las dos fragatas, que fueron a su busca al tiempo, que llegara el orden de que se entregaran los caudales enttonces se computarían estos caudales en los quatro millones; que se escribiese la carta orden. La qual se les lleuó a manifestar, y dieron el pasaporte para el seguro del portador. Y también se pidió a los generales carta para que si el *Philipino* no estaua capaz de nauegar recibiese los caudales vno de los capitanes de las dos fragatas; la qual carta dieron juntto con el referido pasaporte. A las propocisiones primeras o capitulaciones del día cinco respondieron los generales poniendo una, u otra restricción o limitación sin tocar ya en el punto de contribución o millones. Por papel de veinte y cinco de octubre en que se hizo el juramento de fidelidad a su magestad británico se impuso el cumplimiento del millón sobre lo ya recibido, y sobre el punto se corrieron varias juntas y diligencias para completarlo lo que nunca se ha podido verificar por el destrozo que todo el vezindario ha padecido en el saqueo. Y uno, v otro vezino de caudal están fuera y distante de la ciudad, y no hauer sido posible a que por su parte contribuyan. Y de los vezinos existentes se juntaron veinte y seis mil pesos sin ser posible sacar más. Iten a instancia de los generales se boluió a repetir el orden para

Third Report of the Royal Commission on Historical Manuscripts (London, 1872), 135. The legal aspects of the case are reviewed in N. W. Sibley, 'The Story of the Manila Ransom, 1768, and Britain's Debt to the United States', *Journal of Comparative Legislation and International Law* (3rd series), Vol. VII (1925), 17–32, who concluded that Britain would have a strong case if she ever decided to claim the two million pesos from the United States. Now that the Philippines is an independent country, one wonders who would be liable to pay, should Britain ever insist on payment.

entrega de los caudales del *Philipino*, y a este fin remitieron de fragatas con quatro comisarios españoles de ciudad y comercio. De todo lo expresado se ve claramente, que aunque los generales pidieron dos millones de promptto, y que los otros dos se afianzasen; pero a esto se respondió, que se darían los quatro millones en la manera que va referido esto es todo lo existentte de obras pías de la misericordia tercera orden etc. lo demás se daría de los caudales del *Philipino* y el resto se libraría contra su magestad cathólica, a lo qual consintieron los generales por el mismo hecho de hauer dado el pasaporte y carta para los caudales del *Philipino*, y a su instancia hauerse reproducido este mismo orden. Y desde el día seis de octubre en que se hizo tal propuesta sobre la manera de pagar los quatro millones no hauerse repelido ni desaprobado el tal género de pagamento pues de no hauer consentido, ni hubieran dado el pasaporte y carta, ni hubiera después remitido las dichas fragatas que últimamente embiaron; y lo que aclara más la aprouazión del general, que confirmaron las capitulaziones primeras, firmándolas y poniendo solamente tal qual restricción sin tocar ya en que se pagasen de promptto los dos millones en suscisión. El cumplimiento para el millon sobre lo exhibido de obras pías no se halla en ninguna capitulación, y fue nuebo orden del General Drapert el día veinte y cinco de octubre en el papel referido. Y por condescender a su apretante instancia se han hecho vibas y repetidas diligencias y apenas dexando su suma miseria el vezindario se juntaron los referidos veinte y seis mil pesos. De todo lo que se concluye, ya parece que nada se ha faltado de lo estipulado por parte de los españoles antes bien de parte de estos se ha dado sobre lo estipulado la referida cantidad de veinte y seis mil pesos, que se pudo juntar. Iten a más de lo estipulado se ha dado toda la plata acuñada del adorno de todas las iglesias y lo que expresamente prometieron los generales del saqueo de la ciudad no se ha cumplido.

Febrero veinte de mil setecientos sesenta y tres. Firmada de su señoría.

Es copia de el, que original se remitió a el Ministerio Británico. Manila y febrero veinte y quatro de mil setecientos sesenta y tres años.

Monrroy

94. *Manila, 1 March 1763. List of the sums that the aforementioned persons have paid in cash, silver, plate, diamonds, jewels, pearls, gold, and effects to make up the sum of four million of dollars agreeable to the conditions made between Rear Admiral Cornish, Brigadier*

General Draper, The Archbishop, Captain General and the Oidores of the City of Manila. [*A.P.T., I, fos. 56-7.*]

	Money	Plate
Misericordia	194,472	
Cathedral y Sagrario	19,000	32,970
Dominicans	16,028	11,509
Franciscans	58,000	
Augustines	19,788	11,021
Jesuits	40,434	8,794
King's Treasury	12,439	
Legacy paid by Don Alexander Varello	5,768	
Don Alexander Varello	8,366	
Padre Antonio Luna		970
Don Gaspar de Leon	300	
The Archbishop		6,691
Quiapo Church		726
Hermita		5,117
Plunder taken from the seamen	3,624	
Ditto taken from the soldiers and seamen after the conquest	12,759	10,240
Jewels taken out of the Misericordia, sold for	6,858	
Total received in part of the Four Million Spanish Dollars	405,189	121,117
Total (Dollars)	526,306 4/10	

95. *Drake to Rojo, Manila, 2 March 1763. A.P.T., XVII, fo. 5.*

[Drake, *et al.*, complain that many Spaniards are leaving Manila to support Anda and his guerilla army, contrary to conditions agreed to by the Spaniards.]

Copia a Don Manuel Antonio Rojo arzobispo de Manila.

Yltmo. Señor

En respuesta a la que V.S.Y. nos hizo el honor de dirigirnos el 20 del corriente: le pedimos licencia para notar, que si las vidas, religión, y haciendas de los súbditos de S.M.C. fueron aseguradas por los artículos de la capitulación, fue bajo la condición de reconocer a nuestro soberano hasta que se decidiese de la suerte de estas yslas; pero en lugar de obrar coherente con esta condición, muchos se han ausentado, y se hallan ahora asistiendo al señor Anda en llevar adelante una ilegítima, y bárbara guerra, contra lo que tan solemnemente tienen jurado, y a la submisión, que deben a ambos monarcas. En este supuesto señor sin duda, que tenemos derecho para contraher aquellas alianzas, que puedan frustrar sus malos designios, y qualesquiera fatales consequencias, que de esto se sigan: será a cargo de el señor Anda y de su facción; cuyas hostiles intenciones traherán al fin la inevitable ruina de el país.

Manila, y marzo   Somos con todo aprecio Yltmo. Señor etc.
2 de 1763   Dawsonne Drake, H. Smith, Henrrique Brooke.

96. *Cornish to Clevland, on board the* Norfolk, *off Pulo Timoan, 14 March 1763. P.R.O., Adm. 1/162 (2), fos. 63–6.*

Sir: On the 26th of December last I dispatched His Majesty's ships *Weymouth* and *Elizabeth* to refit at Bombay with orders to Captain Collins to call at Pulo Timoan and wait there till the 20th January to convey the ships from China thro the Straights of Mallacca, by which opportunity I acquainted you with the progress I had made in refitting the ships under my command employed on the expedition against Manila and with such other occurrences to that time as I judged necessary for their Lordships information (duplicates of which accompany this) at the same time I sent duplicates of my letters dispatched by His Majesty's ship *Sea Horse*.

In my last I acquainted you that the *Lenox* and *Falmouth* were careened, since which the *Norfolk, America* and *Grafton* have been careened and refitted in the compleatest manner; the *Grafton* being in extream bad condition, her wales and a considerable part of the plank rotten and requiring a great repair made it the 2d March before I could leave the Bay of Manila, at which time I saild with the *Norfolk, Grafton, Lenox, America, Panther, Argo, Trinidad Prize, Essex* and *Albion*, Company's ships from China, leaving the *Falmouth* and *Seaford* for the protection of Manila and Cavita and to keep open the communication by sea; the latter I had dispatched to the Port of Marsinglo about forty-five leagues to the northward of Manila in quest of a Spanish vessel from China who had been unladen there and her cargoe in possession of the malcontents, with orders to Captain Peighin to seize or destroy her and to endeavour if possible to get possession of her cargoe, but was not return'd when I saild. I have already represented to their Lordships the bad state of the ships in India and must now take leave to mention further that notwithstanding the great repairs they have received, the *Grafton, Lenox* and *America* are so much decayed and weakend that unless soon relieved they will not be in a condition to proceed to Europe.

On the 15th February the *Argo* and *Seaford* joyned me in the Bay of Manila after being absent above three months in quest of the

AFTERMATH OF CONQUEST 175

patache *Phillipino* mentioned in my letter of 20th December. The NE Monsoon setting in so strong that after several fruitless attempts to enter the Embocadero, they were obliged to return without being able to perform the service they were sent on. I have therefore given orders to Captain Brereton that so soon as the season and the circumstances of affairs at Manila will permit, to apply to the Archbishop for fresh credentials which he has promised to deliver to him and proceed with the *Falmouth* and *Seaford* to Palapa to get possession of the *Phillipino* and her treasure agreeable to the capitulation. The money and effects paid as part of the four million amounts to about five-hundred and twenty-six thousand dollars, the remainder of two million to be made out of the treasure of the *Phillipino*, and for the remaining two million, the Archbishop has given bills on His Catholic Majesty's High Treasurer at Madrid, payable to my order, which I remit by this opportunity to be negociated by the Governour and Company of the Bank of England.

The sudden departure of General Draper after the reduction of Manila and the unsettled state of the government since the cession of it to the agents for the Company occasioned by their mismanagement and ill-conduct, puts me to the disagreeable necessity of troubling their Lordships with copys of the several letters passing between them and me, as well as others regarding the publick service, wherein the assistance I have given them with the force under my command as well as with provisions, arms and ammunition and my advice for the security and management of the government and the indecent treatment I have met with in return from Mr. Drake, the Deputy Governor, and his council will fully appear. But it is with a very sensible concern I am obliged further to mention the insult done to His Majesty's colours, when on my departure notwithstanding the colours of the squadron and the flag was hoisted and the publick signals made for getting under weigh and making sail, I was suffered to pass the garrison of Manila without receiving the compliment of a salute or even the proper respect of shewing the colours.

As I am well assured the gentlemen of Manila will use every means to acquit themselves to their employers and having little opinion of their honour and veracity, it becomes indispensably my duty to remark to their Lordships that tho the letter of Mr. Drake in answer to mine of the 7th of February appears to be dated the 24th, so conscious was this gentlemen of the fallacy of his assertions and of his being unable to reply to the several paragraphs of my letter that it was not till the 2d of March (the day I sail'd) that it was dispatched to me and I received it by some of their servants at 8 o'clock at night, seven leagues from Manila.

In the second paragraph of the letter Mr. Drake is pleased to say he is sorry to observe from the general stile of my letter that I have fallen into the same want of decency of which I had complaind on his part and that of the Council. If this want of decency proceeds from my taking notice of their indecent treatment of me when in the most peremptory manner they demanded the assistance of the squadron without consulting or advising with me on the service they were to be employed on, I may perhaps stand justly accused, but that I had a right to give my advice and to remonstrate against any mismanagement that might endanger the security of a conquest held only in trust by them for His Majesty will I presume be allowed.

In the fourth paragraph this gentleman thanks me for the assistance I propose leaving and the powder spared them, but it may be necessary for me to mention particularly that judging the garrison might be distress'd for provisions, I made the proposal and supply'd them with more than half the salt provisions of the squadron, besides one hundred and fifty barrels of powder, upwards of two hundred stand of arms, with the whole body of marines to the time of my departure. And tho he is pleased to say their resolutions had anticipated my advice and plainly tells me I might have spared myself that trouble, yet neither were the manifestos published or the oath of allegiance tendered till after the receipt of my letter of the seventh of February. In the close of this paragraph he remarks that my actions don't keep pace with my professions and to enforce his assertion encloses me a letter from the superiour of the Jesuits setting forth the cruelty and injustice of the late attack on old Cavita. This letter appeared to be dated the seventh of February, almost a month before I received it, and which Mr. Drake cautiously concealed to prevent a confutation, tho indeed I can scarce conceive the Provincial of the Jesuits to have been the author of so ill-wrote a letter; however I shall relate strictly the circumstances of the attack of Old Cavita which was as follows.

It being thought necessary to march a detachment into Bulucan, a province about twenty-eight miles to the right of Manila, Senior Anda who headed a party of Indians and Spaniards attempted to make a diversion by sending a number of his people to Parenach, Bacour[1] and Old Cavita, three villages on the opposite side of Cavita Harbour, to cut off all supplys of provisions and bring over to their party or drive away the Indian artificers employed on the service of the squadron, in which they succeeded so far that the inhabitants in and about Cavita were greatly alarmd and in the utmost distress for provisions, all communication with the country being cut off and near four hundred of the Indian artificers either joyned the enemy or

[1] For Parañaque and Bacolor.

hid themselves which put a stop to the refitting of the squadron. At the same time I received intelligence of their intention to surprize the citadel, and the night they intended the attack I ordered Captain Champion with a detachment of about one hundred and fifty marines and seamen and sixty Seapoys in the boats of the squadron to pass the harbour and dislodge that party of the enemy that were posted in Cavita church, with direction that if he should find the inhabitants in arms, to burn the village. Upon Captain Champion's landing they had been alarmed and notwithstanding their having lodged in the church all night, had escaped, except a few he came up with in their retreat. Finding the inhabitants were concernd by having removed their wives and effects into the mountains, and being found in arms, the village consisting of about two hundred bamboo hutts was burnd, together with the convent of the church which had a very good effect. The Indians fled to the mountains, the town was supplyed with provisions and the artificers returnd to their duty. As Mr Drake and the gentlemen of his Council were pleas'd to acknowledge themselves oblig'd by my keeping the command of Cavita and which was garrison'd principally by the marines of the squadron, I did not conceive their concurrence was necessary in executing this service, especially when secrecy and dispatch were required.

Notwithstanding Mr. Drake in the fifth paragraph of his letter so confidently expresses his astonishment and denies his being the author of so impolitick a step as taxing the Chinese contrary to the Manifesto published by Brigadier General Draper and myself,[2] the accompanying letter signed by the principal merchants and others of that body addressed to me with a translation of the receipt for part of the money collected will, I presume, sufficiently prove that assertion, but that no proof may be wanting, the Chinese further declared to me that after my remonstrating to Mr. Drake against such proceedings, Mr Faillet, the person mentioned in my letter of the seventh of February, threaten'd them that in case they should dare impeach him or the governour of being concerned in imposing that or any other fine on them, they might expect to receive the severest punishment after my departure. I have been thus earnest to remark on this point of the letter as alienating them affection of the Chinese from the English government may be attended with fatal consequences, being a very numerous body and on whom alone they must depend for their daily supplys of provisions.

In the sixth paragraph Mr. Drake presumes to say my suspicions of Mr Faillet are unjust. This person, who is by birth a Swiss and of

[2] Draper and Cornish freed both Chinese and Filipinos from tribute and from forced labour service.

the Romish religion, has resided upwards of twenty-five years in Manila, employed under the Spanish government, was admitted to the knowledge of every secret transaction of Mr. Drake and his Council which I am assured was immediately communicated to the enemy in the next place. I had undoubted proof of his being the author of that impolitick step of taxing the Chinese and other corrupt measures, and further that he was instrumental in the desertion of the French troops from the garrison (the remainder amounting to upwards of one hundred, they have since thought proper to send on board the squadron); notwithstanding I enforced these reasons for demanding Mr. Faillet as a prisoner of war, Mr. Drake thought proper to withhold him and vouches for his treachery.

The King of Jolo his son and the ambassadors of Mindanao having complaind to me of the little attention paid to them by the governor and his Council,[3] being committed to the care of Mr. Faillet who of three hundred and sixty dollars advanced for their subsistence had given the king only ten and a very trifling present till after my letter to Mr. Drake of the seventh of February (when the remainder was immediately paid to prevent discovery) obliged me to recommend them in a particular manner from an assurance that as the king was shortly to return with his son to take possession of his country. Such a measure could not fail to have a very good effect and from which the Company might derive great advantages to their trade to the island of Jolo. But so full are these gentlemen of their own consequence and abilities, that they alone are the proper judges and that no proposal however necessary has been attended to but those of their own projecting.

In his eighth paragraph he observes that Messieurs Noriago and Solano were sometime ago released not by him but by the majority of the Council for want of sufficient proof. These two gentlemen and the fiscal who are persons of great consideration and influence all over the island were informd against as having assisted the Spaniards under the direction of Senior Andres[4] with money, arms, ammunition and cloathing, verified by accounts from under their hands and receipts given for the same on account of the king found in the pockets of the Spanish commissary who was killed in an attack at Bulucan. And further, Captain Sligh who commanded the detachment at Bulucan found letters wrote by these very gentlemen to their friends in arms, exhorting and advising them to persist in resisting the

[3] The King of Jolo was Sultan Alimud Din who was a baptized christian. He was reinstated in Sulu by the British in 1763, and in gratitude ceded to them part of North Borneo and Balambangan Island. See Najeeb M. Saleeby, *The History of Sulu* (Manila, 1908), pp. 186–7.   [4] For Anda.

English, assuring them of their assistance. I had frequently urg'd Mr. Drake before the information against these persons to secure them, being strongly suspected of secretely assisting the enemy, and the time they were taken into custody I was at Manila, but a few days after, the affairs of the squadron requiring my presence at Cavita, I had not quitted Manila half an hour before these gentlemen were set at liberty, not for want of suspicion but of the fact being proved of having supplyed arms to the enemy, and are now permitted to live with their families in the suburbs at full liberty. One of them has even since received a Pass from Mr. Drake and gone into the province now in arms against us. The fiscal, or judge of the Royal Audience of Manila, whom I also recommended to be secured is lately gone off and joyned the enemy; and notwithstanding I demanded their being sent on board the squadron as persons dangerous to the security of the government, they have thought proper to withhold them and to dissent from me in this as well as in every other circumstance.

Mr. Drake complains of my having refused to take the mortars and shells on board the squadron to be conveyed to Madras. I must beg to acquaint their Lordships that I made an offer to Mr. Drake of the very ship I had taken up for the expedition as an ordnance vessel and storeship to be employed by them for this service, which Mr. Drake refused, when it appears she was necessary and for me to have continued her longer on His Majesty's account would have been putting the government to a needless expence.

His last and most extraordinary paragraph charges me with imprudence and indiscretion in having landed part of the crew of the *Trinidad*, notwithstanding he knew that Captain Parker had been obliged to land the greatest part of them on the Corrigedore[5] from the want of provisions and water before I had the least information of the prize being taken. The others landed by my order were Indian artificers and labourers who were constantly employed to assist in refitting the squadron except some few officers and merchants who were released at the particular request of Mr. Drake and the Archbishop.

Having thus endeavoured to explain the several paragraphs of this letter, I must now beg pardon for having taken up so much of their Lordship's time which they will attribute to the earnest desire of acquitting myself in the execution of my duty; and tho neither the merit [of] having done everything in my power for the maintenance and security of the government nor the rank I have the honour to bear have been sufficient motives to secure me from the indecent treatment of the Company's servants at Manila as well as on former services. Their Lordships may depend I shall continue to exert my utmost

[5] For Corregidor Island, at the mouth of Manila Bay.

abilities for the honour of my country and the interest of the Company, tho cannot but consider it my peculiar misfortune that by the nature of my instructions I am connected with a set of men who having no other views than to accumulate immense wealth for themselves too frequently bring discredit on His Majesty's arms.

My constant employment in the West and East Indies during the course of the war having much impaired my health will I hope excuse me to their Lordships that I request they will indulge me with the favor of being relieved whenever they judge the service will admit of it.

You will receive herewith the state and condition of the *Falmouth* and *Seaford* as also of His Majesty's ships under my command returning to India. I am, Sir, Your Most Obedient Humble Servant, S. Cornish.

97. *Drake et al. to Rojo, Manila, 25 March 1763. A.P.T., XVII, fo. 6.*

[Drake informs Rojo that he is sending a deputation to the southern islands to receive the submission of the Spaniards there.]

(Copia a Don Manuel Antonio Roxo arzobispo de Manila.)

Yltmo. Señor: Yntentamos el embiar un bagel hacia el sur, para recivir la sumisión de los establecimientos, sitos en aquellas yslas; conviene a saber: Samboanga, Bucagon, Iloilo, Cebú etc; y suplicamos nos haga V.S.Y. el favor de dirigir separadamente cartas a cada uno de los governadores y alcaldes mayores, haciéndoles saber la cesión, que V. Ylustrísima hizo de estas yslas a S.M.B. ordenarles estrechamente presten el juramento de sumisión en presencia de las personas que nosotros deputasemos a este fin, no sea que por falta de instrucciones rehusen el someterse, y obligándonos a vsar de la fuerza, se embuelban aquellas provincias en los mismos fracasos, que con tanta severidad han experimentado ultimamente en Bulacan.

Somos con toda estimación Yllustre Senor etc. Dawsonne Drake, H. Smith, Henrique Brooke.

Manila y Marzo 25
de 1763.

98. *Rojo to Drake, Manila, 11 April 1763. A.P.T., XVII, fo. 7.*

[Rojo says that only the signatures of himself and the oidores, then in prison, could guarantee the peaceful submission of the southern islands.]

(COPIA)
Exmo. Senor

Mui señor mío: En contestación de las dos cartas de 22 de el pasado, que fue respuesta de la mía de 20 de el mismo: y de la de 25 de el mismo marzo, que V.E. y su real consejo se ha servido dirigirme; debo decir con la sinceridad, que profeso, que mis cartas para Samboanga, Iloilo, etc. serán infructuosas para el fin que se desea, y solo expuestas a la irrisión, y menosprecio, que no debe permitir mi dignidad ni el favor, que debo a V.E. a quien consta la variación, que desde el principio de la cesión hasta la presente ocurre. Esta cesión fué firmada por mí, y el real acuerdo de los oydores, y así solo podía escribirse carta con la solemnidad de la firma de todos, lo que al presente es imposible por la insinuada variación y ausencia de estas personas, y el infortunio de una de ellas: y aun yendo de esta manera firmada solo por mi, tendría el efecto de su repulza, y desobediencia.

Por lo que mira a la otra carta citada de 22 buelvo a hazer presente, que el servicio, y respecto a las magestades cathólica y británica obliga al fin principalíssimo de conservar estos dominios sin que se arruinen, y destruyan, y a no innovar en ninguna materia hasta que resultan sus reales órdenes.

La prudencia, y conducta de V.E. y su real consejo sabrán dar el peso a estas consideración, y hazerme la justicia de que las exponga bajo la buena fee propia de mi genio, y carácter, que corresponde a tan altos asumptos.

Soy de V.E. Con todo rendimiento

Manila y abril
11 de 1763.

Exmo. Señor Governador y su Real Consejo.

99. *Drake to Rojo, Manila, 15 April 1763., A.P.T. XVII, fo. 8.*

[Drake protests that if Rojo refuses to send a letter announcing the surrender of the islands, the British will accept the refusal as a violation of the agreements made between Rojo and Draper.]

Don Manuel Antonio Roxo arzobispo de Manila.

Ylustre Senor:

Recivimos el honor que vuestra señoría ylustrísima nos haze por la suya de 11 del corriente y estamos mui sorprehendidos al ver reusa condescender con nuestro pedimiento del 25 del pasado. Ygnoramos que haya havido circunstancia que pueda en manera alguna haver anulado los artículos de la cesión de estas yslas: Si vuestra señoría ylustrísima tiene por tal, la negociación últimamente entablada, con su licencia, le desengañeremos, haziéndole saber que vna verbal suspención de armas intentada para sola la ysla de Luzon, no tiene cosa alguna de común con dichos artículos, y mucho menos podrá anularlos. Permítanos señor el que le preguntemos: Si los governadores y alcaldes (aun suponiéndolos sabidores de la cesión de estas Yslas a S.M.B.) podrían justificadamente someterlas, o entregarlas, sin particular órden de vuestra senoría ylustrísima? Y nos persuadimos que vuestra señoría ylustrísima nos dará las necesarias direcciones, o arbitrios a este fin: Pero si no obstante esta nuestra representación, V.S. Ylustrísima reusa aun, nosotros no podremos menos que mirar esta negative como infracción de los empeños, que tan solemnemente contrahe con el general Draper.

Si quando vuestra señoría ylustrísima menciona nuestra carta del 25 alude otra vez a las lianzas por nosotros firmadas con los principales vecinos, sentimos el que vuestra señoría ylustrísima nos ponga en la desagradable necesidad de hazerle observar, que somos de sentir que en este negocio, no puede con derecho alguno ingerirse, especialmente en la presente coyuntura porque interin el señor Anda y su facción continuan armados, solo el debe ser responsable de qualesquiera mala consecuencia que de ello resulte.

Somos etc. Ylustrísimo Senor etc.: Dawsonne Drake, H. Smith. Henrique Brooke.

Manila 15 de
abril de 1763.

100. *Rojo to Drake, Manila, 15 April 1763. A.P.T., XVII, fo. 9.*

[Rojo states again that the signature on his letters announcing the submission to the British must be accompanied by those of the oidores, now in prison, since the Spanish decision was taken in joint consultation between the governor and the audiencia.]

Exmo. Señor Governador y Real Consejo de S.M.B.

Exmo. Señor: Muy Señor mío; la honorable carta de V.E. y su real consejo de 15 del corriente en respuesta de la mía de 11 de el mismo mes me precisaría a repetir los fundamentos y razones que tengo expuestos en la citada sobre la carta para Samboanga, e Yloylo etc., pero me escusa de este trabajo la claridad y fuerza de dichos fundamentos y el talento de V.E. y el de los señores de su consejo, que lo sabrán ponderar bien con su prudencia. 1. Solamente en contestación de la pregunta que se me hace en dicha carta, respondo con la buena licencia de V.E. con esta otra pregunta; entregarán y obedecerán mi carta los alcaldes y governadores de dichos sitios especialmente no siendo los mismos sugetos puestos por mí sino otros, y con nuevas ordenes? tendrá alguna eficasia mi carta firmada por mí solo, estando firmada la cesión por mí y el real acuerdo? podré, o deberé yo expedir carta contra la forma de la cesión dictada por el mismo general Draper en sus dos cartas sobre este asumpto. Estoy bien entendido de estas cartas y de la cesión que en su virtud se efectuo y quedaron cumplidas en sus mismos terminos por haverse firmado por mi, y los oydores pero en estas cartas, no se me pidió, ni se me podrá pedir la entrega de las yslas, que no estaba en mi mano, ni tampoco orden o carta que solo podía pedirse como se havía exigido la cesión; esto es con la firma de todos, y en aquel entonces parecía oportunidad, que no ay después de tan largo tiempo por la variación que ba expuesta.

2. Tengo por regla de mi consiencia, y honor el cumplir mi palabra y la buena fe que profeso, de que ay tantos argumentos en los susesos de este lamentable acontecimiento, y entiendo que no areglase a los términos de la cesión es faltar a ella, y que no se me puede pedir dicha carta, ni se me hace justicia en creer en quanto que me desvio, o aparto de lo estipulado, por lo que espero de el alto juicio de V.E. y su real consejo que en este punto no se me haga gracia, sino rigorosa justicia avn por solo el fundamento de las cartas de el general Draper sobre la cesión. Este prudente general diría oy con más razón lo que dijo el almiral Cornish, estando con su esquadra próximo a su partida que se contentaban con concervar a Manila y a Cavite, que en lo demás governasen los españoles de la Pampanga, como no se les hostilisase ni se conturbasen los pueblos. Esto mismo juzgo que sentirá vn tan juicioso y grave consejo, como el de V.E. echo cargo de la sircunstancias presentes.

3. Sobre la aliansa ofensiva y defensiva con Joló solamente insisto en lo que tengo expuesto repitiendo que sobre la concervación de estas yslas, y evitar su destrución y estragos de sus avitantes se debe responder a Dios y a los Reyes.

4. Doy mi obediencia con todo rendimiento a V.E. y su real consejo.

Manila y abril
15 de 1763

101. *To the English Governor, Manila, 26 May 1763. A.P.T., XVII, fo. 10.*

[Anonymous letter protests at the death of twelve Filipinos killed in a Quiapo church. Writer blames the Chinese supported by the British army.]

Exmo. Señor

El suceso de anoche acaecido en Quiapo me atraviesa el corazón de dolor por la muerte de onze naturales y una muger executada en la misma yglesia, su cura herido, y fugitivo, y otros tres ministros clérigos fugitivos también;[1] el santo templo profanado, destrozado su altar maior, y otros muebles, saqueado, y casas del pueblo, de donde todos sus feligreses han huido. Y siendo así que este es un pueblo pacífico, que no ha dado motivo alguno, ha experimentado este terrible golpe por el furor de los Sangleyes desenfrenados, y sostenidos de la tropa de V.E. que personalmente salió con ella. Y es cierto, que los ministros clérigos, y los naturales de dicho pueblo ni han hecho resistencia, ni dado motivo alguno para este desastre tan lastimoso, que han padecido. No sé yo el remedio que a esto corresponda, y V.E. y su consejo habrán mejor el que deben poner. Yo pongo mi corazon en Dios, y no podré menos que dar esta sentida quexa a la honorable compañía de madrastra, y Ynglaterra, y a los mismos reyes, pues se ha tocado tan al vivo contra la inocencia, contra la immunidad de los ministros eclesiásticos y de la yglesia.

Soy de V.E. con la maior urbanidad

Manila y mayo 26
de 1763.

[To] Exmo. Señor Governador y Consejo de S.M.B.

102. [*Archbishop*] *To Superiors of Religious Orders, Manila, 15 July 1763. A.P.T., XVII, fo. 12.*

[Orders the religious not to keep the consecrated hosts in churches because of recent profanations and burnings.]

Los fatales sucesos de nuestra desgracia, que continuan, sin perdonar lo más sagrado de nuestra santa religión como se ha visto últimamente en los incendios de los pueblos comarcanos, y de algunas de sus yglesias, con el saqueo de ellas, y de los vamos sagrados;[2] y acaso,

---

[1] The event referred to might have taken place the night that Pedro José de Busto, a guerilla leader under Anda, attempted to take the bells of Quiapo church in order to melt them into artillery pieces. The English with Chinese allies were waiting for Busto's force, but could not prevent him getting away with the bells. See José Montero y Vidal, *Historia General de Filipinas*, II, 60.

[2] The English continued to fight Anda on the outskirts of Manlia, in Pasig and Malinta, and as far north as Bulacan. Here Anda's force had taken cover in a church and convent which was nevertheless attacked by Capt. Thomas Backhouse's troops. They pursued Anda so far north thinking the Spaniard had with him the treasure from the *Philipino*. 'Rojo's Narrative', B.R., 49: 230.

la horrible execración, que al solo pensarla, o pronunciarla hace estremecer la mayor constancia: me precisan a prevenir, que en las yglesias fuera de esta ciudad no se reserva el Sagrado Depósito, que no exponerle a los insultos de una tropelía no prevista, y que partirá por medio nuestros corazones. En caso de enfermos se les podrá dar el Viático, que se consagrare en la misa; y durante estos tiempos, que no se administre la Sagrada Eucharistía a los moribundos, sino como va referido, en que tendrá que advertir, y trabajar el zelo de vuestras reverencias de sus órdenes respectivos para todo los lugares, donde pueda temerse tan grave desafuero; y que esta pase de una manos a otra de los superiores existentes en esta cruz y en Santa Cruz, y Binondo tan immediatos veo, que no descuide un punto la religiosidad de VV.PP. para clamar al señor por el remedio, que necesitamos en tantas calamidades, que no nos deven oprimir el espíritu sino antes incitarle para mayor fervor en nuestros clamores.

Dios guarde a VV.RR. en su gracia hacia muchos años. Manila, y julio 15, de 1763.

Al Muy RR. Superiores de las Sagradas Religiones de esta ciudad.
[rubric]

103. *To the British Governor, Manila, 16 July 1763. A.P.T., XVII, fo. 11.*

[Anonymous letter protests at burning of villages, the destruction and profanation of churches.]

Mi instancia, clamores, y pluma, se hallan muy fatigados por las calamidades, que han continuado en estos últimos días en los incendios de pueblos, y saqueo en sus yglesias; y especialmente el último de San Pedro Macati, en que robaron como en otros los vazos sagrados, sin admitir la redemción, que el padre hacía de ellos, aun en mayor precio; y lo que no puedo pronunciar sin horror, que vn vazito pequeño sagrado estaban Formas Consagradas, en que la christiandad, y cathólica yglesia venera la Existencia Real, y Verdadera de Jesu Christo, Dios, a Hombre Verdadero y Soberano Rey de los Cielos, y de los Reyes de la Tierra. Con tan espantoso desacato no sé como estoy con vida; pero estoy resuelto a darla, en defenza de agravio tan execrable, por el que se ha faltado a la fe dada sobre la religión, y a la real protección de S.M.B. para conservarla y a los tratados solemnes sobre la veneración que aun las gentes no christianas deben guardar a este Diuino Sacramento, y a los mismos altos respectos Diuinos. En el Santuario de Guadalupe, después que el clérigo puesto allí por mi, obsequió, como pudo, a los oficiales sobre sus requerimientos de armas, dinero, carabaos y comisarios, que nada de todo esto ha havido en dicho pueblo, le quemaron y a los miserables yndios robaron su despreciable ropa.

Yo no estoy en paraje de vindicar excessos tan horrendos, pero si, los protesto para que lo execute, assí el Todo Poderoso como nuestro rey cathólico y el rey de la Gran Bretaña.

Quedo a la obediencia, con la urbanidad que corresponde.

Manila, y julio 16 de 1763.

Al Governador y Consejo Britanico.

104. *To Robert Fell, British Commander, Manila, 18 July 1763.* *A.P.T., XVII, fo. 13.*

[The villages of San Pedro Macati and Guadalupe have recently been burned by the Seapoys of the British Army. The writer protests against such and similar acts being perpetrated by British soldiers.]

Mui señor mío; ocurro también a V.S. con la particular esperanza de que su pericia militar, su política y buena razón, haga poner término y algún límite a los desórdenes, que se han experimentado expecialmente en los últimos incendios de San Pedro Macati, y Guadalupe, que sin ningún, ni aparente motivo, han padecido con el furor de los Cyparos, sin detenerme en expecificar su horrendo excesso, contra la Ley Divina y Natural: siendo estos pueblos pacíficos, sin armas, y sin apariencia alguna, contraria a la buena fee. Me asombra, que el oficial yngles que les commandó permita, o dicimule estas atrocidades, y no las evite haciéndose obedecer de su tropa. No es esto conforme a una nación política y noblemente guerrera, ni esto se llevará, sino con indignación de la misma traición y corona de la Gran Bretaña.

Ay otros muchos desórdenes destos desenfrenados Cypayos, que descaradamente violentan a las mujeres en las calles públicas y los pobres indios, y a otros, hacen extorciones con lo que se amedrantan, y no es posible traigan víveres, aun a las mismas personas eclesiásticas amenazan muchas veces, y les dicen palabras injuriosas. Sin embargo de estar mui prevenido, que en Santa Anna no hagan extorción han robado más de una vez, y amenazado que quemarán el pueblo, con lo que aquellas vírgenes consagradas a Dios y otras mujeres de virtud, están con grande temor.

Tengo la confianza que V.S. ha de empeñar su authoridad y honor para el deuido remedio, y que se sirva hacer este encargo, y recomendación al comandante y otros Cypayos.

Soy de v.s. con la maior urbanidad y rendimientos.

Manila 18 de julio.
de 1763
Don Roberto Eduardo Feel,[1] Maestre Campo, Comandante de las Tropas.

105. *Fell to Rojo, Manila 20 July 1763. A.P.T., XVII, fo. 14.*

[Fell explains that the burning of houses was done by the soldiers of Backhouse who were in search of Anda's guerillas. He asserts that the report of profanation of churches is false and the soldiers were given strict orders to avoid damaging churches unless the enemy took refuge in them.]

My Lord: Varios días han pasado desde que marchó la tropa de aquí, a Guadalupe, y a San Pedro Macati desde entonces hasta mañana nunca he tenido la menor queja de la gente de San Pedro Macati ni de Guadalupe, solamente vna que fue hecha al capitán Backhouse sobre la quema de sus casas, las quales podían ser salvadas si ellos huviesen descubierto los comisarios del señor Anda, en busca de quienes, sobre ciertas informaciones que estaban abrigados en dichos parages adonde fueron la gente estoy informado que vuestra excelencia escrivió ayer, quejándosse que la yglesia de San Pedro Macati se hauía violado, y llevándose las hostias por la gente. Me atrevo señor responder con mi vida, que la quexa fuese quien fuese, quien la huviera hecha a vuestra excelencia es falza; como mis particulares instrucciones fueron dadas a no molestar ninguna manera las yglesias sin que se hallaren en ellas quien se atrevieran a defenderse en ellas, y sé que Mr. Tonson[2] es puntual tocante a ordenes, y es un hombre de mucha humanidad que no hago escrúpulo en decir que vuestra excelencia ha sido mal informado no ha mucho; pues el día siguiente que marchó la gente, que uno de los R.P. de Santa Ana llegó a mi casa con mil cumplimientos de la Señora abadeza, monjas, y reverendos padres de allí, a mi a Mr. Tonson, por el político trato que encontraron en la gente; pero tocante por lo que hizieron algunos Sipayes extraviados no puedo dezir, ni responder por ellos, son, mi señor (como puede vuestra excelencia acordarse que dixo a Mr. Draper en vuestra carta tocante a aquel infeliz ofizial que fue tan barbaramente muerto por los indios) como

---

[1] For Fell. See Document 110.
[2] Probably for Colonel George Monson.

un jato de gente tan licenciosa, y desembuelta, no pueden ser atrahidos entre las estrechas reglas de militar disciplina, ni puede ser, es preciso que vuestra excelencia en sí, nos conceda ser política, en nosotros a no disgustarles, por tan severos castigos, pero todavía señor, como yo procuraré evitar todas disputas, asimismo evitar todas desordenes, y ultrajes que han hecho por alguna gente baxo de mi comando tomaré todas las medidas necesarias y precauciones para este fin y daré tales ordenes que ha de ser para en adelante. Espero no dejara lugar a vuestra excelencia para quexarse. Estoy con el maior respeto y estimación.

Manila, y julio 2 de
1763.

          My Lord
de vuestra excelencia su más obediente
y humilde servidor.

          Roberto Eduardo Fell

106. *A proclamation declaring a cessation of arms, Court of St. James, 26 November 1762. A.P.T., XII, fo. 1.*

By the King: A Proclamation declaring the cessation of arms, as well by sea and land, agreed upon between His Majesty, the Most Christian King, and the Catholic King and enjoyning the observance thereof.[1] George R. Whereas Preliminaries for restoring peace were signed at Fountainbleau on the third day of this instant November by the ministers of Us, the Most Christian King, and the Catholic King, and whereas for the putting an end to the calamities of war as soon and as far as may be possible, it has been agreed between Us, His Most Christian Majesty and His Catholic Majesty as follows, that is to say:

That as soon as the preliminaries shall be signed and ratified, all hostilities should cease at sea and at Land.

And to prevent all occasions of complaints and disputes which might arise on account of ships, merchandises and other effects which should be taken in the Channel and in the North Seas, after the space of twelve days, to be computed from the ratification of the present Preliminary Articles; and that all ships, merchandises and effects which should be taken after six weeks from the said ratification beyond the Channel, the British Seas and the North Seas as far as the Canary Islands inclusively whether in the ocean or Mediterranean, and for

---

[1] For the text of the definitive treaty of peace signed by France, Great Britain and Spain, see Corbett, *England in the Seven Years' War*, II, 377-90.

the space of three months from the said Canary Islands to the Equinoctial Line or Equator, and for the space of six months beyond the said Equinoctial Line or Equator, and in all other places of the world, without any exception or other more particular distinction of time or place, shall be restored on both sides.

And whereas the ratification of the said Preliminary Articles in due form were exchanged at Versailles by the Plenipotentiaries of Us, of the Most Christian King and of the Catholic King on the twenty second of this instant November, from which day the several terms abovementioned of twelve days, of six weeks, of three months and of six months for the restitution of all ships, merchandises and other effects taken at sea are to be computed.

We have thought fit by and with the advice of Our Privy Council to notify the same to all our Loving Subjects, and we do declare that Our Royal Will and Pleasure is, and We do hereby strictly charge and command all our officers both by sea and land, and all our subjects whatsoever to forbear all acts of hostility either by sea or land, against His Most Christian Majesty and His Catholic Majesty, their Vassals or Subjects, from and after the respective times abovementioned and under the penalty of incurring our highest displeasure. Given at our Court at St. James the twenty sixth day of November in the third year of our Reign, and in the year of our Lord 1762. (A true Copy; Francis Jourdan, Secretary).

107. *Drake and Council to Rojo, Manila, 24 July 1763. A.P.T., XII, fo. 2.*

To Don Manuel Antonio Roxo, Archbishop of Manila.

Illustrious Sir: A cessation of arms having been agreed on between their Majesties the kings of Great Britain, Spain and France, we have the pleasure to enclose to you our sovereign's proclamation for the observance thereof which we beg you will cause to be made publick as soon as possible.[1] We are, Illustrious sir, your most obedient humble servants. Dawsonn Drake, J. S. Smith, Henry Brooke, Henry Parsons, William Stevenson, Robert Fell, Commandant of the Troop.

---

[1] Although the announcement of the cessation of arms arrived in Manila in July 1763, the definitive treaty of peace and orders to evacuate Manila did not arrive until 8 March 1764. On 18 March the new Governor, Francisco de la Torre, demanded of Capt. Backhouse, who had assumed command of the British troops, the immediate evacuation of the city. Backhouse replied that he needed no spur to get out of Manila. See Backhouse's letter in *Calendar of Home Office Papers*, no. 1865. See also Document 112 for the problems facing Backhouse at this time.

PART IV
EPILOGUE

108. *The comptroller, Caraveo, protests to the British that the peace treaty provides that the Fort of Cavite and Fort Santiago should be restored with all their artillery intact. Manila, 16 September 1763. A.P.T., XVII, (no folio page).*

Manila y septiembre 17 de 1763.
El Contador Don Fernando Carabeo se cerciora de si los británicos estraen los cañones, y si lo executan para su ocurso [. . . ?] para tomarse la providencia que corresponda. (Orendain.)

Yllmo. Señor:

En el artículo veinte y uno de los preliminares para la paz, se manda que todos los paizes y territorios, que puedan hauer sido conquistados en qualquiera parte del mundo, sea por las armas de sus magestades británica y fidelísima, o por las de sus magestades christianísima y cathólica, que no son comprehendidos en sus artículos, ni a título de ceciones, ni a título de restituciones, sean debueltos sin dificultad y sin exigir compensación.

Este artículo demanda al govierno británico hazer la restitución de esta plaza y la de Cavite en el estado que se hallaban a su conquista, como se infiere y deuemos concebir de sus palabras y del justo real ánimo de los soberanos contratantes maiormente quando para ello tenemos el exemplar en el artículo dies y ocho sobre lo conquistado en la Ysla de Cuba con la plaza de la Habana, y en el décimo sobre las restituciones de que trata en las Yndias Orientales; De modo que por parte de dicho govierno británico, ni se halla ni puede hauer, razón justa que le fauoresca para no hazer la dicha debolución, y restitución según el estado en que estaban estas plazas, antes de su expugnación, esto es, con toda la artillería, pertrechos, naves, y todo lo demás que constase o pueda haserse constar por imbentario pertenecerles.

Y haviendo entendido que se intenta de embarcar parte, o el todo de la artillería de esta plaza, contra lo estipulado en dichos preliminares, sin atender ni esperar al tratado difinitivo de la paz, ni a las declaraciones que pueden hazerse sobre sus artículos, y expecialmente sin constarnos, la ratificación de dichos preliminares, para su execución y cumplimiento; en esta atención lo hago presente a V.S.I. para que se sirva hazer a dicho govierno las opociciones, y representaciones más combeniente a beneficio de su magestad, y de su real hazienda y a la defenza y seguridad de esta plaza.[1]

[1] Caraveo's protest went unheeded. The artillery was confiscated and sold by the East India Company. See p. 40, note 1.

Dios guarde a V.S.I. muchos años. Manila y septiembre 16 de 1763.

Besa Mano de V.S.I. su afectísimo Fernando Caraueo Bolano.

NOTA

Yllmo. Señor Dr. Don Manuel Antonio Roxo governador y capitán general de estas yslas, arzobispo de Manila del Consejo de S.M. Se sacó testimonio del superior decreto de tres de diciembre del año pasado de 762 conste a folio 46 del primer quaderno de pagamentos hechos a los militares prisioneros por los ingleses, y demás que se mantubieron en esta plaza; de la carta escrita por el senor doctor Don Simón de Anda y Salazar a los 8 de Mayo del ano pasado de 763, y consultas hechas por esta parte al ylustrísimo Señor arzobispo con fechas de 20 de abril y 16 de septiembre del dicho año de 63 con sus provanzas respectibas que exibió a quien se los debolví en virtud de lo prevenido en el superior decreto de 28 de junio immediato pasado proveido a escrito presentado por Don Fernando Caraueo Bolano. Y para que conste lo noto. Manila y julio 10 de 1766.

109. *Decree published by the English governor stating that notice of a suspension of arms between England and France was received in Manila on 23 July, and on 26 August news arrived that the Preliminaries of Peace were signed. Anda was informed of this, yet he continued to show himself in opposition to the British. Manila, 19 September 1763. A.P.T., XII, fo. 35.*

Por quanto el día 23 de jullio de este presente año de 1763 por un navío inglés llamado el *Houghton* el gobernador bretánico y su consejo y también el comandante de la tropa de su Majestad Británica recivieron de Madrasta la noticia auténtica de la suspensión de armas entre su Majestad Británica y su Majestad Cristianíssima, la qual suspensión fue publicada por orden de dicho governador bretánico, su consejo y la del comandante en presencia de la tropa de S.M.B. y fue remitida al Sr. don Simón de Anda y Salazar por el Illustríssimo señor don Manuel Antonio Roxo, arzobispo de Manila, gobernador y capitán general que fue de estas islas.

Por quanto en otro navío inglés llamado el *Hector* el día 26 de agosto dicho gobernador brettánico, su consejo y el dicho comandante recivieron de Madrasta por mano del secretario del estado de S.M.B. los Preliminares de la Paz confirmados,[1] y reciprocamente entre-

---
[1] The Preliminaries of Peace were signed at Fontainebleau on 3 November 1762. The definitive treaty was signed in Paris on 10 February 1763.

gados por los ministros de su Majestad Británica y su Majestad Cristianíssima todo lo qual fue devidamente comunicado a dicho señor don Simón de Anda y Salazar, quien despreciando la fidelidad y desobedeciendo los mandatos de su soverano prosigue hostilizando a los vasallos de su Majestad Británica, y sordo a todas las representaciones que le hizo el dicho governador bretánico hasta aora no ha querido cumplir con lo estipulado en dichos artículos preliminares. Dicho governador bretánico y su consejo se ven precissados de declarar y por este declaran que si el dicho señor don Simón de Anda y Salazar se excussa de cumplir con dichos artículos preliminares y prosigue hostilizando, entonces se verán precisados de acometerle o a otro qualquiera de su partido en qualquier parte donde les encontraren con armas, y que darán cuenta de la conducta y procederes de dicho señor don Simón de Anda y Salazar en la primera ocasión que se ofrezca a la corte de Spaña a la qual será responsable por el desprecio de las ordenes de su soverano; dicho señor Anda y el sólo será responsable al Omnipotente de toda la sangre inocente que fuere derramada por su contumazia y tenazidad y de las medidas tan contrarias a los mandatos de nuestros respectivos soveranos y las leyes de la humanidad que motivaron a las potencias de la Europa de embaynar la perniciosa espada de la guerra y impedir la efusión de más sangre humana. Manila y septiembre 19 de 1763.

110. *Draper to [?], n.d., docketed, Thursday 14 April 1763, P.R.O., C.O., 77/20.*

Dear Sir: Lt. Colonel Scot set out from Crook Haven in Ireland on the fifth of April with my dispatches to Lord Egremont to inform him of the success of His Majesty's arms in the conquest of Manila (which we took by storm on the sixth of last October, the surrender of the Port of Cavite and the cession of the Philippine Islands to the British throne. I ransom'd Manila for a million sterling; the squadron has taken an Acapulco ship worth 2 millions of dollars (the prime cost). In short, it is a lucky business. Can I have the pleasure of seeing you for five minutes. I am quite tired or would come to you.

Your Aff. Servant, W. Draper
Pall Mall.

111. *East India Company Directors to Earl of Halifax, East India House, 24 January 1764. I.O.R., H.M., 97, pp. 33-4.*

My Lord: Agreeable to your Lordship's desire, when we had the honour of waiting upon you on the 10th Instant, we take the liberty of acquainting your Lordship that the bills drawn by the governour of Manilha upon the Royal Treasury at Madrid for money borrowed by him of the Company's agents there to maintain His Catholick Majesty's Officers, the payment whereof has been refused at Madrid, are as follows, viz. One of them bears date the 22 of december 1762, for 8864 dollars, and the other the 1st of March following for 15180 dollars, both which are in the hands of Messrs. Estienne Droilhet and Sons, Merchants at Madrid, who were desired to negotiate them. As those gentlemen cannot obtain the payment of the said bills, we humbly desire your Lordship's interposition in this affair with the Spanish Ambassador here, as also that such remonstrances may be made thereon at the Court of Madrid, through the means of the Earl of Rochford, His Majesty's Minister at that Court, as your Lordship shall think proper.

We beg leave further to acquaint your Lordship, that we are preparing and shall be in a short time ready to lay before your Lordship an account of the expences which have been incurred by the Company for the maintenance and bringing from India French prisoners during the course of the late war, as far as can at present be stated.

We are with great respect, My Lord, your Lordship's most obedient and most humble servants, John Dorrien, Lau[rence] Sulivan.

112. *Backhouse to Secretary at War, Manila, 31 January 1764. Brit. Mus., Add. MSS., 40,759, fos. 89-92.*

Sir: Herewith I send you the monthly returns of His Majesty's forces on the Island of Luconia, the command of which devolved on me by some violent measures taken by Major Fell against the Governor of Manila upon the 5th October 1763, when he assembled the troops, and after committing several outrages, left the garrison with their arms in their hands and fled to Cavita, where he was made prisoner the next day by order of the Governor, and is now on his way to Fort St. George to answer such charge as shall appear against him; as the particulars must be laid before you by other hands, I shall not trouble you further with his proceedings.

I was not in Manila when this riot or mutiny happened, being then at some small distance for the recovery of my health which was much impaired by a severity of service in the country. Upon my arrival, by a summons from the Governor, I found everything in the greatest confusion; happy for us the enemy did not take any immediate advantage from such distraction. I have laboured with unwearied

EPILOGUE

diligence these three months past to restore order and attention, and have the happiness to see my endeavors attended with some success.

A step, taken upon the arrival of the Preliminary Articles of Peace and Declaration of Suspension of Arms, has been productive of many evils, viz. Major Fell suffered or gave leave to many subaltern officers in His Majesty's 79th Regiment to recruit or engage companies which they were to command for the service of the East India Company. This at once disunited the Corps and destroyed that attachment, spirit and pride which had on every occasion distinguished their superiority since their arrival in India; what ensued was disputes, quarrels, drunkenness and desertion; the non-commissioned officers and private men looked upon themselves as discharged and slighted; the enemy took advantage of this and offered great sums to such as would desert;[1] this and the visible advantage that this Island has over all other parts of the Eastern World were motives sufficient to minds agitated to fly from their colours as they had lost all hopes of being carried to their native country. Supposing Major Fell has received His Majesty's liberty for such procedure surely never was anything so ill-timed as the executive part both for the service of our Royal Lord and Master and the East India Company.

As I think it my duty, Sir, to give you a sketch of our situation in this distant part of the world, I flatter myself you will pardon the liberty I take and the trouble I give on this head.

When General Draper lay before Manila, Don Simón Onda,[2] one of the Spanish Council, or judges, was sent out by virtue and power of the Royal Audience as Visitor General, Lieutenant Governor of the Provinces etc. This man has still remained refractory and kept the field with a numerous army of Spaniards and Indians. Many of the Spaniards who were prisoners of war have forfeited their honor and oath, fled to him and are employed in arms against us. He has taken post and fortified himself at Bacalor in the Province of Pampanga, a place very difficult of access, the country from hence being intersected with many rivers, having few passages and those strongly guarded.

At Bacalor he has erected a foundery, an armory and powder mills by which he has furnished himself with guns, shot, mortars, shells, small arms and powder in plenty. These advantages, the Philippine Treasure (six millions of dollars), and the many deserters he has

---

[1] The silver which Anda took from the galleon *Philipino* was used both to recruit his guerilla army and to entice soldiers and sailors to desert from the British force. The present town of Cainta in Luzon is known by tradition to be composed of descendants of some of the Sepoy troops who occupied Manila.

[2] For Anda.

drawn from us, keep up his pride. The Preliminary Articles of Peace and Declaration of Suspension of Arms were sent to him and published by us. To this he pays no regard but on the contrary takes every method possible to distress us. He has called down Rupees, (the currency which the troops have been paid in and still are) for several months past and made it death to such as are found with the said currency in their custody. He has given commission and orders to the worst kind of Indians to murder all the country people who are taken bringing any of the necessaries of life to Manila. This obliges me to send out parties for every article of provisions that we subsist on. Such parties never return without being fired upon from the strong cover which abounds in all parts or being publickly attacked tho the strictest observance and regard has been paid on our side to the Declaration of suspension of arms.

It is with the greatest concern, Sir, that I am obliged to declare that the honor of His Majesty's arms and the public service has been much injured by contention, disagreement, weak and dastardly measures. Had our forces been properly employed immediately after the departure of General Draper the whole island would soon have been at peace and subject to our Royal Lord the King and we might then with great justice have given this the epithet of the most happy island in the world. At first Mr. Onda had neither arms nor ammunition, his men a set of banditti of the worst kind and but little money to pay them with. Two hundred men well conducted would have been sufficient to have made everything quiet.

After I had received a certain account of the Philippine treasure being landed, I applied for a detachment to march into that part of the island to endeavor to distress them and prevent Mr. Onda from receiving the supplies he wanted. With great difficulty I obtained leave and had eighty men given me for this service. With those I marched some hundreds of miles, drove about six thousand of the enemy from all their strong posts, which they had taken, in my way, intercepted a convoy, beat them, took part of their treasure, all their guns and upwards of 1200 rounds of field ammunition for six and five pounders. After many advantages and little loss I arrived within a days march of Luchban,[3] a convent in the Tigall[4] Province, where the whole treasure beforementioned was then lodged. Here I halted to gain the best intelligence of the post, its access, and to prepare for a merry push, when, to blast all my hopes, I received a peremptory order from the Governor, Major Fell, and the Council, to repair immediately to Manila with my detachment, tho they were acquainted with my success, the advantages I had gained and those in view. I

[3] For Lucban.   [4] For Tagal or Tagalog.

obeyed their orders as no discretionary power was given me. The enemy followed me with a convoy of 60,000 dollars which they conducted safe to Mr. Onda.

Pardon me, sir, for troubling you with this short narration of my service and success. I mean nothing more by it than to shew how easy affairs might have been settled for the honor and advantage of my Royal Lord and Master.

The season is so far advanced that I am fully persuaded we must stay here another year to defend His Majesty's conquest till his definitive pleasure is known and if so we cannot remain much longer without acting offensively. The honor of His Majesty's arms, our situation, our safety, and the law of nature call aloud for such active measures as God shall direct, to destroy or bring to reason this large body of malcontents, nor am I doubtful of success in spite of the many disadvantages I labour under at present.

Be pleased, sir, to represent our situation to His Majesty, that I may not appear culpable for such measures as I am reduced to by necessity. I have no motive of my own to gratify, nor no pleasure so great as that which arises from a confidence of having served my king and country faithfully and well.

Amongst the original proceedings of General Courts Martial which I have sent to the Judge Advocate General is one where Lieut. John Belcher of His Majesty's 79th Regiment is tried for disobedience of public orders. The sentence of the court and the whole proceedings are so very extraordinary that I would not approve of them, but have sent them to be laid before His Majesty for his wise determination. At the same time, in justice to the service, I cannot avoid recommending the said Lieutenant John Belcher to you as a gentleman the most refractory of any that I have seen carry or honored with His Majesty's commission.

With the greatest esteem I have the honor to be, Sir, your most faithful and most obedient humble servant, Thomas Backhouse.

[copy]

113. *Backhouse to Secretary at War, Manila, 10 February 1764. Brit. Mus., Add. MSS., 40,759, fos. 92-3.*

Sir: By the *Cruttenden* India Ship which sailed from hence the beginning of this month, I wrote a pretty full account of our situation and sent you the returns of His Majesty's troops under my command. No occurrences have happened since worth your attention.

The numerous and insolent enemy seem every day more determined to pay no regard to the suspension of arms agreed to between their Majesties. All possible means are made use of by them to prevent our getting supplies of provision. At present we pay a most extravagant price for every article. The disadvantages we labour under on this head and many others are owing to the measures taken by the Company's Governor and Council. The grain that we found in the garrison and the quantity that we added to it immediately was sufficient for our support for some years. The greater part of this they put on board their ships and sent it to China. What remained they sold out of the garrison to the best bidder so soon as it bore a high price. In fact, when I came to the command of the troops, I found the magazines swept. Since that time I have been obliged to fight for all supplies of food, particularly grain, which we are obliged to hunt for at a great distance.

The Deputy Governor, Mr. Drake, is the only remaining person of those who were appointed at Madras to receive this conquest from General Draper. The four councillors are gone to Fort St. George sometime ago. They were men who could not swallow mountains, therefore unfit for the purpose of the present governor, and, without difficulty, obtained leave from him to depart. Those who have succeeded them are young writers in the Company's service.

Many complaints must, in future, trouble his Majesty much, I'm afraid, to the dishonor of this government. I shall do all in my power to save the arms of my Royal Lord from stains, but, even in this, I am interrupted and made most wretched at times.

Believe me ever, with real esteem, Sir, Your most faithful most obedient humble servant, Thomas Backhouse.

[copy]

114. *Backhouse to Draper, Manila, 10 February 1764. Brit. Mus., Add. MSS., 40,759, fos. 94-5.*

Sir: By the *Cruttenden* India Ship which sailed the beginning of this month, I sent you the returns of your regiment now under my command. Since that time no material occurrence has happened worth troubling you with.

In my letter which accompanys the returns you have an account of our situation. Since that time the enemy seems still more and more determined to pay no regard to the Cessation of Arms. They are very numerous and take every method possible to distress us for our provisions. We have had no supplies sent us from the Coast of Coromandel since you left us. On the contrary they sent back all or most

EPILOGUE

of the prisoners of war which were sent from hence; about 100 of them have made their escape to the enemy, the remainder requires a guard to take care of them.

You will see by the returns how much our numbers are decreased by desertion, death etc.

The whole Council who you left here belonging to the Company are gone to the Coast, except Mr. Drake, the Deputy Governor. Such as are made councillors, in their room, are a set of inexperienced writers, all but Capt. Stevenson.

From such another Governor and Council Good Lord deliver all honest men! Believe me, sir, the situation of His Majesty's troops exceeds all description. No hell that human nature ever experienced can equal it. In this I have a most heavy share. This is principally owing to the governor who appears to have but one point in view and sticks at no lengths to obtain it. Such complaints as must justly appear hereafter from such as have been under our protection must give great concern to His Majesty.

The Archbishop, late Governor of Manila, was interred in the Cathedral a few days ago with great solemnity.[1] I paid him such honours as were due to his rank. He behaved well on all occasions and was a good man. His death gives much pleasure to Sr. Onda and his party who are in arms against us in the provinces.

The interruption I meet with in the execution of my duty as an officer gives me much concern. Mr. Drake has attempted to take the power of Courts Martial out of my hands. He has sent to the Adjutant of your regiment and ordered him not to give out extracts of His Majesty's orders to that Corps, which I found necessary for the good of the service; in fact he daily does things inconsistent with the discipline and order of His Majesty's troops, inconsistent with our public safety and honor, and indeed inconsistent with everything but his own avarice and folly.

My best compliments wait on your lady and am with real esteem, Sir, Your most faithful and most obedient humble servant, Thomas Backhouse.

[copy]

115. *Spanish officials to East India Company, Manila, 24 February 1763, I.O.R., H.M., 77, pp. 175-7.*

Most Illustrious Gentlemen the Honorable Directors of the East India Company of Great Asia: The ever Loyal City of Manila head of the

---
[1] Rojo died on 30 January 1764.

kingdom of the Philippine Islands do inform your worships that their capital having been taken by assault (after a blockade of thirteen days) and surrendered to General Draper (after the respective capitulations were signed) Mr. Drake was settled in the government of the Islands and city of Manila unto whom we took the oath of Fielty and Obedience in quality of prisoners, mutually offering us on his part to do justice, to grant us his protection and good treatment which he has really verify'd with actions in an event of Admiral Cornish attempting to plunder the city four months after the place was surrendered upon the apparent pretext that the capitulation had not been accomplish'd which design was opposed with vigour by the said governour who prevented an attempt of that nature and who in like manner prevented many other extortions which will be made known to your Worships by the inclosed copy which we herewith send to your Sovereign the contents of which sets forth our expontaneous [sic] acknowledgement of the benefits we have received from his most noble behaviour owing to his being a gentleman so distinguished in his character that it seems that he with a particular reflection, studys the best method of action in regard to our persons by making use of the proper urbanity and good treatment by which he manifests that he is a very lawfull child of so Illustrious a Company who desires to imprint into the heart the excellent maxims of the gentle connection that have elevated him to the employment he now occupys since by the ornaments of his personal endowments and virtues which distinguishes him as to his merit, he makes himself worthy of Your Worships regard as your Worships will learn by the list of his bright deportment that you will have the complaisance to gratify and approve upon all occasions the justification of his conduct with regard to his greater future emoluments to which end and in order to express our gratitude we have directed the present affectionate letter and in order that your worships upon receiving us amongst the number of your servants may dispense unto us all such orders as may be of your greatest pleasure or good liking. God our Lord preserve your worships many years. Manila. 24 February 1763. The Alcalde Alexandro Rodriguez Varela, The Chief Alguazil José Antonio Memije y Quiros, The Regent Joseph Rodríguez de Hortigosa, The Compromissary Luis de Villar Guttierez, The Regidor John Ignacio de Monterroso, The Compromiser John Francis Solano, The Regidor Atrento Jacinto de Reyes, John Infante Soto Mayor.

[notarized translation by John D'acosta, London, 1 October 1763]

116. *Halifax to Chairman of the East India Company, St James's, 14 August 1764. I.O.R., H.M., 97, pp. 201–2.*

Sir: I herewith transmit to you a copy of a memorial which I have received from the Spanish Ambassador complaining in the name of his court that upon the taking of the Manilla the Superior and community of the Augustins in consequence of their quota of the contributions were promised the free exercise of their religion and that their effects should be in safety; notwithstanding which upon some opposition from the Indians in the country their convent was pillaged and the prior with three other persons belonging to their order were taken off the Island and sent prisoners to London, for which satisfaction is demanded. I referred this memorial by his Majesty's command to General Draper who acquaints me in answer that he delivered up the place to Mr. Drake who took possession of it for the East India Company in the beginning of November 1762, and that he himself is not at all concerned in the transaction mentioned therein. As the facts contained in this memorial, if well founded, must have been committed by the officers of the Company, I am to desire that you will cause the most speedy and strict Enquiry to be made into the truth of the complaint and transmit to me such information as you shall receive in consequence thereof, that I may be enabled to return an answer to the said Ambassador. I am etc. Dunk Halifax.

117. *Draper to [Secretary at War?], Clifton, 16 August 1764. Brit. Mus., Add. MSS., 40,759, fos. 93–4.*

Sir: I beg leave to enclose a letter from Captain Backhouse the commanding officer of my regiment at Manila. The contents of it are very serious. You will please to observe, sir, that the Spaniards refuse to take any notice of the cessation of arms with which circumstance they were acquainted by us. The behaviour of Mr. Drake towards my regiment obliges me to make a formal complaint to you, sir, which I must beg of you to lay before His Majesty. By the articles of war framed for the East Indies the Commanding Officer of His Majesty's troops has an undoubted right to order Courts Martial to be held etc. nor has any servant of the East India Company a right to interfere in any orders given out for the discipline of the Corps belonging to His Majesty, as from their ignorance of Military Affairs, they cannot be competent judges thereof. This sort of insolence and impudence has been attempted by every petty governor in the East Indies, and I believe, sir, I mentioned the avarice and rapaciousness of those fellows in the letter I addressed to you from Manila.

In order to secure a few friends in a country which abounds in enemies, Mr. Cornish and I exempted the Chinese and Indians from some heavy taxes. I find Mr. Drake has laid them on again with additions, so that the whole island is now against us, but as long as those rascals get more money they care not for any consequences how fatal soever. The ships that were sent by Admiral Cornish to bring off the King's Troops have most unfortunately lost their passage, so that my poor regiment has neither cloathing or pay, which was sent to Madras where the regiment was expected; nor have they received any authentic account of the peace, nor is it possible for them to be in England until next year. They are brave fellows and deserve a better fate. I have the honor to be, sir, with great respect, your most obedient, humble servant, W. Draper.

P.S. The *Cruttenden* is not yet arrived.

[copy]

118. *Ellis to Draper, Privy Garden, 18 August 1764. Brit. Mus., Add. MSS., 40,759, fo. 96.*

Sir: I have just had the honor of your letter of 16th inclosing one from Captain Backhouse of your regiment to you. I had received two dispatches from Captain Backhouse, one which came by the *Cruttenden* which is in the river and the other of a prior date by Captain Spering. The substance of the complaints are in general the same, but are too general in the stating to procure any punishment on the governor should they by His Majesty's order be transmitted to the East India Company. The usage is, I confess very grievous and provoking, but your good sense and equity must also admit that men aggrieved will also aggravate. What the affair of Major Fell is I do not know, but by the few hints of it in the letter it appears very extraordinary. I think there is reason to hope that the troops are gone from the Manila, for by Captain Spering's account they waited not for want of means to depart but because they had not received the account of the definitive treaty and the commanding officer would not accept the notification of it from the Spanish officer, and I think very prudently, but I can't help believing that long before this they would receive it from Madras or Bombay.[1] I design to lay the whole before

---

[1] The British departed from Manila on 12 April 1764, and even the departure was marked by a bitter controversy between the military and the East India Company over who should deliver the city to the Spaniards. A Mr. Horne summed up this final clash and the whole expedition to Manila: 'With

His Majesty on Wednesday next and have the honor to be with great truth and regard, Sir, Your most obedient and most humble servant, W. Ellis.

[copy]

119. *Rous and Crabb Boulton to Earl of Halifax, East India House, 24 August 1764. I.O.R., H.M., 97, pp. 213–15.*

My Lord: In answer to your Lordship's letter with which we were honour'd, dated the 14th Instant, enclosing therein a copy of a memorial received by your Lordship from the Spanish Ambassador, complaining in the name of his court of a breach of the Treaty of Capitulation made on the taking of Manilha by pillaging the convent of the community of Augustin's in that city, and sending the prior and three other persons of that order prisoners to London, we have made the best enquiry in our power into the truth of this complaint, and we find that all the religious orders in that city were, by the general terms of the Capitulation, but not, as appears to us, in consequence of the payment of their particular quotas of the contributions, as stated in the said memorial (a very small portion of the ransom of that place having been paid to this hour) tolerated in the free exercise of their religion and the effects of the inhabitants agreed to be secured to them, but our advices from Manilha inform us, that very soon after the reduction of that place, the heads of this order dispersed themselves in the country, and not only prevented the natives from submitting to his Majesty's government, but even instigated them to rise in arms against us; that they also formed and endeavoured to carry into execution a scheme for cutting off all kinds of provisions from that city, and that this seditious and outrageous behaviour was the cause of their being declared rebels, in consequence whereof their effects were confiscated and the principals secured and sent off the island.

We beg leave to send your Lordship enclosed some extracts from our letters received from those parts, touching the said behaviour of

---

respect to us except the admiral and general and a few captains of Men of War, I don't know a person but what are considerable sufferers, indeed chiefly oweing to the misconduct of our chiefs (who if they have their deserts all deserve the gallows) and to the company not only an inormouse expence but the loss of the troops from this coast has allmost undone what they have been doing these ten years past. Happy for the company the French have neglected such an opertunity of recovering themselves. You will imagine I am very happy in being returned from so disagreable an expedition.' Horne to [Smith], Manila, no date, I.O.R., Orme MSS., 27, fo. 137.

the persons of this order, and if your Lordship should wish to have further information in this matter, we apprehend Admiral Cornish who was upon the spot can furnish your Lordship with it.

Your Lordship will give us leave here to add that it appears to us from a copy of the Earl of Rochford's letter, transmitted by your Lordship to the Bank of England sometime ago, that altho' Mr. de Grimalda[1] by orders from the Catholic king avowed what the Archbishop of Manila, the governour of the place, had done with regard to the Capitulation, yet payment was peromptorily refused to the bill drawn for that part of the ransom money, first stipulated to be paid by the treaty; and thus on the one hand having shewn your Lordship, there is not the least foundation for the present complaint of the infraction of the Capitulation on the part of His Majesty's subjects, so on the other, we hope a charge of this kind by those who in some respects never complied with the terms of it, and in others acted in the most open and flagrant violation of it, will be looked upon by your Lordship as highly unwarrantable and unjust.

We are, with the greatest deference and regard my Lord, your Lordship's most obedient and most humble servant, Tho[ma]s Rous, Chairman.

Hy. Crabb Boulton
Deputy

120. *Cornish to the Earl of Halifax, Parliament Street, 3 September 1764. I.O.R., H.M., 97, pp. 269-72.*

My Lord. With the confidence and tranquility which a good cause always produces I sit down to answer the memorial which I have had the honour to receive from your Lordship.

The stipulation of the treaty between his Majesty's officers and the inhabitants of Manila are stated in the memorial with sufficient exactness, but to appeal to the faith of treaties is the right only of those by whom treaties are observed. We are here insulted with remonstrances of violated compacts by men who ransomed their lives for money which when they should have paid they buried it in the ground, who preached rebellion against his Majesty with the oath of allegiance yet in their mouths, who with professions of submission laid down their arms and afterwards put them into the hands of enemy's whom they had themselves excited to hostilities.

The whole force of this memorial may be reduced I think to four allegations. First. That the convent was sacked or plundered by the English.

[1] For Grimaldi.

EPILOGUE 207

When the time came in which the sum stipulated for ransom was to be paid, the English being amused with dilatory excuses, and believing that the poverty of the Manillian[s] was counterfeited, published by proclamation a reward of twenty in the hundred to any who should give intelligence of concealed treasure. Notice was then given them of money buried in the Augustine Convent. They entered the convent and dug it up without any injury to the building or moveables. The charge of plundering the convent ends therefore in this, that the English seized the money which was theirs by compact and was hid from them by perfidy.

Second. That the religious were very harshly treated.

The Augustines were detected holding intelligence with the Indians and Spaniards, then maintaining the provinces against us in open arms, for which the prior and eight of his bretheren who were all that could be found, were ordered to be removed to Bombay in one of His Majesty's ships. These religious are perhaps the first men, who having by the universal law of nations, forfeited their lives, have had the impudence to represent themselves as harshly treated by a short confinement.

Thirdly. That the Prior and three others were carried prisoners to London, and compelled to pay for their passage.

Of this allegation every part is so remote from evident and publick truth, that it ought to expose the memorialists to the severest resentment of their own sovereign.

> The Prior and eight others (not only three) were made prisoners.
> Of these not one was carried to London.
> None were compelled to pay for their passage.

When the prior and his bretheren had forfeited their lives, their convent was shut up and they were put on board the ship, where by my particular order they were victualed at his Majesty's expence, and by my order treated with distinction as prisoners of rank. Our design was to detain them at Bombay 'til they should have no longer the power to do mischief, but at the request of themselves and their friends, they were with lenity which they did not deserve landed at Goa and left there, the Augustine religious of that place engaging themselves for their behaviour.

Fourthly. That the Augustines could not restrain the temper of the people.

We do not charge the religious of the Augustine Convent negatively, with not restraining the people, but positively with inflaming them, with inflaming them in contrariety to their compact, their duty and their oath. In their sermons after the capitulation, they

P

proclaimed the merit of destroying English hereticks. By their emissaries they prohibited and impeded our supplies of provision and by their noviciates, one of whom was taken in arms, they made war against us.

For all this they suffered only a gentle imprisonment and a removal to another convent of their own society. Yet as perfidy is naturally ungratefull, those who live by our tenderness are complaining of our cruelty and are now with falsehood and calumny rewarding that mildness which forebore to punish their treason and rebellion.

I flatter myself that your Lordship will now think the Spanish memorial sufficiently confuted, and that you will honour with your approbation a degree of lenity with which war has not often been acquainted but of which no ungrateful requital shall induce me to repent.

I am with the greatest respect, My Lord, Your Lordship's most obedient humble servant, S. Cornish.

121. *The East India Company's case with respect to booty, East India House, 2 October 1764. I.O.R., H.M., 97, pp. 289–91.*

When the Manilha expedition was under consideration Lord Egremont wrote a letter to the Court of Directors to this effect.

'That as it was by no means His Majesty's intention that the East India Company should upon this occasion incur a certain expence without any view to a proper and just compensation, he acquainted them by the King's orders, that the train and stores which the Company should furnish for his service should be made good, and that in case this conquest should be restored by a treaty of peace before the Company should have received advantages therefrom adequate to their expences in this expedition, his Majesty would take the same into His Royal Consideration and recommend to Parliament such reasonable compensation as the case should in His Majesty's wisdom appear to deserve.'

By His Majesty's instructions to General Draper, the Court of Directors understand that all booty by land the king was pleased to leave to him and 'the Commander in Chief of His Majesty's ships to agree with the Company or their officers for the distribution thereof as they should judge equitable and reasonable'.

General Draper attended the Committee of Secrecy and in a conversation relative to the division of the booty and plunder, he agreed so far as concerned himself, that the Company should have one moiety and the captors the other.

EPILOGUE 209

In consequence of this agreement (as the Court of Directors understood it to be) they in their general letter to their president and Council at Fort St. George wrote:
'That His Majesty's Commander in Chief upon this expedition, Colonel Draper, so far as extended to his own powers had agreed that the captors should have one moiety and the Company the other; and hoped that what might regard the captures at sea in this conjunct expedition, would as easily be settled with Admiral Steevens or the Commander in Chief of His Majesty's squadron for the time being.'

When the expedition was about to sail from Madras, General Draper and Admiral Cornish, who had succeeded to the command of the fleet on Admiral Steevens's death, gave the President and Council to understand that, as His Majesty had left it to them to determine what part of the booty and plunder the Company should be entitled to, they had thought fit to allow them one third and no more of what should be taken on land, but no part of what might be taken at sea, and under this determination some small part of such booty and plunder was paid to the Company's agents, which they received, insisting on behalf of the Company, that such payment was without prejudice and that in consequence of the advices they had received, a moiety was due to the Company and that they were not to receive less.

The Court of Directors understood that a moiety of all booty and plunder on land was the division agreed on, and they humbly hope in consideration of the heavy expences attending this expedition, and the assistance given by the Company therein, that this will be thought a reasonable proportion and that His Majesty will be pleased to order (as in the case of Admiral Watson on the retaking Calcutta and other operations in Bengal) that the Company shall receive a moiety of the booty and plunder already taken at Manilha and of what may arise from the ransom of that place.

122. *Reimbursement requested by the East India Company for the Expedition to Manila, 28 June 1775. P.R.O., Treasury, 1/516.*

Expedition to Manilha in account with the United East India Company subsequent to the surrender of the Island to the Company's servants on the 2^d November 1762.

To/Military Charges.	123,321	16	62
Charges Garrison	4,202	34	32
Charges Hospital	2,803	4	5
Charges Extraordinary.	73,550	5	58
Salary	1,443	12	42

210   THE BRITISH CONQUEST OF MANILA

Diet	2,823	2	49
Charges of Merchandize	1,453	13	33
Garrison Provisions expended	1,869		27
General Charges	4,160	31	66
Garrison Provisions lost and decayed	901	34	41
Horses supplied the Troop and other services	731	18	52
Loss on Madeira Wine	100		
Batta or loss by exchange	4,688	24	14
Interest on money borrow'd	201		50
Snow Phillipina her expence	921	6	53
Military stores and grain lost on the Siam	2,594	35	40
Expedition to Pasig and the Lake	29,481	18	66
————to Bulican	5,259	7	32
————to Orion	349	8	16
Charges Cavita Garrison	10,402	33	37
Repairs of fortifications and buildings	15,397	19	14
Pasig Brig	5,205	3	11
Speedwell	4,405	4	38
Cavita Galley	2,814	24	41
Falmouth Schooner	784	31	63
Ft. St. George Galley	1,437	18	
Quintin Crawford for grain provisions charged to the Spanish government	1,272	2	20
Charges coinage of plate	3,973	22	40
Paymaster at Manilha for oil supplied	151	19	
Scavenger for Buffaloe	3	4	40
Paymaster at Cavita his disbursements	35,042	29	19
Export Warehouse keeper his balance	27		15
Naval Stores lost or left at Cavita	160	33	60
Garrison stores issued but not accounted for	2,945	24	2
Military stores unaccounted for	1,388	14	28
Garrison storekeeper for irrecoverable debts	949	4	60
Rupees 443 stolen from Mr Jourdan	126	20	
Antonio de Souza his Balance	18	33	46
Dead stock sundries for the use of the Deputy Governor and the offices	569	20	65
Arrack farmers for jars sold them but not paid for	580	33	60
George Roberts for 200 dollars lent him	125		
Rice for the ships	585	32	67
His Majesty's Marines being for subsistence while doing duty on shore	5,633	14	8
His Majesty's Squadron, Pay for 3 men for 4 months	30		
His Majesty's troops being gratuities and allowances to His Majesty's Regiment and the Royal Artillery also dieting the sick and sundry disbursements	30,473	1	34
Spanish Government for advances to the governor and commandant of the troops at Manilha and for disbursements at Madras	62,191	30	27
Charges at Ft. St. George on account of the ship Revenge	4,289		
	451,825	23	13

at 8s per Pagoda = £180,730

EPILOGUE

Charges at Bombay for fitting out the Ship *Revenge* to go to Manilha . . . . Rupees	24,834	3	94
Charges at Bombay on account of Manilha prisoners .	194	2	63
Rupees	25,029	2	57
at 2ˢ 6ᵈ per Rupee = £3,128 14			
Demorage incurr'd on sundry ships employ'd on the expedition	17,242	10	
	£201,101	9	6

		Pags.	
By/Rents and Revenues amount receiv'd	12,204	7	77
Freight on silver	908	24	
Arrack carried to Canton and sold there	309	32	38
Brass guns sent from Manilha	2,500	6	40
Stores condemn'd at Vizagapatam but afterwards found serviceable		51	65
Deposit of Paddy in the Almazana	41	4	30
Deposit of the Captors of Manilha being the dividend paid by them but not being equal to what was judg'd to be the Company's proportion remains on balance under that head	137,044	14	77
	153,059	19	7
at 8ˢ per Pagoda = £61,223 16			
Balance, being the Nett Expence of the Expedition to Manilha incurred by the Company subsequent to the 2ⁿᵈ of November 1762	139,877	13	6
	£201,101	9	6

East India House
28ᵗʰ June 1775
Errors Excepted
John Noble [?], Auditor.

LIST OF DOCUMENTS

		Page
1. Meeting of the East India Company, 30 December 1761	I.O.R., B/77, fo. 251	11
2. Sketch of an expedition to Manila, January 1762	Rhodes House Library, North Papers, Brit. Emp., S. 1, fos. 157–8	12
3. Committee of the East India Company to Egremont, 14 January 1762	P.R.O., C.O., 77/20	15
4. Meeting of the East India Company, 19 January 1762	I.O.R., B/77, pp. 266–8	17
5. Instructions of George III to Draper, 21 January 1762	P.R.O., C.O., 77/20	18
6. Notification of Disciplinary Measures, 21 January 1762	Ibid.	22
7. Egremont to Lawrence, 23 January 1762	Ibid.	23
8. Egremont to the Committee of the East India Company, 23 January 1762	Ibid.	24
9. Egremont to Draper, 9 February 1762	Ibid.	26
10. East India Company to the Governor and Council at Fort St. George, 19 February 1762	Add. MSS., 37,836, fo. 217	26
11. Draper to [?], 11 March 1762	P.R.O., C.O., 77/20	27
12. Letter of the Council, 10 July 1762	I.O.R., H.M., 77, pp. 1–4	27
13. Letter to the Council directing the expedition against Manila, 10 July 1762	P.R.O., Adm. 1/162 (2), fo. 33	29
14. Cornish to Clevland, 23 July 1762	Ibid., fos. 25–6	30
15. Draper to Pigot, 23 July 1762	I.O.R., H.M., 77, pp. 23–5	32
16. Draper to Secretary at War, 27 July 1762	P.R.O., W.O., 1/319, fos. 353–9	33
17. Cornish and Draper to Pigot and Council, 28 July 1762	I.O.R., H.M., 77, p. 15	36
18. Pigot to Cornish and Draper, 30 July 1762	Ibid., pp. 27–30	36
19. Cornish and Draper to Pigot and Council, 31 July 1762	Ibid., pp. 31–2	38
20. Pigot to Cornish and Draper, 31 July 1762	Ibid., pp. 35–6	38
21. Cornish and Draper to Pigot and Council, 31 July 1762	Ibid., p. 39	39
22. Pigot and Council to Cornish and Draper, 31 July 1762	Ibid., pp. 43–5	40
23. Cornish to Clevland, 31 July 1762	P.R.O., Adm. 1/162 (2), fo. 48	42
24. Stevenson's description of Manila, 10 November 1762	I.O.R., H.M., 76, pp. 48–54	45

214 THE BRITISH CONQUEST OF MANILA

			Page
25.	Report on the artillery guarding Manila, 13 January 1763	A.P.T., V, fos. 9–10	48
26.	List of Spanish and Filipino troops defending Manila and Cavite, 20 November 1762	A.P.T., V, fos. 1–2	50
27.	List of British troops, landed, killed and wounded, 1 November 1762	P.R.O., Adm. 1/162, fo. 1	55
28.	General Return of British Troops, no date	I.O.R., H.M., 77, pp. 48–9	58
29.	Rojo to British commander, 22 September 1762	A.P.T., I, fos. 1–2	58
30.	Cornish and Draper to the Spanish authorities, 24 September 1762	Ibid. (loose)	59
31.	Rojo to the British commanders, 24 September 1762	Ibid., fos. 4–5	60
32.	Rojo to Draper, 25 September 1762	Ibid., fo. 12	61
33.	Rojo to Juan Antonio Blanco de Sotomayor, 25 September 1762	Ibid., fos. 8–9	62
34.	Proclamation of Rojo, 25 September 1762	Ibid., fo. 9	63
35.	Draper to Rojo, 26 September 1762	Ibid., fo. 10	64
36.	Rojo to Draper, 25 September 1762	Ibid., fo. 11	64
37.	Draper to Rojo, 27 September 1762	Ibid., fo. 13	65
38.	Draper to Rojo, 27 September 1762	Ibid., fo. 15	65
39.	Rojo to Draper, 27 September 1762	Ibid., fo. 14	66
40.	Antonio Sierra Tagle to Rojo, 27 September 1762	Ibid., fo. 16	67
41.	Rojo to Sierra Tagle, 27 September 1762	Ibid., fo. 18	67
42.	Rojo to Draper, 28 September 1762	Ibid., fo. 19	68
43.	Draper to Rojo, 28 September 1762	Ibid., fo. 20	69
44.	Draper to Rojo, 29 September 1762	Ibid., fo. 22	69
45.	Rojo to Draper, 6 October 1762	Ibid., fo. 21	70
46.	Account of the Storming of Ft. Santiago, 16 May 1763	A.P.T., V, fos. 11–16	70
47.	Stevenson's account of the capture of Manila, 10 November 1762	I.O.R., H.M., 76, pp. 55–65	82
48.	Diary of the siege and conquest of Manila	A.P.T., no press mark	88
49.	Terms for surrender, 6 October 1762	A.P.T., I, fos. 26–7	120
50.	Reply to Spanish proposals, 7 October 1762	Ibid. fo. 33	122
51.	Conditions offered for preserving Manila from plunder, 6 October 1762	Ibid., fo. 28	123
52.	Proposals accepted, 6 October 1762	P.R.O., Adm. 1/162 (2), fo. 44	124
53.	Testimony of pillage, 31 January 1763	A.P.T., III, fo. 57	125
54.	Testimony of pillage, 4 February 1763	Ibid., fo. 63	125
55.	Testimony of pillage, 4 February 1763	Ibid., fo. 50	126
56.	Testimony of pillage, 7 February 1763	Ibid., fo. 47	126
57.	Testimony of pillage, 12 March 1763	Ibid., fo. 158	127

LIST OF DOCUMENTS

			Page
58.	Decree ordering the transfer of silver to the British, 6 October 1763	A.P.T., I, fo. 32	131
59.	Meeting of the officers of the galleon *Philipino*, 6 November 1762	A.P.T., loose	131
60.	Rojo to Draper, 9 October 1762	A.P.T., I, fo. 29	135
61.	Rojo to Draper, 23 October 1762	*Ibid.*, fo. 34	135
62.	Reply of Rojo to the British, 25 October 1762	*Ibid.*, fos. 35–6	136
63.	Complaints over the failure of the Spaniards to comply with surrender conditions, [28 October 1762]	*Ibid.*, fo. 37	138
64.	Draper to Rojo, 28 October 1762	*Ibid.*, fo. 38	139
65.	Draper to Rojo, 28 October 1762	*Ibid.*, fo. 39	140
66.	Announcement of the surrender of the Islands, 28 October 1762	A.P.T., XVII, fos. 9–10	140
67.	Decree ordering religious to contribute church silver towards ransom, 29 October 1762	A.P.T., III, fo. 22	142
68.	Draper's conditions for the surrender of the Philippines, 30 October 1762	A.P.T., I, fo. 41	143
69.	Cornish to Clevland, 1 November 1762	P.R.O., Adm. 1/162 (2), fos. 50–1	144
70.	Draper to Secretary at War, 2 November 1762	P.R.O., W.O., 1/319, fos. 405–13	145
71.	Cornish to Draper, 2 November 1762	P.R.O., Adm. 1/162 (2), fo. 97	149
72.	Rojo to Draper, 8 November 1762	A.P.T., I, fo. 43	149
73.	Rojo to Draper, 8 November 1762	*Ibid.*, fo. 42	150
74.	Rojo to Draper, 29 October 1762	*Ibid.*, fo. 40	151
75.	Rojo to Draper, 31 October 1762	*Ibid.*, fo. 24	153
76.	Rojo to Draper, 9 November 1762	*Ibid.*, fo. 45	154
77.	Rojo to Blanco, 9 November 1762	*Ibid.*, fo. 46	155
78.	Draper to Rojo, 10 November 1762	*Ibid.*, fo. 44	156
79.	Cornish to Clevland, 10 November 1762	P.R.O., Adm. 1/162 (2), fos. 53–4	156
80.	Declaration of Meylan on the capture of the *Santísima Trinidad*	A.P.T., VIII, fos. 1–2	158
81.	Merchants' protest against seizure of the galleon *Santísima Trinidad*	A.P.T., I, fo. 47	160
82.	Parker to Rojo, 21 November 1762	A.P.T., XVII, fo. 15	161
83.	Cornish to Rojo, 22 November 1762	*Ibid.*, fo. 16	162
84.	Rojo to Parker, 6 December 1762	*Ibid.*, fo. 18	163
85.	Rojo to Cornish, 6 December 1762	*Ibid.*, fo. 17	163
86.	Parker to Rojo, 11 December 1762	*Ibid.*, fo. 19	164
87.	Rojo to Parker, 13 December 1762	*Ibid.*, fo. 20	165
88.	Parker to Rojo, 19 December 1762	*Ibid.*, fo. 21	166
89.	Drake and Council to Rojo, 12 January 1763	A.P.T., I, fo. 48	167
90.	[Rojo to Drake], 19 January 1763	*Ibid.*, fo. 49	167
91.	Rojo to Charles III, 18 February 1763	*Ibid.*, fo. 55	168
92.	Bill for two million pesos drawn on Madrid treasury, 18 February 1763	*Ibid.*, loose	170

			Page
93.	Report on ransom money, 20 February 1763	Ibid., fos. 50–3	170
94.	Contributions to the ransom, 1 March 1763	Ibid., fos. 56–7	172
95.	Drake to Rojo, 2 March 1763	A.P.T., XVII, fo. 5	173
96.	Cornish to Clevland, 14 March 1763	P.R.O., Adm.1/162 (2), fos. 63–6	174
97.	Drake to Rojo, 25 March 1763	A.P.T., XVII, fo. 6	180
98.	Rojo to Drake, 11 April 1763	Ibid., fo. 7	180
99.	Drake to Rojo, 15 April 1763	Ibid., fo. 8	181
100.	Rojo to Drake, 15 April 1763	Ibid., fo. 9	182
101.	Letter to English governor, 26 May 1763	Ibid., fo. 10	183
102.	Rojo to Superiors of Religious Orders, 15 July 1763	Ibid., fo. 12	184
103.	Letter to English governor, 16 July 1763	Ibid., fo. 11	185
104.	Letter to Fell protesting against the burning of villages, 18 July 1763	Ibid., fo. 13	186
105.	Fell to Rojo, 20 July 1763	Ibid., fo. 14	187
106.	Proclamation declaring a cessation of arms, 26 November 1762	A.P.T., XII, fo. 1	188
107.	Drake and Council to Rojo, 24 July 1763	Ibid., fo. 2	189
108.	Caraveo to the British, 16 September 1763	A.P.T., XVII, loose	193
109.	Decree on Peace Treaty, 19 September 1763	A.P.T., XII, fo. 35	194
110.	Draper to [?], no date	P.R.O., C.O., 77/20	195
111.	East India Company Directors to Earl of Halifax, 24 January 1764	I.O.R., H.M. 97, pp. 33–4	195
112.	Backhouse to Secretary at War, 31 January 1764	Add. MSS., 40,759, fos. 89–92	196
113.	Backhouse to Secretary at War, 10 February 1764	Ibid., fos. 92–3	199
114.	Backhouse to Draper, 10 February 1764	Ibid., fos. 94–5	200
115.	Spanish officials to East India Company, 24 February 1763	I.O.R., H.M., 77, pp. 175–7	201
116.	Halifax to Chairman of the East India Company, 14 August 1764	I.O.R., H.M., 97, fos. 201–2	203
117.	Draper to [Secretary at War?], 16 August 1764	Add. MSS., 40,759, fos. 93–4	203
118.	Ellis to Draper, 18 August 1764	Ibid., fo. 96	204
119.	Rous to Earl of Halifax, 24 August 1764	I.O.R., H.M., 97, pp. 213–15	205
120.	Cornish to the Earl of Halifax, 3 September 1764	Ibid., 269–72	206
121.	The East India Company's case with respect to booty, 2 October 1764	Ibid., pp. 284–91	208
122.	Reimbursement requested by the East India Company, 28 June 1775	P.R.O., Treasury, 1/516	209

INDEX

Alexander, James, 30
Anda (Onda), Simón de, 102, 105, 106, 110, 114, 116, 119, 150, 151, 173, 178, 182, 184n., 194, 195, 197, 198, 199
Anson, Admiral George, 11, 12
Arandía, Pedro Manuel de, 71, 72, 75, 164n., 166
Arévalo, Joseph de, 134
Arquiza, Valerio Cortes de, 73, 78, 81
Arriaga, Julián de, 170n.
Atrocities, Spanish proclamation against, 63–4
Augustine Convent, 97, 207
Augustines (Augustins, Agostinos), 98, 104, 109, 112, 173, 203, 205, 207
Azevedo, Raphael de, 125

Backhouse, Capt. Thomas, 7, 184n., 187, 189n., 199, 203, 204
Bacolor (Bacour), 119, 176, 197
Bagambaya Church, 84, 87
Bagatao, 159
Baluarte la Concepción, 72, 75
Baluarte San Francisco, 72, 79
Baluarte San Gabriel, 80
Baluarte San Miguel, 72, 78, 79
Baluarte Santa Barbara, 71, 72
Balzola, Ignacio, 62
Bank of England, 206
Baraona, Nicolás Zeferino de, 78, 81
Barker, Maj., 34, 148
Barnabel, 135
Barnard, Ensign, 45, 58, 148
Batavia, 12, 15, 30, 31, 60
Bay of Manila, 45, 82
Bedora, 27
Belcher, Lieut. John, 199
Bencoolen, 32
Bengal, 15, 16, 23, 28, 147, 209
Binondo (Binondoc), 118, 185
Blanco de Sotomayor, Juan Antonio de, 131, 132, 134, 156
Bombay (Bombain), 28, 29, 30, 114, 118, 144, 174, 204, 207, 211

Booty, 146–8, 208–9
Boulton, Hy. Crabb, 206
Bourchiers, Ch., 30
Boyd, John, 17
Brereton, Capt. William, 55, 85, 175
Brooke (Broch), Henry (Henrique), 41, 104, 113, 167, 174, 180, 182, 189
Bucagon, 180
Bueno, Lucas, 78, 81
Bulacan (Bulacron), 98, 99, 102, 103, 104, 105, 108, 120, 176, 178, 186n., 210
Burrow, Christopher, 17
Busto, Pedro José de, 184n.
Bustos, Joseph, 111

Caffres (Cofferies), 28, 29
Caillaud, John, 30
Cainta, 197
Call, John, 30
Calle Real, 72
Canary Islands, 188, 189
Canton, 15, 60
Cape Horn, 15
Cape of Good Hope, 32
Carabeo, Fernando, 193, 194
Cariaga, Manuel Gómez, 134
Casañas, Francisco, 156
Casteñeda, Andrés de, 163, 164
Castillo de Santiago, 71
Castro, Ignacio, 67
—, Thomas de, 75
Casualties, British, 88
Cathedral y Sagrario, 173
Cavite (Cavita), 111, 114, 135, 143, 144, 154, 158, 162, 174, 176, 183, 196; Church, 177; Fort of, 124, 193; Port of, 33, 35, 45, 82, 83, 124, 195
Cavo del Espíritu Santo, 159
Cebú, 180
Cervantes, Joseph Gómes, 134
Cessation of arms, 194–5, 188–9
Ceylon, 198
Champion, Capt., 177

Charles III (Carlos III), King of Spain, 140, 153, 164n., 168
Cheshire, Capt., 58
Chillumbrum, 28
China, 12, 15, 16, 23, 174, 183, 200
Chinese, 14, 15, 177, 178, 204
Church of St. Iago, 83, 84
Churches, profanation of, 184–8
Colegio de Santo Tomás de Manila, 126
Colegio Máximo de San Ignacio, 126
Collins, Capt. Richard, 55, 174
Committee of Secrecy, 11
Concepción, Juan de la, 126, 127
Conde, Antonio Díaz, 156
Convento de San Nicolás, 127
Cornish, Rear Adm. Samuel, 7, 19, 24, 29, 32, 34, 36, 38, 40, 42, 55, 59, 60, 90, 102, 125, 145, 158, 161n., 162, 164, 169, 170, 177n., 180, 183, 204, 208, 209
Coromandel, 12–13, 23, 200
Corregidor (Corregedore), 157, 179
Cotsford, Capt.-Lieut., 45, 58, 148
Court of Directors (East India Company), 11, 36, 208, 209
Cozár, Baltazar, 78
Crook Haven, 195
Cuba, Ysla de 193
Cuddalore, 31
Cutts, Charles, 17

D'acosta John, 202
Dalrymple Alexander, 18, 89n.
Deserters, French, 147
Destruction, of villages, 185–8
Disciplinary measures, notification of, 22–3
Dominicans, 173
Dorrien, John, 196
Drake, Dawson (Dausonne, Dawsonne, esq.), 7, 30, 39, 41, 104, 106, 113, 144, 149, 167, 173, 174, 175, 176, 177, 178, 179, 180, 181, 182, 189, 200, 201, 202, 203
Draper, Brig. Gen. William (Guilerimo), 7, 12, 15, 17, 18, 19, 23, 24, 25, 26, 27, 29, 31, 33, 36, 37, 38, 40, 41, 42, 58, 59, 60, 61, 64, 65, 67, 69, 86, 90, 94, 100, 102, 106, 108, 123, 124, 125, 135, 136, 139, 140, 143, 149, 150, 151, 153, 154, 155, 172, 175, 177, 182, 183, 187, 195, 197, 198, 200, 202, 203, 204, 208, 209
Dutch, 12, 15, 27

East India Company, 12, 15, 21, 40, 178, 193n., 200, 201, 202, 203, 204, 208, 209; to assist in expedition, 11–12; approves expedition, 17–18; issues instructions to Ft. St. George, 26–7; authority of, 41–2; argues over booty, 32–3, 36–40
East Indies, 203
Echavarri, Ignacio, 78
Echeverría, Joseph, 78
—, Martín de, 125
Eduars, Don Juan, 138
Egremont, Earl of, 15, 17, 24, 26, 27, 195, 208
Embocadero, 157, 175
Ermita (Hermitta), 173
Escarraga, Juan, 74
Español, Raymundo, 134
Expedition, notification of, 23–4, 27; Spanish discovery of, 58–9; expenses of, 195–6, 209–11

Faillet (Fablet), Mr. Cesar, 91, 177, 178
Falkland Islands, 170n.
Fell, Maj. Robert E., 186, 187, 188, 189, 197
Fletcher, Capt. Robert, 58, 148
Forcada, Phelipe, 134
Fort St. George, 17, 18, 38, 45, 196, 210
Fort Santiago, 193; storming of, 70–82
Fountainbleau (Fontainebleau), 188
Franciscans, 173
French, 28
Fryer, Lieut., 54, 84, 88
Fuerza de Cavite, 138
Fuerza de Palapag, 132
Fuerza de Santiago, 113

Galbán y Ventura, Manuel, 109, 143
Gamons, Lieut., 88
George III (Jorge III, George R), King of England, 18, 100, 152, 153, 188
Gómez, Domingo, 156

INDEX

Gómez, Gregorio Mariano, 76, 78, 81
—, Miguel, 163, 166
Góngora, Joseph de, 131, 134, 156
Grant, Charles Cathcart, 55
Grimaldi (Grimalda), Marqués de, 170n., 206
Guachinangos, 116
Guadalupe, 114, 185, 186, 187
Guagua, 118
Guerilla army, 173-4, 176-7, 196-201, 205-8
Guía, 90
Gutierrez, Joan, 78
—, Luíz de Villar, 156

Halifax, Dunk, 203
Hardwick, Lieut., 88
Harelewood, Lieut., 88
Havana (Habana), 12n., 193
Hermitage, 83
Hesduard, Joannes, 136
Hog, Lieut., 88
Horne, Mr., 204n.
Hortigosa, Joseph Rodriguez de, 202
Houghton, 194
Hussars, 28, 29

India, 16, 27, 144, 180, 200
Indians, 204
Infantería pampanga, 71, 73, 76, 78, 81

Jesuits, 173, 176
Jocelyn, Robert, 55
Johnson (Johnson), Samuel, 41, 104, 113, 167
Joló, 89, 178
Jourdan, Mr., 210

Kempenfelt, Capt. Richard, 55
Keneri, 168
King, Capt. Richard, 55, 157
King of Candia, 148
King (Rey) of Joló, 90, 178
King of Tanjour, 148
King's College Chapel, 87n.

Laguna, **105, 117**
Lagunas, Remigio, 134
Larraguiver, Agustina de, 125
Lascars, 31
Latinos, Antonio, 134

Lawrence, Maj. Gen., 19, 24, 29, 31, 148
León, Gaspar de, 173
—, Joseph, 126
Leyte, 132
London, 203
Looting, 125-7, 135
Lords of the Admiralty, 149
Lucban (Luchban), 198
Luna, Antonio de, 117, 173
143, 197
Luzon (Luconia, Lucania), 12, 23-4, 143, 197
Lynn, Capt., 32

Madras (Madrass), 14, 15, 16, 19, 23, 32, 34, 147, 179, 200, 204, 210;
Road, 31
Madrastra (Madrasta), 60, 194
Madrid, 196
Malabares, 111
Malate, 90
Malate (Malatta) Church, 83
Malinta, 184n.
Manalastas, Joseph, 115, 119
Manila (Manilha), 11, 12, 13, 14, 21, 104, 118, 132, 133, 143, 144, 162, 166, 174, 175, 179, 183, 203, 204; expedition against, 12-17, 42; description of, 45-8; artillery guarding, 48-50; notification of attack on, 61-2, 64; siege of, 88-120; demand for surrender of, 59-60; refusal to surrender, 60-1; capture of, 82-6; ransom for, 139-40, 143, 151-3, 167-73; pillage of, 202; Draper's account of siege of, 145-149
Marattas (Mahrattas), 28
Marivelles (Marivellez), 118, 158
Marriott, James, 161n.
Marsinglo, 174
Mauritius, 28
McCleod, Lieut., 145
Mediterranean, 188
Memijey y Quiros, José Antonio, 202
México, 136
Meyhaligue, 116
Meylan, Francisco Vicente, 158, 160, 161
Milan, Francisco, 161
Mindanao (Mindano), 12, 13, 21, 90

INDEX

Misericordia, Casa de, 97, 123, 124
Monjas de Sta. Clara, 95, 127
Monrroy, Juan, 138, 142, 143, 158, 160, 161, 172
Monson, Col., 33, 34, 58, 83, 84, 135, 148
Monte Castro, Marqués de, 107, 150, 151
Monterrosso, John Ignacio de, 202
Moore, Capt., 148
Moore, Maj., 88
Moors, 28
More, Capt., 58
Mysoreans, 28

Nabob, 28
Naisham, Capt., 58
Narango, 157
Naranjos, 107, 159, 160
Navarro, Manuel, 134
Navidad, 119
Newson, Capt., 32
Neyra, Dr. Domingo, 156
Noriago, Mr., 178
Noriega, Don Fernando, 76
Norragaray, Domingo de, 134
North America, 12
Nueva España, 60, 131, 137, 158

Ocampo, Joseph Francisco de, 156
Officers, replacement of British, 147
Oidores, release of, 149–51, 156
Orendain, Ramon de, 142
—, Dr. Santiago, 156, 193
Origuela y Savala, Joseph Antonio de, 134
Orion, 210
Otal, Juan de, 156
Ourry, George, 55
—, Capt. Isaac, 55
Oydores, see Oidores

Packer, Mr., 100
Palapag (Palapa), 62, 133, 134, 159, 175
Palk, Robert, 30, 148
Pampanga, 98, 99, 102, 118, 120, 183
Pampangos, Los, 114
Pangasinan, 98
Parañaque, 112, 113
Parián, 118, 119
—, gate, 87

Parker, Capt. Hyde, 55, 157, 162, 163, 165, 166, 167, 179
Parsons, Henry, 189
Pasig, 111, 184n., 210
—, Pueblo de, 112
Pastells, Pablo, 6
Paz, Alexa de la, 76, 78, 81
Peighin, Capt. John, 55, 174
Pemble, Capt., 58, 148, 149
Pichford, Samuel, 55
Pigot, George esq., 19, 24, 27, 29, 30, 31, 35, 38, 42
Piñón, Antonio, 78, 80, 135
Plaza San Gabriel, 80
Plymouth, 27
Polvorista, 83, 90
Pondicherry (Pondichery), 16, 28, 30, 36, 148
Porter, Lieut., 86, 88
Pulo Timoan, 174
Pybus, John, 30

Quiapo, 183, 184
—, church, 173

Radillo, Don Ramon, 74, 78
Reales Almacenes, 73
Reina, Francisco, 134
Reyes, Alberto de los, 126
—, Atrento Jacinto de, 202
Roberts, George, 210
Rochford, Earl of, 196, 206
Rojo del Río y Vieyra, Manuel Antonio (Roxo, Emmanuel Antonius), Archbishop (Arzobispo) of Manila, 59, 63, 67, 68, 70, 71, 92, 99, 100, 101, 105, 109, 126, 131, 135, 136, 139, 140, 141n., 142, 143, 151, 155, 158, 162, 165, 167, 168, 173, 179, 180, 181, 182, 184, 189, 194, 206
Rous, Thomas, 11, 17
Royal Asians, 147
Russell (Rossell), Claud (Claudio), 41, 104, 113

St. Andrew's Bastion, 86, 87
Salgado, Don Francisco, 75
—, Joseph Antonio, 134
Samar, 132
Samboanga, see Zamboanga
San Augustín, 132

INDEX

San Bernadino, 45
—, embocadero of, 157, 158
San Cugat del Vallés, 2, 6, 7
San Diego, Bastion of, 85, 86
San Fernando, 113
San Francisco, 168
San Jazinto, 133, 159
San Joseph, Bastion of, 86
San Juan de Bagumbayan, Yglesia de, 94
San Juan de Dios, 168
San Pedro Macati, 185, 186, 187
Santa Anna, 186, 187
Santa Cruz, 82, 99, 111, 115, 185
—, Marquis of 146
Santa Gertrudiz, 132, 133
Santa Rosa, 62
Santiago (Santhiago), Castillo de, 96, 120
Santo Domingo, 168
Scot, Lt. Col. (Maj.), 33, 195
Scott, George, Quartermaster General, 58
Seamen, British, 56
Seapoys (Sepoys, Sipayes, Cypayos), 14, 28, 31, 115, 147, 177, 186, 187, 197
Secret Committee, East India Co.'s, 15, 16
Serezo, Joseph, 67
Ships
  British, 30–2, 55; refitting of, 144–145, 174–5
  Albion, 174
  America, 30, 31, 55, 163, 164, 174
  Argo, 27, 31, 55, 156, 157, 158, 174
  Baleine, 32
  Chatham, 32
  Clinton, 27
  Covadonga, 11
  Cruttenden, 199, 204
  Elizabeth, 30, 31, 55, 85, 144, 145, 174
  Esca, 27
  Essex, 174
  Falmouth, 30, 31, 55, 86, 174, 175, 180
  Grafton, 30, 31, 55, 174
  Lenox, 30, 31, 55, 174
  Medway, 32
  Norfolk, 30, 31, 32, 55, 174
  Nuestra Señora del Rosario, 132
  Panther (*Panter*), 31, 55, 156, 160, 174
  Philipino (*Philipina*), 98, 100, 103, 107, 108, 109, 111, 124, 131, 132, 137, 149, 150, 155, 156, 157, 158, 160, 168, 169, 171, 172, 175, 184n., 197, 210; pursuit of, 156–158; surrender of silver and treasure of, 131–4, 154–6
  Revenge, 211
  San Juan Baptista, 132
  Santisima Trinidad, 107, 108, 109, 110, 148, 154, 156, 157, 158, 159, 160, 161, 162, 165, 168, 179; capture of, 158–60; protest against seizure of, 160–2; release of prisoners from, 162; official papers of, 164–6
  Seaford, 30, 31, 32, 55, 145, 149, 174
  Sea Horse, 30, 31, 55, 145, 149, 174
  South Sea Castle, 30, 31, 82, 85
  Trinidad Prize, 174
  Warren, 30
  Weymouth, 30, 31, 55, 144, 145, 174
  York, 32
Sierra, Pedro Luis de, 125, 126
Sierra Tagle, Antonio R., 67
Silverware, request for king's, 163–166
Situado, 132
Sleigh, Capt., 88, 178
Smith (Esmith), H., 104, 174, 180, 182
Smith, John Lewis, 41
Smith, J. S., 189
—, Y. L., 113
Solano, Juan Francisco, 156, 178
Sotomayor, Juan Infante, 202
South America, 12
Southern Islands of Philippines, surrender of, 180–3
Souza, Antonio de, 210
Spearing, Lieut., 88
Spenser, Serjt., 147
Spering, Capt., 204
Sprath, John, 58
Steevens, Adm., 16, 19, 20, 24, 30, 31, 37, 82
Stevenson, Capt. William, 34, 45, 58, 148, 189, 201

INDEX

Strahan, Capt., 86, 88
Straights of Mallacca, 174
Sulivan, Laurence, 11, 17, 196
Sultan Alimud Din, 178n.
Sultan of Xolo, 18
Sumatra, 32
Surat, 12
Surrender, Spanish terms of, 120–2; British reply to Spanish terms of, 123–4; agreement on, 124–5; discussion of, 135–9; Rojo's declaration of, 140–2; of all islands, 139–140; British conditions for, 143

Tambobo, 112
Tambobong, 117
Tedrez, Joseph, 78
Thorivio, Manuel Fernández, 70
Tiddeman, Commodore Richard, 29, 55, 85
Tigall Province, 198
Tinker, Capt., 31, 32
Tondo, 106, 111
Tonson, Mr., 187
Topases, 28, 29
Toribio, Manuel Fernández, 82
Torre, Andrés Gomez de la, 81, 82
Torre, Mariano de la, 75
Tovias, Mariano, 134

Trinconomale, 30, 144
Troops, British, 31, 56, 57, 58; in India, 28–9; condition of, 33–6; Spanish and Filipino, 50–4
Truce, plea for, 64–5; agreement to, 65; violation of, 68–70, 153–4

Valensuela, Pdr Fernández, 134
Vamont, Antonio He. Le Marie de, 134
Varela (Varello), Alexandro (Alexander) Rodríguez, 126, 156, 173, 202
Velarde, Carlos, 109
Vernon, Adm., 7
Viana, Francisco Leandro de, 79, 143
Villacorta, Francisco Henríquez de, 143
Villamediana, Marchione de, 153

Watson, Vice-Adm., 145, 209
Wood, Robert, 17

Yloilo (Yloylo, Iloilo), 180, 182
Yriarte, Joseph, 109

Zambales, 118
Zamboanga (Samboanga), 180, 182
Zapata, 111